関西学院大学研究叢書 第159編

vulnerable suspects
要支援被疑者の
供述の自由

京　明
Akira Kyo

関西学院大学出版会

要支援被疑者(vulnerable suspects)の供述の自由

はしがき

　本書の論旨は、少年や知的障害者など、供述者の属性として一般的・類型的に被暗示性や迎合性に富むと考えられている者が逮捕・留置され、被疑者取調べを受ける場合には、これに対する法的規制の一つとして、弁護人以外の者の立会いを必要的に要求すべきと主張する点にある。そして、その場合の立会人の意義と性格については、イギリス（本書では、イングランド及びウェールズを指す）の「適切な大人（Appropriate Adult）」制度を比較法的な素材として検討を行った点にも、本書の特徴が認められよう。

　もともと筆者は、刑事政策と刑事訴訟法が交錯するテーマに関心があり、学位申請論文のテーマも、どちらかと言えば少年法に重点があった。しかしその後、AA 制度の研究の深まりと共に、少年と同様の心理的・精神的な問題を抱える知的障害者等の取調べへも研究を発展的に拡大させ、その過程で、刑事訴訟法にも重点をシフトさせながら研究を進めていった。そして、供述者の属性という点で共通の問題がある少年や知的障害者などを「要支援被疑者」（英語で言うところの vulnerable suspects）として統一的に理解したうえで、その供述の自由の保障のありかたについて法制度上及び証拠法上の検討を重ねた結果、辿り着いたのが本書である。振り返ってみれば、少年や知的障害者といった刑事政策的な観点から、被疑者取調べの法的規制や供述の任意性・信用性評価という刑事訴訟法上の基本問題を再検討しようとする試みであったともいえよう（本書の章立ては、概ねこのような筆者の問題関心の変遷にも沿ったものとなっている）。

　ところで、2013 年 1 月現在、法制審議会「新時代の刑事司法制度特別部会」において、取調べの録音・録画（いわゆる可視化）の導入が諮問内容の一つとされ、その導入の対象としては、本書の対象でもある「要支援被疑者」（上記・特別部会では、「供述弱者」とも呼ばれる）の取調べのあり方も重要な検討課題となっている。しかも、すでに捜査実務では、知的障害者の取調べについては可視化が試行されており、その対象は少年にも

拡大される見込みとなっている。

　本書の序章は、もともとは、このような要支援被疑者の取調べに対する可視化の実効性について、主にその虚偽自白を取調べの現場においてリアルタイムで防止できるかという観点から批判的に検討したものである。しかし、それに伴って、要支援被疑者をめぐる現行法制度の現状と課題や、証拠法上の問題点もあわせて指摘した。その意味では、本書・第Ⅰ部全体の要約としての意味内容を併せ持つものであることから、問題の所在を時代に即して端的に明らかにする意味も込めて、本書の冒頭に配置することにした。

　続く第1章は、序章での概括的な問題提起を受け、特に犯罪少年の取調べをめぐる現行法制の現状と課題について、さらに掘り下げて批判的に検討を加えたものである。理論的には、少年の主体性保障という観点から解決の方向性を見いだそうとした点にも特徴が認められよう。第2章も同様の観点から、触法少年の取調べ（面接）について、2007年の少年法改正を素材として論じたものである。そこでは、非行少年の発見手続に警察が関与することの理論的意味についても掘り下げて検討してある。この点は本質的な問題でありながら、少年法の概説書等ではあまり論じられていない問題でもあり、今後の議論の一助になればという願いもこめて収録することにした。第3章は、発達障害（具体的には、アスペルガー障害）を扱った近時の裁判例についての評釈がベースとなっており、証拠法上の問題点、特に要支援被疑者の供述の任意性・信用性評価をめぐる問題について、より問題の所在を明らかにするうえで参考になるものと考え、第Ⅰ部の末尾に収録することとした。

　以上のような日本法の現状と課題を解決するための一つの素材として、本書はイギリスの「適切な大人（Appropriate Adult: 以下、AAと呼ぶ）」制度を取り上げる。本書・第Ⅱ部は、このAA制度に関する比較法研究が中心となる。

　第4章は、主に少年の取調べとの関係で、AA制度の沿革、概要、運用状況及び課題について紹介・検討したものであり、続く第5章は、主に知的障害者等との関係で紹介・検討したものである。さらに、第6章は、こ

れらの制度の実効性を担保するための問題として、AA の立会いなしに得られた自白の証拠能力について、イギリスの裁判例の動向を検討したものである。AA 制度は近時実務でも注目されつつあるようであるが、証拠法上の取扱いも含めて体系的に日本に紹介するのは、管見の限り本書が初めてであり、本書が今後の議論の素材となれば望外の喜びである。

　最後の第Ⅲ部は、第Ⅱ部での検討をふまえたうえで、日本法への導入可能性について書き下ろしたものである。第 7 章は、イギリスでの制度趣旨（虚偽自白の防止）に忠実に政策論的観点から導入可能性を論じたものであるが、第 8 章では、筆者の問題関心に即して、イギリスの制度趣旨を権利論的に再構築して、むしろ AA 制度を要支援被疑者の供述の自由を保障するものとして導入することの可能性を模索したものである。もちろん、いまだなお検討を要する課題が多々残されてはいるが、この点は今後も研究を深めていくことによって補っていきたいと考えている。

　筆者が研究者として曲がりなりにも自立し、本書を成立させるに至ったことは、公私にわたり数多くの方々の御世話になり、御恩を受けたことの賜である。逐一ここに御名前を挙げることは差し控えるが、ここにあらためて篤く御礼申し上げる。とはいえ、本書を執筆している過程で、父・德之助が他界した。私事にわたるが、本書を亡き父に捧げることを御海容いただければ幸いである。

　最後に、本書は関西学院大学より出版助成を受け、関西学院大学研究叢書第 159 編として出版される。出版助成の申請にあたり御配慮いただいた川崎英明教授はじめ司法研究科の同僚の先生方に篤く御礼申し上げるとともに、出版に際してお世話なった関西学院大学出版会のスタッフの方々、とりわけ田中直哉氏に心より御礼申し上げる。

　　　2013 年 1 月

　　　　　　　　　　　　　　　　　　　　　　　　　　京　　明

目　次

　　はしがき────3

序　章　問題の所在────11
　　　　　取調べの可視化を契機として
　第1節　要支援被疑者（vulnerable suspects）の概念と問題の背景　11
　第2節　取調べの規制をめぐる現状と課題　12
　第3節　証拠法上の問題背景　15
　第4節　問題解決の方向性　16

第Ⅰ部　日本法の現状と課題　　23

第1章　犯罪少年の取調べとその法的規制────25
　第1節　犯罪少年の取調べをめぐる現状と課題　25
　第2節　捜査実務と客体的子ども観　26
　第3節　ジャスティス・モデルと小さな大人観　29
　第4節　意見表明権と人間関係論的子ども観　35
　第5節　取調べにおける意見表明権の保障　43

第2章　触法少年の取調べ（面接）とその法的規制────57
　　　　　2007年改正少年法を契機として
　はじめに　57
　第1節　従来の法制度と改正法の内容　58
　第2節　改正法の目的と背景　59
　第3節　犯罪少年の発見手続に警察が関与することの意義　61
　第4節　触法少年の発見手続に警察が関与することの意義　64
　第5節　福祉重視説からみた改正法の問題点　67
　　　　　──触法少年の取調べ（面接）を中心に
　おわりに　71

第3章　発達障害と供述の信用性評価──77
　　はじめに　77
　　第1節　事実の概要　77
　　第2節　判決の要旨　78
　　第3節　考察　81

第Ⅱ部　イギリスの「適切な大人（Appropriate Adult）」制度の生成と展開　87

第4章　少年の取調べと AA 制度──89
　　はじめに　89
　　第1節　AA 制度の沿革　90
　　　　　　──1981年王立委員会報告書を中心に
　　第2節　AA への出頭要請とその担い手　96
　　第3節　AA が立会う目的とその役割　101
　　第4節　AA の運用状況①──AA の出頭状況　107
　　第5節　AA の運用状況②　110
　　　　　　──取調べにおける AA の援助の状況
　　第6節　AA 制度の展開　113
　　おわりに　117

第5章　知的障害者等の取調べと AA 制度──131
　　はじめに　131
　　第1節　AA 制度の沿革──1981年王立委員会報告書を中心に　133
　　第2節　AA 制度の概要及び目的　143
　　第3節　知的障害者等の判定をめぐる問題　154
　　第4節　運用上の諸問題に対するイギリスの取組み　163
　　おわりに　169
　　【参考資料1】運用規程 C 付則 E「精神障害者及びその他の精神的な
　　　　　　　支援を要する者に関する規定の要約」　175
　　【参考資料2】運用規程 C 付則 G「取調べの適否」　178

第6章　AA制度とイギリス刑事証拠法─── 195
AAの立会いなしに得られた自白の証拠能力

はじめに　195

第1節　PACE下でのAAの位置づけとPACE以前の状況　196

第2節　PACE下での自白の証拠排除の類型　198

第3節　自白法則（PACE 76条）により排除された裁判例　202

第4節　裁量的排除法則（PACE 78条）又は自白法則（PACE 76条）との択一的適用により排除された裁判例　209

第5節　証拠排除されなかった裁判例　216

おわりに　221

第Ⅲ部　日本法への導入可能性　　233

第7章　政策論的観点から見たAA制度─── 235

第1節　AA制度の意義・趣旨等の確認　235

第2節　現行刑訴法にAA制度を導入した場合のイメージ　236

第3節　近時の立会いの試行事例に対する評価　237
　　　──「支援型」と「通訳型」

第4節　政策論的観点から見たAA制度の導入可能性　237

第5節　AA制度が持つ政策論的示唆　241

第8章　権利論的観点から見たAA制度─── 245

第1節　問題の所在　245

第2節　既存の規定との関係で権利性を示唆しうる要因　246

第3節　ヨーロッパ人権条約6条「公正な裁判を受ける権利」とAA制度　248

第4節　権利論的アプローチの課題と展望　256

初出一覧─── 266

序　章

問題の所在
取調べの可視化を契機として

第1節　要支援被疑者（vulnerable suspects）の概念と問題の背景

　取調べの可視化が基本的に取調べの録音・録画のみを意味し、その目的が虚偽自白を防止する点にあるのだとすれば、そのような意味での可視化が必ずしも有効にその目的を達成しえない問題類型がある。それが、本書の対象とする要支援被疑者の取調べである。

　ここで「要支援（者）」ないし「（精神的な）支援を要する」とは、英語「vulnerable」の訳語であり（その訳の当否についてはひとまず措く）、そこに含まれるのは、例えばイギリス法によれば、少年に加えて、精神障害者、知的障害者、さらに近時では学習障害を有する者など（以下、これらを総称して便宜上、知的障害者等という）、取調べにおいて被暗示性・迎合性という特性を一般的・類型的に持つとされている者である。[1]

　もちろん、成人の健常者であっても、被疑者取調べという非日常的な状況下では、少しでも早くその場から逃れたいがために、あるいは誰も自分の言い分を信じてくれないことに絶望して、捜査官に迎合し、虚偽自白に陥るということは十分ありうる。[2]しかし、成人の健常者の場合には、そのような迎合性・被暗示性は個人の資質毎にケース・バイ・ケースでありうるのに対し、本書が対象とする要支援被疑者の場合には、そのような特徴が一般的・類型的に認められるという点に問題の本質がある（そのため、このような類型に属する者は、「供述弱者」と呼ばれることもある）。後述のように、イギリスにおいて取調べの可視化が整備されても、なお第三者

の立会いが必要とされていることは、そのような特性に対する（換言すれば、虚偽自白の防止に対する）慎重な配慮があるからである。

　ところで、なぜ少年や知的障害者等がそのような特性を持つかと考えられているかといえば、いずれも心身（後者にあっては精神）の発達が未成熟なため、自律的な意思決定能力ないし自己決定能力に欠ける場合が多く、たとえ捜査官にそのつもりがなくとも、被疑者取調べという非日常的な状況下では、容易に捜査機関側の意図に迎合しがちであり、従って、虚偽自白をする可能性が高いと考えられているからである。そして、こういった属性を持つ被疑者について、可視化が必ずしも有効に機能しないのは、仮に取調べの環境が外部から事後的に検証可能な状態になったとしても、実際にかような被疑者が取調べの現場で受ける心理的プレッシャーを必ずしも緩和することにはならないからである。

　例えば近時（2010年〔平成22年〕11月26日）、知的障害を持つ被告人が現住建造物放火等で起訴された事案につき、大阪地検は、捜査段階での自白の信用性に問題があり、有罪立証することが困難になったとして公訴を取消した。そして、新聞報道等によれば、地検では取調べ状況を録音・録画したDVDを検証したが、そこからは強引な取調べや誘導は見受けられなかったという。そのことは、まさに要支援被疑者の場合には、取調べの可視化が虚偽自白の防止という所期の目的を果たす上では、必ずしも有効に機能しない場合があることを示唆するものではなかろうか。

　そこで本稿は、このような要支援被疑者の供述の自由を保障し、その虚偽自白を防止するには、どのような制度的な担保が必要かについて、要支援被疑者の取扱いをめぐる現行法制度及びその背景にある証拠法上の問題点をふまえたうえで、イギリス法も参考にしながら解決の方向性を模索してみることにしたい。

第2節　取調べの規制をめぐる現状と課題

　まず、要支援被疑者の被暗示性・迎合性という特性、換言すれば、取調

べへの耐性の弱さ・防御力の弱さに対して、日本の現行法制がどのような配慮を払っているのかについて、(1) 少年の場合と (2) 知的障害者等の場合とに分けて、それぞれ概観しておく。

1 少年の場合

　少年の場合には、少なくとも知的障害者等よりは規定の整備が進んでいる。もっとも、そもそも少年事件の捜査については、少年法自身がこれを成人同様に刑訴法に委ねており（少年法40条）、刑訴法もまた、規則の277条以下で少年事件の特則について定めてはいるものの、被疑少年の取調べについて格別の規定を置いているわけではない。

　むしろ、上記のような少年の特性に配慮した規定を設けているのは、犯罪捜査規範（特に第11章）や少年警察活動規則（平成14年国家公安委員会規則第20号）といった警察の内部規範である[5]。そこでは、「取調べ」に代えて「面接」という文言を用いた上で、まず、基本的な留意事項として、少年が落ち着いて話せるための場所的配慮（例えば少年補導室の使用）、授業時間帯・就業時間・深夜を避けると共に長時間に及ばないようにするなどの時間的配慮、言動への配慮のほか[6]、少年警察部門による原則的取扱い[7]や、保護者又はこれに代わる者への連絡・立会い[8]なども規定されている。また、少年の場合に限らず、弁護人の立会いを前提とした規定も存在している[9]。

　しかしながら、近年弁護士付添人活動が活発化するにつれ、これらの配慮規定は全く遵守されておらず、それどころか、少年は取調べにおいて暴行・脅迫など数多くの人権侵害を受け、成人と同様に自白を強要されているとの実態が指摘されてきている[10]。取調べの可視化が実現すれば、暴行・脅迫などの目に見える圧力は解消されると期待できるかもしれない。しかし、上記の配慮規定からも伺われるように、要支援被疑者の場合には、そもそも取調べという非日常的空間に置かれること自体に、成人又は健常者以上のプレッシャーを感じやすいという点が問題なのであり、可視化がその点をどこまで解消できるかは未知数である。むしろ、可視化が事後的な

検証にとどまり、取調べ時点において被疑者への現実的・積極的な援助を必ずしも提供するものでないことを考慮するなら、消極的に考えざるをえないのではなかろうか。

2　知的障害者等の場合

　いずれにせよ、少年の場合には、その実効性に問題があるとはいえ、一応そのような特性に対する配慮が明文化されていた。これに対して、知的障害者等の場合には、同様に迎合性・被暗示性に富むという特性が承認されていながら[11]、少年の場合のような取調べにおける配慮規定は全く存在していない。問題が問題として必ずしも認識されていないという意味では、より深刻な状況であると言わざるを得ないであろう[12]。

　他方、近時の日本においても刑事施設における知的障害者等の現状が注目され[13]、受刑者の知能指数の実態からは[14]、捜査・公判において、「知的障害の診断がなされないまま、何の支援も配慮もなく、刑事手続きに乗せられ、受刑者となった人が相当いるのではないか」が問題とされるようになってきている[15]。そうだとすれば、いわゆる島田事件[16]や野田事件[17]、近時でも、2005年（平成17年）3月10日宇都宮地裁で知的障害者の被告人に無罪判決が言い渡されるなど[18]、依然として生じている知的障害者に対する冤罪（ないしは冤罪と主張される）事件もまた、実は「氷山の一角」にすぎないと言うべきであろう[19]。

　このように、知的障害者等の取調べに対する法的規制のあり方を検討することは、知的障害者等への被疑者弁護の保障のあり方（刑訴法37条の4）などとも関わって、焦眉の急の課題と言うこともできる。

第3節　証拠法上の問題背景

1　知的障害者等の場合

　ところで、知的障害者等について規定の整備が遅れている背景には、少年の場合には年齢という客観的な基準に従った一般的・類型的な対応・処理が可能であるのに対し、知的障害（あるいは近時では発達障害など）の場合には、その障害の程度には個人差があり、少なくともその外見上や、少し話しただけの判断ではその障害の有無・程度は一義的には判断しづらいといった問題点が考えられる。すなわち、捜査官にとっての知的障害等の認定の困難さという問題である。そして、これまで精神的または知的な障害という供述者の特性が、自白の任意性ではなく、信用性判断の一事情にとどまると考えられてきた[20]背景にも、そのような事情（すなわち、一般的・類型的認定の困難）があったのではなかろうか。

　そうだとすると、かかる供述者の特性が信用性判断の一事情にとどまる以上は、それをどのように評価するかは裁判官の自由心証、換言すればその裁量的判断に委ねられることになる。その結果、例えば、「わが国の法曹界は知的障害の問題を、ほとんどといっていいほど理解していない」[21]とすら指摘される刑事裁判の現状においては、信用性評価においてすら、かかる供述者の特性への証拠評価の比重は低くなると言わざるを得ない。上記のような知的障害者に対する冤罪事件において虚偽自白を防げなかった背景には、このような証拠法上の問題点も存在しているように思われるのである。

2　少年の場合

　他方、規定の整備が比較的進んでいるとはいえ、少年の場合にも、証拠法上の問題状況は共通している。すなわち、少年であるが故に被暗示性・迎合性に富むという特性もまた、基本的には自白（供述）の信用性判断の

一事情として位置づけられているにとどまるのである[22]。その背景には、やはり知的障害者等と同様、たとえ少年であっても、その被暗示性や迎合性の強さなど取調べへの耐性の程度は少年毎に異なりうるため、そのような特性の考慮は、自白の任意性という客観的・類型的な判断には必ずしもなじまないと考えられているのであろう。

　裁判例として、例えば、東京家決平1・9・12家月41巻12号185頁（いわゆる綾瀬母子殺人事件）も、少年らが「取調べ警察官に頭をこづかれたこともうかがわれるのであり…、やや無理な取調べがなかったとまでは言えないのであって、少年らが警察官の言動のために畏怖心を抱いたであろうことは想像に難くない」としながらも、自白の任意性ではなく信用性を否定したうえで非行なしの判断をしている。さらに、多くの「非行なし」事例への検討を通じて、「少年の取調べにおいては、任意性ルールは、虚偽自白の発生を防止するという面での機能をほとんど果たしていないようにさえ感じられる」と問題提起する文献すらある[23]。

第4節　問題解決の方向性

　このように考えると、要支援被疑者の虚偽自白を防ぐためには、(1) 取調べ時点においてどのような積極的な援助を提供すべきかという点と、(2) そのような援助を証拠法上どのように位置づけておくべきかという点に収斂されるように思われる。なお、そのいずれの点においても、少なくとも本書のテーマとの関係では、取調べの録音・録画だけでは必ずしも所期の効用（虚偽自白の防止）を期待できない面があることは、上述のとおりである。

1　取調べにおける援助のあり方

　そもそも、被暗示性・迎合性という問題の根底にあるのが、心身又は精神の発達が未成熟なため、自律的な意思決定能力ないし自己決定能力に欠

けるという点である以上は、その意思決定能力を積極的に補完するような制度枠組みが必要である。そして、そのような意思決定能力の不足が心身又は精神の発達が未成熟だという点に起因している以上は、そのような援助のあり方もまた、被疑者本人の発達自体を促し又は補完しうるような性質のものでなければならないはずである。少年にせよ、知的障害者等にせよ、援助の性格が心理的・福祉的なものでなければならないというのは、このような問題背景を反映したものに他ならない。[24]

では、要支援被疑者に必要な心理的・福祉的な援助とはどのようなものか。少年が成長過程にある以上は、その成長を保障しうる者の援助が必要であり、知的障害者等の場合にも、そのケアを日常的に担っている者の援助が必要ということになろう。そうであるならば、最も効果的な援助としては、そのように被疑者の成長又はケアを担っている者（通常は保護者又は近親者等）が取調べの場に立会うことこそが第一次的には検討されるべきである。そして、少年の場合にしても、知的障害者等の場合にしても、そのような援助を実際に法制度化しているのが、例えば、イギリスの「適切な大人（Appropriate Adult：以下、AAという）」制度なのである。その制度の詳細については本書・第Ⅱ部を参照されたい。

なお、従来から、そして取調べの可視化をめぐっても、捜査機関の側から取調べの場における被疑者との人間関係・信頼関係の重要性が主張されることもあり、そのような立場からすれば、いわばパターナリスティックな見地から、捜査官自身が福祉的援助を担うという考え方も成り立ちえないではない。しかし、本書が主張する福祉的援助及びそこで前提とされる人間関係と、捜査機関の側で想定される人間関係とは、治安維持目的の有無という点で決定的な質的相違があると言わざるを得ず、そうである以上、虚偽自白の防止という観点からは、捜査機関の側に積極的な援助（それはしばしば恩恵的にならざるを得ない）を期待すべきではないであろう。[25]

2　援助者の立会いをめぐる証拠法上の位置づけ

次の問題は、仮にかかる心理的・福祉的第三者の立会いが必要だと考え

た場合、その立会いをめぐる証拠法上の位置づけをどのように解すべきかという点にある。理解の便宜のために、問題解決のためのアプローチの仕方をモデル論的に整理するなら、要支援被疑者の供述の自由の保障という権利論的な観点からすれば、かかる立会いを必要的に保障し、証拠法上も任意性の必要条件とするのが最も徹底した方策となろう。他方、治安維持的な観点ないしは実体的真実主義を重視する立場からすれば、立会いの必要性判断自体も捜査官又は精神科医などの専門家の判断になるべく委ねたうえで、証拠法上も信用性判断の一事情にとどめるのが最も穏当ないし現実的な選択肢として検討されることになろう。

　この点について、イギリスの動向を簡単に紹介すると、捜査に関する基本法である「1984年警察・刑事証拠法（The Police and Criminal Evidence Act 1984）」（以下、PACEと略す）の法体系下で、かかる第三者立会いは必要的なものとして保障されている。特に少年の場合には、ほとんどの事案において保護者等の立会いは実現されている。[26] もっとも、証拠法上の位置づけについては、必ずしも明文化されておらず、自白法則又は不公正証拠の裁量的排除法則の適用の下で、裁判例は必ずしも安定していない。[27] ただし、上記・PACEの下で取調べが録音されていてもなお、かかる第三者の立会いがなかったこと又は立会い自体はあっても実効的な援助がなかったことを理由に自白を証拠排除した裁判例も存在することに留意すべきである。[28] その意味では、上記・二つのアプローチの下で動揺を示しながらも、制度全体としてみれば、虚偽自白を防止し、手続の公正を実現するという制度趣旨に比較的忠実な運用が、なおも維持されていると評価することもできよう。

3　虚偽自白を防止するための根本的課題

　もっとも、イギリスの法制度を並行輸入すれば、自動的に日本でも虚偽自白の防止という目的実現に大きく近づくと単純に考えるべきではあるまい。とりわけ、日英の捜査実務において被疑者取調べへの依存度に大きな違いがある点には、制度の導入を検討する上で十分に注意しておく必要が

あろう。例えば、日本よりもはるかに取調べへの依存度の低いイギリスにおいてすら[29]、特に知的障害者等への立会いをめぐっては、その要否の判断についてだけみても、捜査機関の便宜に制度趣旨は浸食されがちである[30]。

そうだとすれば、イギリスに比して重度に取調べに依存している日本の捜査実務の現状を前提にする限り、かかる第三者立会いを必要的に保障することの現実性、実効性には大いに疑問がある。仮に実現されたとしても、捜査機関の便宜に利用されるだけに終わる可能性が高いからである（例えば、立会いがあったこと自体を任意性・信用性の立証に都合よく利用されるなど）。従って、第三者立会いの制度の導入に向けて努力していく必要があるにしても、虚偽自白の防止という制度趣旨を実現していくうえでは、日本の捜査実務のあり方（つまり取調べへの依存度）を抜本的に改革していく必要があるのではなかろうか。そのことは、実は、単に第三者立会いの実現にとどまらず、取調べの録音・録画（すなわち取調べの可視化）一般にも当てはまるように思われる。

もとより本書は、取調べの録音・録画に反対するものではなく、また、取調べへの依存度という根本的な課題まで扱うものではないが、少なくとも AA 制度の検討は、日本法を客観化・相対化して検討するための一つの重要な素材となるはずである。その詳細は本書・第 II 部に委ねることとし、以下ではその前提として、日本法の現状と課題について、もう少し踏み込んで明らかにすることにする。

〈注〉

1 概説書として、例えば、A. Sanders et al., *Criminal Justice* (4th Ed., Oxford U. Pr., 2010), at 201 ff. ほか参照。また、関連法規として、The Police and Criminal Evidence Act 1984, Codes of Practice, Code C: 1.7 and Notes for guidance 1G ほか参照。なお、「精神的な支援を要する（者）(mentally vulnerable)」の概念については、本書・第 5 章（144 頁以下）参照。
2 比較的近時の事例として、松山地判平 12・5・26 判例時報 1731 号 153 頁（いわゆる宇和島事件参照）。

3 少年の場合には、例えば、浜井一夫ほか『少年事件の処理に関する実務所の諸問題』(法曹会、1997年)174頁及び177頁、斉藤豊治『少年法研究1 適正手続と誤判救済』(成文堂、1997年)72頁があるほか、最近の裁判例として、最決平20・7・11刑集62巻7号1927頁における田原睦夫裁判官の補足意見参照。これに対し、知的障害者等については、管見の限り必ずしも文献は多くないが、近時の代表的な文献として、大阪弁護士会(編)『知的障害者刑事弁護マニュアル』(Sプランニング、2006年)、内田扶喜子ほか『罪を犯した知的障がいのある人の弁護と支援』(現代人文社、2011年)、内田扶喜子(編)『障害者弁護ガイドブック』(現代人文社、2012年)ほか参照。

4 2010年11月27日付の共同通信社系の各紙及び読売新聞ほか参照。

5 後者については、それに伴って発せられた依命通達「少年警察活動推進上の留意事項について」も重要である。これらの内容については、例えば、荒木二郎(監修)『逐条解説 少年警察活動規則』(立花書房、2003年)ほか参照。

6 犯罪捜査規範204条、前注・依命通達第4の4(1)及び6(1)参照。

7 前掲・注(5)依命通達第4の3参照。

8 犯罪捜査規範207条、前掲・注(5)依命通達第4の5及び6(2)参照。

9 犯罪捜査規範180条2項参照。

10 日弁連子どもの権利委員会(編)『少年警察活動と子どもの人権〔新版〕』(日本評論社、1998年)ほか参照。そのような問題の背景と解決策の詳細については、本書・第1章(25頁以下)参照。

11 例えば、共犯者供述の信用性に関する文脈ではあるが、司法研修所(編)『共犯者供述の信用性』(法曹会、1996年)51頁以下及びそこで参照されている裁判例参照。

12 この点に関する問題提起として、例えば、浜田寿美男『取調室の心理学』(平凡社新書、2004年)、佐藤幹夫『自閉症裁判』(朝日文庫、2008年)ほか参照。

13 例えば、山本譲司『獄窓記』(ポプラ社、2003年)173頁以下及び同『累犯障害者』(新潮社、2006年)のほか、研究者の論考として、浜井浩一『刑務所の風景』(日本評論社、2006年)第1章、第4章ほか参照。

14 平成22年(2010年)の矯正統計(法務省のホームページで入手可能)によれば、平成22年中の新受刑者(総数27,079人)のうち、知的障害、人格障害、神経症性障害、その他の精神障害の診断を受けた者は計2,243人で約8.6%にとどまるものの(それでも漸増傾向にあるが)、知能指数(IQ)の観点から見ると、知的障害の一つの目安とされるIQ70未満の者は22.6%(6,123人)おり、これにテスト不能者1,173人を加えれば、約27%(7,296人)にも及ぶ。従って、テスト不能者も含めて考えてよいとすれば、新受刑者の3割弱が知的障害者として認定されるレベルの者ということになる。

15 前掲・注(3)『知的障害者刑事弁護マニュアル』8頁。

16 静岡地判平1・1・31判時1316号21頁、判タ700号114頁、LEX/DB: 27921119(確

定した再審無罪判決)。被告人は「軽度の精神薄弱者」であったとされる。
17 これは知的障害者が犯人とされ有罪判決が確定した事件であるが、関係者によって冤罪であることが強く訴え続けられている。例えば、浜田寿美男『ほんとうは僕殺したんじゃねえもの』(筑摩書房、1991年)ほか参照。
18 宇都宮地判平17・3・20 LEX/DB 28105419 (公訴事実の一部〔強盗事件〕について真犯人が現れたため、無罪論告のうえ無罪判決が言渡され、確定した事件)。この事件の内容については、前掲・注(13)『累犯障害者』61頁以下が詳しい。なお、この事件については、後に元被告人側から県と国に対して本件誤認逮捕・起訴をめぐって国賠訴訟が提起され、宇都宮地判平20・2・28判時2026号104頁は、宇都宮地裁は県と国に対して慰謝料100万円を命じている(確定)。そこでは、警察官が元被告人の知的能力が低いことを認識していながら、その迎合的な特性を利用してそのほとんどを誘導して、被害者の供述と合致させたもので取調べの裁量の範囲を著しく逸脱したもので違法であること、また、本件公訴の提起は、検察官としては、元被告人の警察段階での自白調書に犯行態様等が詳細に供述されていることにつき、元被告人が重度の知的障害者であることを知り、この自白のほかに証拠に乏しいのであるから、その自白の信用性に疑問を持つべきであるのに、これを看過して公訴を提起したのは違法であるなど、刑訴法との関係でも注目すべき判示がなされている。
19 なお、2008年9月に発生した、いわゆる千葉の幼女殺人事件も、警察段階での被疑者(知的障害を持つ)の供述の信用性への疑問などを契機として、冤罪ではないかとの問題提起がなされていた。例えば、佐藤幹夫「知的ハンディキャップと『虚偽自白』の問題」世界806号(2010年)188頁以下ほか参照。もっとも、公判前整理手続を経た結果、弁護側は被告人の犯人性は争わず、訴訟能力と責任能力の有無などを争点とするに至った。そして、審理の結果、2011年3月、裁判所は訴訟能力と責任能力の両方を肯定し、被告人に懲役15年の有罪判決を科した(千葉地判平23・3・4 LEX/DB 25443533)。これに対し、被告・弁護側は控訴したが東京高裁はこれを棄却(東京高判平23・9・2未公刊)、さらに上告したが最高裁判所もこれを棄却し(最〔一小〕決平24・3・27未公刊)、第1審の有罪判決が確定した。
20 前掲・注(11)『共犯者供述の信用性』(法曹会、1996年)51頁以下のほか、最(二小)判昭43・10・25刑集22巻11号961頁(いわゆる八海事件第3次上告審判決)も、一般論としてではあるが、「供述証拠は、物的証拠と異なり、まずその信用性について、供述者の属性(事件と無関係で供述者に本来的なもの、例えば能力、性格)及び供述者の立場…の全般にわたり充分な検討を加え、もつて信用性の存否を判断した上、その供述の採否を決しなければならない」と指摘する(977頁)。他方、精神発達遅滞と判定された被告人の自白の任意性を否定した裁判例もないわけではない。最近の事例として、例えば、仙台高秋田支判平9・12・2刑弁16号(1998年)126頁ほか参照。

21　浜田・前掲注（12）『取調室の心理学』136 頁。同注の佐藤『自閉症裁判』も、同様の問題点を指摘する。
22　例えば、前掲注（3）『少年事件の処理に関する実務所の諸問題』177 頁ほか参照。
23　守屋克彦「『非行なし』事例から見た非行事実認定の現状と課題」荒木伸怡（編）『非行事実の認定』（弘文堂、1997 年）119 頁、特に 141 頁以下参照。
24　援助の性格が福祉的な性格を持つという点では、少年の場合には、その成長ないし健全育成という少年法の目的（1 条）とも密接に関わっている。本書・第 1 章（25 頁以下）は、その点に関する理論的な試みの一つである。
25　その詳細については、本書・第 1 章（特に 44 頁以下）参照。主に少年の場合を念頭に置いているが、援助及び人間関係の質という点では、知的障害者等にも等しく当てはまるはずである。
26　詳細については、本書・第 4 章（107 頁以下）参照。
27　この点に関する詳細な裁判例の検討については、本書・第 6 章（195 頁以下）参照。
28　*See, e.g., R. v. Everett* [1988] Crim.L.R. 826, CA.; *DPP v. Blake* [1989] 1 W.L.R. 432, CA.; *R. v. Glaves* [1993] Crim.L.R. 683, CA. 特に最後の *Glaves* 事件では、ソリシターが立会っていても証拠排除されている。これらの裁判例の詳細については、本書・第 6 章（202 頁以下）参照。
29　イギリスの被疑者取調べの実態については、本書・第 4 章（120 頁）ほか参照。
30　詳細については、本書・第 5 章（161 頁以下）参照。

第I部

日本法の現状と課題

第1章

犯罪少年の取調べとその法的規制

第1節　犯罪少年の取調べをめぐる現状と課題

　少年法（以下、単に法ともいう）は、少年事件の捜査も成人同様、刑事訴訟法（以下、刑訴法という）により行われることを承認している（法40条）。しかし、少年事件の場合には、少年は心身の発達が未成熟なため、自律的な意思決定能力ないし自己決定能力に欠ける場合が多く、捜査官への迎合性または捜査官からの被暗示性に富むという特性を考慮して、警察の内部規範により詳細な配慮規定がおかれている[1]。そこでは、取調べ（刑訴法198条）に関しても、取調べに代えて面接という文言を用いた上で、まず基本的な留意事項として、少年が落ち着いて話せるための場所的配慮（例えば少年補導室等の使用）、授業時間帯・就業時間・深夜を避けるとともに長時間に及ばないようにするなどの時間的配慮、言動への配慮のほか[2]、少年警察部門による原則的取扱い[3]や、保護者又はこれに代わる者への連絡・立会い[4]なども規定されている。また、少年に限らず、弁護人の立会いを前提とした規定も存在している[5]。

　しかし、弁護士付添人活動が活発化するにつれ、これらの配慮規定は全く遵守されておらず、それどころか、少年は取調べにおいて暴行・脅迫など数多くの人権侵害を受け、成人と同様に自白を強要されているとの実態が浮き彫りにされてきた[6]。その結果、少年は冤罪の被害を被ったり、そうでなくとも心を閉ざし、あるいは国家への不信を募らせることによって、家庭裁判所（以下、家裁という）のケースワーク機能や少年の更生に深刻

な影響を及ぼしているとすら指摘されている[7]。

　では、これらの配慮規定が遵守されず、それどころか少年の人権侵害が多発しているのはなぜか。まずその点を、取調べの目的とその背景にある子ども観という視点から検討する。

第2節　捜査実務と客体的子ども観

1　成人の場合の捜査・取調べの目的

　前提として、成人の場合の捜査・取調べの目的を確認しておく。刑事訴訟法学では一般に、「捜査とは、犯罪の嫌疑がある場合に、公訴の提起・追行のために、犯人を保全し、証拠を収集する行為をいう」と定義され、捜査機関による訴訟の準備活動としてのその「目的は、被告人・被疑者の保全と、証拠の収集保全とにある」とされる[8]。そして、取調べは、後者の目的との関係、すなわち、被疑者から供述証拠を得るための処分として位置づけられている[9]。被疑者を証拠方法とみてよいかどうかは、それ自体争いのあるところであるが[10]、被疑者から弁解を得ることも含め、捜査実務の側からは、「取調べの目的は、真実を供述せしめることと、供述したところが真実に符合するかどうかを見分けることの二つにある」と指摘されている[11]。従って、取調べの目的とは、少なくとも捜査機関の立場からすれば、被疑者の供述を通じた真実の発見にある（犯罪捜査規範2条1項及び166条参照）。そのため、そこでは最終的には自白の採取がその主眼とならざるを得ない[12]。

　他方、取調べにおける被疑者の自白は、訴追裁量（刑訴法248条）との関係でも意義があるとされる。すなわち、被疑者が犯人であると証拠上断定できた場合であっても、訴追裁量を適切に行使するためには、取調べを通じて被疑者に反省悔悟の機会を与える必要があるとし、そこで被疑者から真摯な自白を獲得することが、起訴猶予の場合はもちろん、起訴する場合であっても、「犯罪者の真の反省と更生」のための大きな要素になると

される[13]。そして、そのような真摯な自白を得るためには、密室において捜査官との人格の触れ合いを通じて信頼関係を築く必要があるというのである[14]。

このように、捜査機関によれば、捜査が公判の準備活動であることを前提としつつも、事案の真相の解明（刑訴法1条）をすでに起訴前の段階で、特に取調べを通じて実現しようとしている点が特徴的である。そして、取調べでの自白には、真実発見の効果が期待されていると同時に、それが真摯なものであれば、犯人の反省・更生を示すものであり、従って再犯防止を期待できるため、刑事政策上有意義でもあるとされるのである。

2 少年事件の捜査・取調べの目的

これに対し少年事件の場合には、家裁への全件送致主義（少年法41条・42条）が採用されているため、刑事訴追を直接の目的として捜査が行われるわけではない[15]。しかし、「犯人の保全」と「証拠の収集」という二つの捜査の目的は、「少年の保護事件」の審理にとっても等しく重要であろう。まず前者との関係では、少年の場合にも、調査及び審判に資するために、少年の身柄の保全を（本来極めて限定的にではあるが）必要とする場合があることは、そもそも少年法自身の予定するところである（法43条及び17条、48条）。他方、後者との関係でも、非行事実が要保護性と並んで少年審判の対象とされており[16]、少年の自由・人権を制約する根拠としての意味を持つことから、その認定に正確を期するためにも、それに関する証拠の収集保全が不可欠となるからである。

かくして、少年の取調べについても、成人の場合に期待される、自白による真実発見と再犯防止という二つの目的が追求されることになる。もっとも、後者との関係では、少年事件の場合には全件送致主義があるから、成人のように訴追裁量との関係を考慮する必要は本来ないはずである。しかし、その場合に訴追裁量に代わって真摯な自白を得るための刑事政策的な根拠とされるのが、法の目的である少年の健全育成（法1条）ないしは保護主義の理念なのである。

そもそも捜査機関は、健全育成の意義を、一般教育や福祉との関連の下に広く理解するというよりも、むしろその本来の任務である治安維持の枠内で、少年の非行防止すなわち再犯の防止を意味するものとして狭く理解している[17]。そこでは、治安維持が捜査機関の役割である以上、少年の健全育成もまたその職責に属するものとして、換言すれば、捜査機関もまた健全育成の積極的な担い手として観念されることになる。そこで、取調べにおける真摯な自白が再犯の防止に役立つものであるならば、それは同時に少年の再非行の防止、すなわち健全育成の実現にとっても有意義なものとなるのである[18]。

3 捜査機関にとっての健全育成理念の意義

このように、捜査機関にとって健全育成ないし保護理念とは、捜査機関が少年に自白を求める刑事政策的な根拠として援用されているにすぎない。そこでは、捜査機関が少年を健全育成ないしは教育することが予定されており、少年は捜査機関による健全育成・教育の客体として観念される（客体的子ども観）[19]。その意味で、上述の特別措置も、少年が真摯に自白する限りで、捜査官の配慮ないしは恩恵によって認められるものにすぎないと言わざるを得ない[20]。

さらに、そもそも実務では、いわゆる糾問的捜査観を理論的背景に、それが具体化する一つの場面として取調べ受忍義務が常態化している[21]。すなわち、日本では成人であっても一人の手続主体として自由に供述をすることにはかなりの困難を伴うのである。そのような現実に加えて、さらに少年の場合には、我々が考える以上にその防御力が弱いことが指摘されていることから[22]、少年が捜査官の望むような供述をせず、あるいは否認や黙秘をしたりすれば、「教育」の名のもとに取調べは容易に糾問化しうる。

このように、少年は、刑訴法上も少年法上も、いわば二重の意味で主体性を否定されているということができる。これまで捜査機関が少年の健全育成を謳いながらも、他方で自白の強要などの人権侵害を指摘する声が絶えなかったのは、まさに捜査機関が治安維持の観点から健全育成のための

合目的的役割を担ってきたことの弊害が、取調べにおいて顕著に現れているからだと言えるのではないだろうか。数々の人権侵害事例は、そのことを物語っているように思われる。

4 少年の主体性を論ずる意味

　このような実態も、捜査実務が依って立つような客体的子ども観からすれば、特段問題とすべき点はないのかもしれない。しかし、憲法13条前段が「すべて国民は」と規定していることからも伺えるように、未成年者であってもその人格の尊厳を否定されるべき理由はない[23]。しかも、そのような個人の尊厳条項は、「すべての法秩序に対する原則規範としての意味をも」つとされるから[24]、その条項の適用を少年法制において否定すべき理由もまた、存在しない。従って、日本国憲法下での少年法制のあり方としては、少年の冤罪を防止するのはもちろんのこと、さらに非行のある少年との関係でも、少年の健全育成（法1条）を実現するためには、なによりも少年自身の人格が尊重され、少年自身、主体的に手続に参加していることが不可欠の前提となるのではないだろうか。そこに少年の手続主体性（人格の尊厳）を論ずる意味がある。

第3節　ジャスティス・モデルと小さな大人観

1 ジャスティス・モデルの立場

　取調べの実態に対しては、少年は少年であるがゆえに成人ならば保障されるはずの権利が保障されていないとし、むしろ保護処分の不利益性からすれば、少年の場合には権利保障を妨げる「保護」といった便利なラベルを捨て去り、少なくとも成人同様あるいはそれ以上の適正手続保障こそが重要であると考えることもできる。いわゆるジャスティス・モデルの立場がそれである[25]。

たしかに、適正手続（取調べに即していえば黙秘権）保障を少年の場合にも貫徹させ、少年の特性に即して実質化させていくことは、それ自体疑いようも無く重要な課題であり、また国際準則が求めているところでもある。その点を手続の現実に即して鋭く指摘するジャスティス・モデルの立場は、優れて実務的な問題提起であって、実に傾聴すべき内容を持つものといえる。しかし、ジャスティス・モデルのように、大人と同様の論理で適正手続とその実質化を論じただけでは、はたして少年の特性を十分に補完し尽くせるかどうか疑問の余地がある。もっとも、その点を論ずる前に、成人の場合の手続主体性がいかなる論理によって導かれるのか、そしてなぜ黙秘権が保障されることでその人格が尊重されたといえるのかを確認しておく。

2　黙秘権保障と人格の尊厳

　成人の場合には、いわゆる弾劾的捜査観の提唱に象徴されるように[26]、刑事訴訟における当事者主体性が被疑者の場合にも主張されてきた。しかも、被疑者の当事者主体性は、いわゆる「当事者追行主義」との関連だけでなく、より根源的には、被疑者・被告人の人格ないし主体性の尊重に由来するものとされる。すなわち、そもそも当事者主義とは、真実発見のための単なる技術ではなく、「国家が個人に対して刑罰という制裁を加える場合にとるべき基本的態度を意味する。それは被告人を一人の人格ないし主体として取り扱うことであり、これに刑罰を加えるためには、主体というにふさわしい行動をとる余地を与え自己を弁明する機会を与えなければならないということである」とされるのである[27]。

　このように考えるとき、取調べにおける黙秘権の保障（憲法38条1項、刑訴法198条2項）は、まさに被疑者の人格を尊重するものとして、その主体性保障の中核をなすものといえる。なぜなら、刑罰という峻厳な制裁に直面させられた個人が、その自己保存の本能を克服して積極的に自己を有罪に導く行為をとるかどうかは、極めて崇高な道徳的義務に関わる問題である。だからこそ、国家は個人の内面に立ち入って、法律上はもちろん

事実上もそのような自己負罪を強制すべきでない。その意味で、「黙秘権の本質は、個人の人格の尊厳に対する刑事訴訟の譲歩にある」とされるのである。[28]

従って、国家は、個人が黙秘権を行使するか、それともそれを（個別的にではあれ）放棄して供述するかを、その自由な意思決定、すなわちその自己決定に委ねることによって、その人格を尊重したことになるといえるのである。[29]

3　ジャスティス・モデルの限界

では、このような黙秘権保障に基づく人格の尊厳の論理を、そのまま少年にもあてはめてよいか。

少年の場合には、家裁への全件送致主義がある以上、直接に刑事裁判（刑罰）との関係で人格の尊厳を論じるわけにはいかない。しかし、少年といえども成人と同様、刑訴法による捜査が行われ、しかも保護処分にも自由・人権を制約する不利益性が認められる以上、黙秘権保障の意味は少年にとっても極めて重要な意味を持っていることはたしかである。そこで、ジャスティス・モデルに従って成人の論理を貫くとすれば、最も重要な意味をもつのは、黙秘権を行使するか放棄するかの自己決定ということになろう。実際、アメリカでも、親や弁護人などとの事前協議やその立会いを通じて少年に対する適正手続の実質化が問題とされたのは、成人同様、少年による黙秘権（及び弁護権）放棄の有効性についてであった。[30]

そこでは、少年の自由な供述主体性の根拠が、たとえ本人が未成熟であっても、その補完を通じて自己決定をしたという点に求められる限りで、少年は自己決定主体、従って理念型としては「小さな大人」として扱われていると評価することが可能であろう。しかし、いかに少年の能力不足を補完し、黙秘権行使・放棄に関する自己決定を援助しえたとしても、それだけで直ちに、少年が自己の言い分を十分に表現しえたとみなしてよいか、すなわち、一人の人間主体として、その人格が十分に尊重されたとみなしてよいかどうかは、疑問の余地がある。なぜなら、これまで少年に

ついては、取調べにおける迎合性・被暗示性[31]、自己表現力の弱さ[32]、取調べへの耐性の弱さ[33]といった特性が問題とされてきており、それらの特性は、黙秘権放棄の有無に関わらず取調べを通じて一貫して（例えば黙秘権放棄後の供述それ自体についても同様に）問題になりうる事柄だからである。そのことは、成人と同様の権利枠組（主体性論）では、少年の特性を補完し尽くせないことを示唆しているのではないだろうか。

　そもそもそのような少年の特性が、これまで少年法制を根本から支えてきた刑事学的認識、すなわち少年がいまだ成長発達過程にあり、人格も未成熟であるとの認識[34]に由来するものだとすれば、そのような少年の特性を完全に補完するためには、少年の成長発達そのものを援助しうるような福祉的な対応が必要とされるべきである。従って、少年に対する福祉的な援助を徹底するとともに、取調べのあり方自体も、適正手続保障を前提としつつも、一貫して少年の主体的な成長発達を可能にするものとして再構築される必要があるのではないだろうか。それは、少年の福祉を強調する国際準則からの要請でもある。

　この点に関し、少年司法運営に関する国連最低基準規則（1985年：以下、北京ルールズという）14.2 は、「手続は、少年の最善の利益に資するものでなければならず、かつ、少年が手続に参加して自らを自由に表現できるような理解し易い雰囲気の下で行われなければならない」と規定する[35]。この規定は、直接には審判（adjudication）に関するものであるが、そもそも少年の「最善の利益」とは、少年司法の目的として規定されている「少年の福祉」（同5.1）の最大限の尊重を意味するものと解することができ[36]、しかも、捜査においても「少年の福祉を増進」すべきことが承認されている以上（同10.3）、捜査機関による少年の取調べに対しても、この規定の趣旨は妥当すると考えるべきであろう。

　このような国際準則の動向に鑑みると、まさにジャスティス・モデルが批判する保護理念の中にこそ、適正手続を実質化しうる手がかりがあるように思われる。換言すれば、批判されるべきは客体的子ども観のもとでの保護理念であって、保護理念それ自体ではない。そこに、少年独自の論理で、すなわち少年の保護ないしは成長発達も見据えたうえで、その主体

性・人格の尊厳を検討する意義がある。

4 保護理念をふまえた適正手続論の必要性

　もっとも、このような捜査・取調べにおける福祉の実現という観点は、これまで日本でも決して考慮されてこなかったわけではない。少年事件では家裁への全件送致主義が採られていることから、これまで学説も実務も、少年事件は第一次的には「保護事件」(法第二章参照)へと発展することが予定されており、従って捜査もまた、保護事件の前段階として、実質的に少年の保護に向けた手続であることを考慮すべきであると考えてきたのである（実質的「保護事件」としての捜査[37]）。

　そのことは、取調べですら少年の成長発達の場として位置づけられるべきことを意味している。現に捜査実務では、取調べに教育的な位置づけが与えられてもいる。しかし、そこでの少年の地位は客体なのである。

　このような実態に対し、いわゆる手続二分論を志向するジャスティス・モデルの立場[38]からは、事実の存否(事実認定)と少年の成長発達(処遇決定)とはあくまで別問題であって、取調べでの少年の特性も、まさに成人の場合と問題を共通にする前者の問題として、弁護人の援助の徹底により解決されるべきとの反論が可能であろう[39]。そのような問題意識は、少年審判について司法機能と福祉機能とを峻別してきた従来の学説[40]とも通底しうる。

　たしかに、成人よりも防御力の弱い少年の場合には、弁護人による法的援助（すなわち司法機能それ自体の充実）の必要性がより一層高まることは積極的に承認されなければならない。また、日本でも、これまで弁護士付添人の献身的な活動がなければ、少年事件の問題は顕在化しなかったとさえいってよい。しかし、それでもなお、本当に弁護人の援助「だけで」、北京ルールズ14.2が示唆するように、少年の自由な手続参加が実現されるかどうかが問われるべきであろう。「資格を有する弁護人」(憲法37条3項)であるというだけでは、必ずしも少年に対し福祉的な援助を提供しうることまで意味しないからである。

　この点に関し、北京ルールズが、弁護士による法的援助を規定したうえ

で (15.1)、さらに親または保護者の手続参加権を規定し (15.2)、「少年に対する一般的な心理的・情緒的援助」を期待している点が注目される（同条の注釈）。しかもそこでは、保護者以外にも「少年が信頼することができ、かつ実際にも信頼している他の個人的援助者」の参加も示唆されていることを考慮するなら、そのような心理的・情緒的援助とは、少年に対して信頼関係を提供しうる者による援助、換言すれば、少年にとって心が開ける者の援助が必要とされていると理解することが可能である。そうだとすれば、少年の自由な手続参加とは、法的援助者と心理的・情緒的援助者の両者からの援助がそろってはじめて可能となるように思われる。

5　保護理念自体の権利論化へ向けて

このように、少年の適正手続が少年の特性に即して真に実質化するためには、司法機能それ自体の充実に加え、さらに福祉機能の観点に立った援助も必要とされるべきである。そして、このような福祉機能を重視した主体性論を指向するとき、そもそも少年の自己決定主体性を肯定すること自体についても、疑問が生ずる。

この点については、少年（子ども）にも成人同様の自己決定主体性（自律性）を肯定する見解もある[41]。しかし、少年の自己決定主体性を肯定するということは、その限りで成人と同様に扱うということである（小さな大人としての子ども観）。従って、それを徹底させようとすればするほど、少年法制ないしは保護主義の基礎を支える少年の未成熟さへの考慮は失われていくことにならざるをえない。現にアメリカでは、少年裁判所発足当時の子ども観と現代社会の子ども観とは合致せず、むしろかつてイメージされた子ども観はもはや消滅しているとして、少年裁判所の廃止を説く見解すら存在する[42]。

たしかに、かつてアメリカで少年裁判所が誕生した頃の革新主義の時代と、現在の高度にマスメディアの発達した社会とでは、子ども観においても、そしてまた子ども自身の成熟度においても違いがあるのかもしれない。しかし、依然として客体的子ども観が支配する現代日本においては、

子ども期は「消滅」したというよりは、むしろ子どもはそれを「剥奪」され、「喪失」している状況にあると理解することもできる。また、現代の理論的水準によるかぎり、必ずしも自己決定の尊重だけが人格の尊重を意味するわけではない。そうだとすれば、われわれに必要なのは、「小さな大人」へと回帰することではなく、「子ども」概念をその主体性の観点からより実質化させていくことではないだろうか。

そのためには、未成熟であってもなおその人格が尊重され、かつ未成熟だからこそ、その成長発達という積極的価値の実現をも志向するような主体性論が必要である。そのための重要な手がかりとなるのが、いわゆる子どもの権利条約（以下、権利条約という）12条に規定された意見表明権である。

第4節　意見表明権と人間関係論的子ども観

1　意見表明権の意義 ── 自己決定権との関係

国連子どもの権利委員会（以下、権利委員会という）は、意見表明権（参加の権利とも呼ばれる）に対して、「差別の禁止（2条）」「子どもの最善の利益（3条）」「生命、生存及び発達の権利（6条）」と並ぶ、権利条約の四つの一般原則の一つとして重要な位置づけを与えている。だからこそ、意見表明権は様々な法領域から注目を集めてきた。

その中でも特に教育法の分野では、意見表明権を子どもの自己決定権の行使に道を開く権利として理解する立場（以下、便宜的に自己決定権説と呼ぶ）が有力なようである。その根拠としては、意見表明権条項の原案では、「『結婚、職業の選択、医療、教育及びレクリエーションについての意見表明』（条約草案7条）とされており、子どもが自分自身についての生活や生き方、『幸福の追求』等について、自由に自己の意思を表明し、その意思が親を含むおとな社会によって尊重され、保障されることを求めた」とするのである。

しかし、その後の審議過程では、意見表明権の対象はそのような列挙事由の制約に服すべきでないという意見が多数を占め[50]、そこでそのような列挙事由を削除して「すべての事柄（についての意見表明）」へと修正されるに至っているのであり、当初の列挙事由を根拠として自己決定権的な性格を導き出すことは、必ずしも成立過程に即した議論とはいえない[51]。それどころか、12条は「自己決定権に相当するものではなく、意思決定への関与を意味する」ことは国際的にも承認されている[52]。

　それにも関わらず、自己決定権説が唱えられる実質的な根拠は、権利委員会が指摘するように、日本ではおよそすべての子どもが社会のあらゆる領域において、とりわけ学校制度においてその参加の権利（12条）を行使する際に困難に直面していること[53]、しかもその学校制度自体、その過度に競争的な性格のため子どもの発達を阻害している場合が多いという現実に求められるだろう[54]。すなわち、少年司法のみならず、純然たる教育機関である学校においてすでに、子どもの主体的な成長発達は困難な状況に陥っているのである。敷衍して言えば、少年司法に限らず、日本社会では客体的子ども観が支配しているといえる。その根底には、経済発展という画一的な目標に向けて子どもを管理・序列化していく社会文化構造があると見ることもできるだろう[55]。

　このような現実に鑑みるとき、自己決定権の観点から子どもの主体性を回復しようとするアプローチにも十分肯首しうる点がある。しかし、子どもの自己決定ないしはその自律性を強調し、管理・抑圧からの「解放」を論ずるだけでは、かえって子どもの成長発達を促進しない面もあることに注意しなければならない。自己決定ないし自律とは、自由権として他者からの（しばしば過度にパターナリスティックな）介入を排除することを本質とするから[56]、自己決定に対する一義的な尊重を強調することによって、子どもの成長発達を担っている大人との人間関係が失われてしまう危険があるのである[57]。むしろ、客体的子ども観が支配する日本では、そのような自己決定アプローチによって、逆に自己責任の名の下に大人による「あらたな管理と支配の道具」を生み出すおそれすらある点に注意しなければならないであろう[58]。

たしかに子どもであっても、「自己の人格に関わる事柄」についての意思決定は尊重されるべきである。しかし、子どもの人格の尊重は、子どもの意思決定（意見表明）それ自体ではなく、相手方との継続的な対話を通じてはじめて実現されると考えることもできるし、また、子どもの主体的な成長発達を促すことも考慮するなら、そう解すべきである。

2 権利の関係性からみた意見表明権の意義

これまでも、自己決定ないしは自律を中核とする権利論では、無能力（incompetent）であったり依存的な状況にある人々（例えば子どもや女性）が権利主体から排除されて抑圧的な状況に陥ってしまったり、たとえこれらの人々に形式的に権利が保障されても、依存的であるがゆえのニーズ（例えば子どもの成長）は逆に考慮されなくなってしまうことが反省されてきた[59]。そこで、そもそも権利を問題解決のための継続的対話の道具として観念し、問題提起の声をあげること自体に能力や成熟の度合いは関係ないことから、そのような問題提起（すなわち権利行使）に基づく継続的な対話を通じて、抑圧と被抑圧の背後にある人々の間の関係性（例えば、子ども・大人・国家三者間の関係）そのものを改善していこうとする、いわゆる権利の関係性アプローチが主張されてきたのである[60]。

このような継続的対話を通じた関係性の構築という点こそ、まさに意見表明権を通じた子どもの人格の尊重を検討するうえでも重要な視座を提供するものといえる。そのことは、権利条約に即してみると、特に意見表明権と最善の利益原則との関係において顕著に現れている。

そもそも「最善の利益」原則とは、国連「子どもの権利宣言」（1959年：以下、権利宣言という）に代表されるように、子どもの権利に関する国際文書において一貫して確認されてきた指導理念である。権利条約においても、この原則は、子どもに関する全ての措置をとるにあたって公私いずれの機関によっても第一次的に考慮（a primary consideration）されなければならない一方（3条1項）、子どもの養育及び発達について第一次的な責任を負う父母等にとっても基本的な関心事項（18条1項）とされ、極

めて重要な位置づけを与えられている。だからこそ、国連においても権利条約の基本原則の一つとされているのである。

ところで、権利条約の四つの基本原則は、独立していると同時に切り離せないものであることが指摘されており[61]、まさに意見表明権は、子どもの最善の利益の判断にとって不可欠の権利であるとされる。すなわち、公私いずれの機関にせよ、父母等にせよ、「子どもの最善の利益を考慮すべき者に子どもの意見が提出され、その者がそれを聞き考慮に入れなければ、最善の利益が考慮されたことにはならない」とされ、しかも、そのように意思決定過程に「子どもを本当に参加させるためには、子どもに情報を与え、問題を子どもに説明し、真の対話のための雰囲気、つまりそこでは子どもが尊重され、意見を言うことそれ自体が尊重され、自分の意見が考慮に入れられるということを実感できる雰囲気が必要」であり、さらに、「もし子どもの考えが受け入れられないのであれば、子どもに意見を聞いた人は、なぜ意見がとり入れられなかったのかを子どもに説明する義務がある」とされるのである[62]。

このように、「真の対話のための雰囲気」の中で子どもの意見が尊重されることこそが、最善の利益原則の意義、すなわち、子どもの「人間としての尊厳」を実現するものであるとされる[63]。ここでの意見表明権と人間の尊厳との関係は、次のように考えることができるであろう。そもそも完全な自己決定能力のない子どもであっても（赤ん坊ですら）、一人の人間主体として「欲求の表明」によって他者に働きかけることができるのであって、このような欲求の表明に対して他者から誠実な対応が得られるという「人間関係」の中にこそ、子どもの「人格の尊重」が存在する。だから、権利条約は、この「欲求の表明」という子どもの主体的・能動的な力を権利として認め（12条1項前段）、それへの誠実な対応義務を大人に課すものとした（同後段）。その意味で、意見表明権とは子どもの人格の尊重、したがってその人間の尊厳を保障したものに他ならないのである[64]。

このように考えると、権利条約12条1項前段は「自己の意見を形成する能力のある子ども」と規定して、一見その主体を限定しているように見えるが、子どもがその欲求を表明しうる限りは、意見表明権の主体には事

実上制約がないと解すべきである。その点を示唆する成立過程でのコメントもある[65]。ただし、問題の本質は、さらにその先にある。すなわち、対話そして人間関係の構築を通じた人格の尊重と言っても、そこで実現される関係の実質とはどのようなものでなければならないかである。単に子どもを独立の当事者と観念するだけでは、子どもを抑圧している関係からの「解放」か（自己決定論）、さもなくば子どもを抑圧してきたシステムに子ども自身を統合するだけのものにとどまってしまう可能性があるからである（形式的な「参加」論）[66]。これは、意見表明権によって判断されるべき最善の利益の内容にも関わる。

3　「最善の利益」原則と意見表明権との関係
── 人間関係論的子ども観の提唱

　権利条約の成立過程においては、「最善の利益」それ自体の内容まで、必ずしも積極的に議論されたわけではない[67]。また、権利委員会自身も具体的な判断を示していない[68]。しかも、この問題については、条約自身、最善の利益の内容を明確にしようとしているのではなく、条約全体として、包括的な倫理的又は価値的なフレームワークを提示し、そうすることによって子どもの最善の利益を模索する人々に対して多くの指針を提供しているのだとの指摘もある[69]。

　たしかに「最善の利益」原則は、子どもに関わるすべての人々及び権利条約の個々の条文の解釈・運用にとっての指導原理となるべきものである。しかし、むしろそのような役割があるからこそ、「子どもの最善の利益」の内容について実質的な方向性が示されていなければ、それが何かは判断者の主観に委ねられ、まさにジャスティス・モデルの論者が危惧するように[70]、最終的には国家や親の独善を招来する危険がないとはいえないであろう。その意味で、権利条約の成立過程において次のような問題提起のあったことが注目されるべきである。すなわち、第二読会においてベネズエラ代表は、権利条約において「子どもの最善の利益とは、その全面的な―すなわち、身体的、知的、精神的、道徳的及び社会的―発達である」

と規定されない限り、なにが「最善の利益」かは、適用者の判断に委ねられてしまうとして、「子どもの最善の利益」という文言の主観性について注意を促したのである[71]。

　この提案からは、最善の利益とはまさに子どもの全面的な発達を意味するものとの示唆が得られるであろう。このような理解は、一般原則相互の不可分性とも合致する。すなわち、子どもの最善の利益とは、子どもの「生命、生存及び発達の権利」（6条）の保障、端的に言えば、子どもの成長発達権の保障を意味すると理解することができるのである[72]。

　もっとも、その後の審議において多くの代表が現行の条文（案）を支持したため、ベネズエラはこの提案を撤回した。その経緯は審議録からは明らかでないが、しかし、そのことは、ベネズエラの提案が必ずしも否定されたことを意味しないであろう。なぜなら、そもそも権利条約の土台となった権利宣言は、最善の利益原則を、子どもの全面的な発達を立法等によって実現する際の指針として、すなわち、子どもの全面的な発達の実現に向けられた国政上の指針として規定していたのであり（第2原則）[73]、そのような子どもの全面的な発達という最も根源的な目的が、権利条約においても個別条項との関係で、すなわち、国家との関係では6条で、また親との関係では18条及び前文第6段で、さらに教育との関係では29条1項(a)ですでに具体化されているとすれば、あらためて3条においてその旨明らかにする必要はなかったと理解することもできるからである。

　このように考えると、最善の利益とは、子どもの人格の尊重を求めるものであると同時に、人格の成長をも求めていると考えることができるであろう。そして、子どもの成長は他者との関係性を通じて実現されるという心理学等の知見をふまえるならば、子どもの成長発達もまた、意見表明権[74]を通じた関係性の構築によって実現されると考えることができる。

　では、子どもの成長発達は、いかなる人間関係によって実現されるか。この点についても、自律的な個人への成長発達は「本人の欲求をそのままで受容し合える人間関係からしか生まれない」[75]と説く見解があり、注目される。権利条約自身も、子どもの「人格の完全かつ調和のとれた発達」のためには、子どもが「家庭環境の下で幸福、愛情及び理解のある雰囲気の

中で成長すべきこと」を求めている（前文第6段）ほか、このような受容的な人間関係を通じた子どもの成長発達は、心理学等の社会科学的な知見からも基礎づけることが可能であろう[76]。

かくして、意見表明権の行使に基づく受容的な人間関係の形成・発展によってこそ、子どもの人格の尊重とその成長発達が実現されるというべきである（人間関係論的子ども観）。客体的な子ども観が支配する日本の現実の中で、子どもたちが他者との豊かな関係性を奪われ、子ども期を喪失しているのだとすれば、まさにこのような人間関係論的なアプローチこそが、子どもの主体性（人間の尊厳）を回復するものとなろう。従って、子どもの最善の利益を判断すべき者、特にそれが子どもの養育と発達について第一次的な責任を負う親や法定保護者（権利条約18条1項）の場合には、このような意見表明権に基づく受容的な人間関係の形成が強く期待される。そして、そのような教育的・福祉的責任が国家により補充的に果たされる場合（18条2項、3条2項）であっても同様に、そのような関係の形成に留意すべきであろう。

4 意見表明権と少年司法

このような意見表明権の意義は、少年司法との関係でも同様に妥当しうる。権利条約自体には少年司法の目的を特に定める規定はないが、少年司法に関する国際準則は、少年司法の目的が少年の福祉の実現にあることを明記するとともに[77]、そこでの福祉の実現の仕方についても、「幼児期から人格を尊重し、またその人格を向上させることによって、調和のとれた思春期の成長を確保するように社会全体が努力する必要がある」こと、さらに「青少年は社会のなかにあって積極的な役割を担い、積極的に主体としての関与が保障されなければならず、社会化および管理の単なる対象と考えるべきでない」ことを明記しているからである[78]。ここで謳われている福祉理念の強調、そしてそれを実現するための人格の尊重や社会的主体性論は、意見表明権に基づく人間関係論的子ども観と本質的に異なるものではないであろう。

このような国際準則からの要請は、日本の少年司法との関係でも強調されるべきである。そもそも、日本の少年法の「窮極の目的」である「少年の健全な育成」とは、「非常に積極的な教育的ないし福祉的な内容をもったもの」であって、児童福祉法、教育基本法、少年院法等と相関的に理解すべきであり、「これを狭い意味での社会防衛や公共の福祉論の枠内に閉じこめてはならない」と考えられてきたからである[79]。健全育成理念がそのような意味内容を持つことは、現行法の立法史的にも明らかにされている[80]。

さらに、たとえ経済的に豊かではあっても、なお客体的子ども観が支配する日本において、大人ひいては国家による子ども期の剥奪こそが、日本の非行の根源的な原因だとすれば[81]、意見表明権に基づく受容的な人間関係の形成と維持こそが、少年の人格の尊重と成長発達の実現にとって必要であり、日本国憲法下での少年法制にとっても必要とされるべきであろう。このように考えるとき、捜査において考慮されるべき保護の実質もまた、意見表明権の保障を通じて実現されると解すべきことになる。

5　意見表明権と適正手続

少年に対する適正手続保障もまた、意見表明権に基づく人格の尊重論と決して無関係とはいえない。すなわち、少年の適正手続を詳細に規定する権利条約40条2項は、その柱書で、それらの権利保障もまた同条1項のためのものであること、つまり、「尊厳及び価値についての当該子どもの意識を促進するのにふさわしい方法…により取り扱われる権利」を保障するためものであることを明記している。そして、そこでの「尊厳」が、権利条約の一般原則からの要請として意見表明権によって実現されるべきものだとすれば、少年の適正手続保障もまた、意見表明権（参加の権利）の下に包摂して理解することも可能となる。換言すれば、適正手続保障は、少なくとも少年の場合には、少年の意見表明権（手続への実効的な参加）を担保するものとして位置づけることが可能となるのである。

このように考えると、少年にとっての適正手続の意義もまた、国家との対決[82]にとって必要な武器としてよりも、むしろ少年の成長発達を実現し、

もってその将来の自由（成人としての自己決定主体性）を実現するために必要な手続的保障と捉え直すことができるであろう[83]。そして、そのように理解することの実際的な意義は、少年による権利放棄を認めるかどうかという点に現れるように思われる。ジャスティス・モデルのように、少年の自己決定主体性を肯定するアプローチでは、少年であっても成人同様、権利の放棄が可能となるが[84]、意見表明権アプローチでは、それを保障するための各種の措置（適正手続保障を含む）は、すべて少年の人間の尊厳を実現するものであると同時に、その成長発達をも実現するものと位置づけられることになるから、それらの放棄は少年の成長あるいは自己実現そのものの否定につながるからである。

　もちろん、このようなアプローチに対し、自己決定アプローチからは、「過度に保護的であって、不合理にパターナリスティック」であると批判されるかもしれない[85]。しかし、少年の自己決定主体性を肯定すること自体に対して原理的な疑問があるのはもちろんのこと、やはり少年の特性に即した適正手続の実質化を十分に実現するためには、保護主義の理念を（権利論的に）徹底させるアプローチこそが必要であろう。そうだとすれば、少年の権利放棄をパターナリスティックな観点から制約することもまた、許容されてよいのではなかろうか[86]。そのように考えたとしても、制約されるのは権利を放棄するとの選択であって、権利をいつどのように行使するかの選択それ自体ではない。その限りで少年の選択の範囲を制限したとしても、少年の成長発達を保障するための合理的な措置として平等原則（憲法14条）には反しないと考えられる。

第5節　取調べにおける意見表明権の保障

1　意見表明の「機会の保障」にとどまる問題か

　日本政府のように、意見表明権の意義を単に子どもの意見ないしその弁解を録取するための「機会の保障」にとどまるものと理解するならば[87]、

取調べにおいて意見表明権を保障するといっても、被疑事実に関する供述とは別に、少年の意見ないしはその弁解を録取するための機会を保障すれば足り、特に身柄拘束された少年の場合には、弁解録取の手続が刑訴法上設けられていることからも（刑訴法203条1項、204条1項等）、捜査・取調べにおいて少年の意見表明権は、すでに十分に保障されているとも言えそうである。

しかし、上述のような意見表明権の人間関係論的な意義に鑑みるならば、取調べにおいても少年が意見を言うことそれ自体が尊重される雰囲気が状況的に保障されていなければならず、そのうえでさらに、少年自身、自由に自己の意見（欲求を含む）を言うことができ、しかもそれに対して誠実な対応が得られる人間関係が、意見表明権からの帰結として常に保障されていなければならないであろう。また、取調べで求められる被疑事実に関する供述は、非行事実の存否に直接関わるものであり、そこでの供述如何が少年の生活に重大な影響を及ぼす事柄であることは明らかである（権利条約12条1項前段参照）。しかも、被疑者取調べという司法手続の比較的初期の段階とはいえ、その後の手続の展開に重大な影響を及ぼしうる局面において、少年が被疑事実に関して自由に自己の意見を表明でき、それが尊重されるような雰囲気が保たれているかどうかは、手続の公正さの実感や、ひいては司法制度への信頼といった点も含め、後の少年自身の成長を左右するほどの重要性を持つものともいえる[89]。

このように、まさに被疑事実に関する供述との関係でこそ意見表明権が保障されていなければ、従ってまた、取調べを通じて常に意見表明権が保障されていなければ、およそ取調べにおいて少年の人格を尊重したことにはならないというべきである。日本政府のように、意見表明権を弁解録取に限定しうるような理解は、やはり支持しえない。

2 「捜査官との人間関係」をどのように解すべきか

では、取調べを通じて一貫して意見表明権が保障されるべきだとしても、意見表明権の保障にとって必要な少年との人間関係、すなわち少年の

成長発達の担い手（以下、単に担い手ともいう）としての役割は、捜査官にも成立するものと解すべきか。この点については、かねてより捜査機関自身、少年の健全育成を積極的に担うことを表明し、さらに、少年に限らず被疑者一般についても、捜査官との人格の触れ合いを通じ人間関係ないし信頼関係を築いた上で供述（自白）を得るものとされており、一見すると、捜査官に対しても担い手としての役割を肯定しうるようにも見える。

しかし、それでもなお捜査官については、担い手としての役割を否定しなければならないであろう。それは、少年と捜査官との間で成立しうる人間関係と、親などの場合に成立しうる人間関係との質的相違にある。すなわち、少年と担い手との人間関係は、そもそも取調べの目的とは関係なく成立しうるものであり、それは少年からの「欲求の表明」ですらいかなる場合にも包括的に受容しうるような、いわば無償の人間関係であることが前提となる。

これに対して、少年と捜査官との人間関係とは、本来的に取調べ目的によって規定された関係性である。すなわち、それは真相解明及び少年の再非行の防止の範囲内に限局されており、最終的には治安維持を実現する範囲内でのみ成立しうる人間関係にすぎない。そこに、少年の側からの主体的な欲求や感情の表明が受け入れられる余地はほとんどないとさえ言ってよく、逆にそのような欲求や感情（わがまま）こそが、非行の原因であると認識されることになろう。その根底には、客体的子ども観があるからである。

このように、少年と捜査官との間には、少年のニーズや欲求を包括的に受容する人間関係は成立しえないと解すべきである。もちろん、捜査機関も少年の最善の利益、従って少年の成長発達に配慮すべきことはたしかであるが、それは「少年を害さない」（北京ルールズ10.3）ないしは「その心情を傷つけない」（規範204条）という消極的な配慮にとどまるべきであり、取調べにおいて担い手としての積極的役割は、捜査官ではなく、まさに権利条約18条が示すように、少年の成長発達に対して第一次的な責任を負っている親又は法定保護者（以下、保護者という）の関与によって実現されるべきである。

3 取調べにおける第三者立会いの意義

　このように、取調べにおいて少年に対して受容的な人間関係を提供すべき責任を負うのは、第一次的には保護者であると解すべきである。従って、取調べにおいて意見表明権を保障することの意味は、何よりも取調べには常に保護者が立ち会っていなければならないことを意味する。

　もっとも、たとえ保護者であっても、現実には少年に対して援助的な対応をとらない場合もありうる。むしろ、そもそも非行の多くが家庭的な背景の下に生じていることに鑑みると、そのような事態も少なからず生じうるし[90]、また少年自身も、関係性の相手方として保護者（特に親）の立会い[91]を望まない場合もあろう。そこで、これらの場合には、親に代わって少年を受容的な態度をもって援助しうる第三者が関与しなければならない。例えば、少年の親族や教員（少年審判規則29条参照）、さらには市民ボランティアと少年司法との連携が模索される必要があろう[92]。それどころか、そもそも国家には少年の成長発達を最大限保障する責務がある以上（権利条約6条2項）、そのように親に代わって少年に福祉的援助を提供しうる者（すなわちソーシャル・ワーカー）を養成し、派遣する義務があるとすらいえるのではないだろうか[93]。

　ところで、捜査官との人間関係を否定する立場に立つと、権利条約上は捜査官に対する供述も意見表明の一種と考えられる以上、意見表明権の行使の相手方と人間関係の相手方とが分離することになり、人間関係論的理解と一貫しないとの批判がありうる。たしかに、意見表明権の行使の相手方と人間関係の相手方とは、通常は一致すべきものであるが、それは、最善の利益の判断者とは、通常は少年の成長発達にも責任を負う者だからである。

　しかし、少年審判の前段階としての非行少年の発見活動についても特別法を設けて、教育的又は福祉的機関による発見活動の徹底を図るのであればともかく[94]、現行法制を前提にする限り、すなわち、捜査機関が刑訴法に基づいて少年事件の捜査・取調べを行う限り、そこでは、治安維持機関としての捜査機関の本来的性格と少年の成長発達とは緊張関係に立たざるを

得ない。また、本来捜査に専従すべき捜査機関に対し、少年の成長発達を担うことまでも期待するのは、一般的に言って過重な負担を期するものではないだろうか。そうだとすると、取調べにおける意見表明権の保障としては、まず保護者との間に受容的な人間関係が保障されたうえで、次にそれを前提にした捜査官に対する自由な意見表明（供述）が保障されるという、いわば二段階的ないしは階層的な保障形態にならざるをえない。

4　法的援助との機能分化

しかも、このように意見表明権の保障を二段階的に理解することで、法的援助者としての弁護人の役割を明確にすることができる。そもそも取調べでの発問を理解するには法的知識を要する場合が多く、また黙秘権についても、少年はもちろん保護者であってもその意義を十分に理解しているとは言い難い。また、保護者に対して、少年の意見を尊重させるために、捜査官と互角に対峙することを一般的に期待するのは困難であろう。

そこで、少年と保護者との関係性が保障されたうえで（それはいわば心理的・福祉的援助の性格を持つ）、さらに捜査官への意見表明（供述）との関係で法的援助が強化されなければならない。すなわち、本来取調べには弁護人も立ち会ったうえで、捜査官の発問が少年と保護者に正確に理解されているかどうか、それへの対応（黙秘を含む）が正確に理解されているかどうか、そして、そのうえでなされた少年の意見表明が捜査官によって正当に重視されているかどうかがチェックされる必要がある。

5　取調べの環境自体の再検討

さらに、意見表明権が、手続への形式的な参加論にとどまらず、まさに北京ルールズが示唆するように、少年の自由な自己表現をも保障しうるものでなければならないとすれば、取調べという場自体が、それを可能なものにしうるよう再構築される必要がある。そこで注目されるのが、少年の取調べのあり方に配慮する警察の内部規範である。それらの措置、すなわ

ち、取調べへの場所的及び時間的配慮、そして少年警察部門による取扱いの徹底が保護主義からの要請である限りは、これらもまた、意見表明権からの帰結として権利性が承認されるべきであろう。

6 結びに代えて

　以上のような、保護者及び弁護人の立会い、さらに取調べという場自体を改善するための各種の措置は、意見表明権のみならず、すでに他の国際準則によっても承認されているところであるが、それらを意見表明権の下に包摂して理解することによって、少年はそれらの特別措置を放棄できないものと解すべきである。それらの放棄は、少年の成長発達そのものの否定を意味しうるからである。この点が、少年の自己決定主体性を肯定するジャスティス・モデルとの違いとなろう。そして、そのように放棄不可能なものと理解することによって、はじめて少年の特性に即した適正手続の実質化もまた、実現されるのではないだろうか。

　従って、取調べにおいて意見表明権を保障することの実際的な意義は、まさに立会いを含むこれらの措置がすべてとられていない限りは、取調べ自体行うことができないという点に求められるであろう。もしこれらの措置がとられないまま取調べが行われた場合には、そこで得られた供述は、少年の意見表明権（権利条約12条）を侵害し、従って、国民すべての人格の尊重について定めた憲法13条前段、そして少年の健全育成（成長発達）について定めた少年法1条に反して得られたものと評価すべきである。そのことは、少年の人間の尊厳を侵害し、また少年の特性である被暗示性や迎合性にも配慮をしなかったことも意味するから、そのような状況下で得られた自白については、任意性を欠くものとして原則的に証拠能力を否定すべきものと考えられる。

　以上のような配慮措置は、いずれも当の捜査機関によって承認されているものであって、実現不可能なものでは決してないはずである。それどころか、少年の意見表明権が保障された結果として自白が得られた場合には、基本的にその任意性・信用性が担保されたものと評価してよく、真実

発見にも資するものとなろう。

　翻って考えてみると、少年事件の場合には、そもそもその供述の任意性・信用性を担保するには、自己の存在がありのままで尊重され、かつ自己の意見が正当に考慮されるということを実感できる雰囲気を作り出す必要があるのではないだろうか。証拠評価上の問題だけでなく、そのような雰囲気においてこそ少年の人格の尊重と成長発達が実現される可能性があるのであれば、そのための状況整備を最大限追求すべきである。このような意見表明権に基づく子どもの人格の尊重と成長発達の保障は、子ども観の抜本的な転換を図ることによって、少年司法はもちろんのこと、客体的子ども観が支配する日本の社会状況全体を変革していくうえでも必要ではないだろうか。

〈注〉

1　犯罪捜査規範第11章、少年警察活動規則（平成14年国家公安委員会規則第20号）、少年警察活動推進上の留意事項について（依命通達。以下、単に依命通達ともいう）。後二者の内容については、例えば、家庭裁判月報55巻4号（2003年）173頁以下参照。
2　犯罪捜査規範204条、前掲・注（1）依命通達第4の4（1）及び6（1）。
3　前掲・注（1）依命通達第4の3。
4　犯罪捜査規範207条、前掲注（1）依命通達第4の5及び6（2）。
5　犯罪捜査規範180条2項。
6　日弁連子どもの権利委員会（編）『少年警察活動と子どもの人権〔新版〕』（日本評論社、1998年）、近畿弁護士連合会『問われる少年事件捜査の実態』（1988年）ほか参照。
7　村井敏邦「少年冤罪事件の構造と問題点」法セミ増刊『少年非行』（日本評論社、1984年）202頁、205頁は、誰にも言い分をきいてもらえない少年が心を閉ざしていくことの深刻な影響を指摘する。また、前野育三「捜査段階における少年警察活動」法と政治40巻4号（1989年）167頁、183頁も、「警察で恐怖心を植え付けられた場合、少年の心を開かせることが非常に困難になる」と指摘する。
8　平野龍一『刑事訴訟法』（有斐閣、1958年）82頁ほか参照。
9　同前・105頁ほか参照。

10　井戸田侃『刑事訴訟法要説』（有斐閣、1993 年）87 頁参照。
11　熊谷弘ほか（編著）『捜査法体系Ⅰ──逮捕・取調』（日本評論社、1972 年）222 頁〔本田正義〕。
12　三井誠「被疑者の取調べとその規制」刑法雑誌 27 巻 1 号（1986 年）171 頁、172 頁。
13　稲田伸夫「被疑者の取調べ──検察の立場から」三井誠ほか（編著）『新刑事手続Ⅰ』（悠々社、2002 年）193 頁、198 頁。
14　同前・199 頁（取調べの可視化との関係で）。
15　2000 年の法改正でいわゆる原則逆送事件が設けられたが（法 20 条 2 項本文）、全件送致主義の枠組自体は堅持されており、また家裁にもそのような事件を保護事件として終局させる権限がなお留保されている（同条項但書）。
16　少年審判の対象は、非行事実と要保護性の両方であるとするのが通説である。田宮裕・広瀬健二（編）『注釈少年法〔第 3 版〕』（有斐閣、2009 年）43 頁以下、澤登俊雄『少年法入門〔第 5 版〕』（有斐閣、2011 年）141 頁以下ほか参照。
17　少年警察活動規則 1 条も、少年警察活動とは「少年の非行の防止…を通じて少年の健全な育成を図る」ものであることを明記している。
18　武石道男『少年警察の実務 101 問〔補訂版〕』（立花書房、1993 年）96 頁は、「少年事件捜査の目的は、成人事件と異なり、再非行の防止を図り、少年の健全育成に資することを十分理解しなければならない。特に少年被疑者の取調べは捜査官の人格と少年の人格との重要な触れ合いの場であり、また、教育の場であることにかんがみ慎重な配慮が望まれる」とする。
19　日弁連・前掲注（6）92 頁は、現場の警察官には「『子どもはほおっておくとどんな悪さをするかわからない』という少年観（子ども観）があり、さらに『子どもはおとなと違って半人前だから、一人前のおとなにするためには多少手荒いことをしても良いのだ』という意識が支配的である」とする。そして、「そこではすべての少年を非行予備軍としてとらえているばかりか、『少年も人である』という認識が欠如している」とし、そこに「少年に対するすさまじい人権侵害が発生する根源がある」と指摘する。
20　武石・前掲注（18）97 頁は、保護者等の立会いにより「少年が真実を供述しないおそれのある場合は」、立会いを認めるべきでないとする。なお、前掲・注(1)依命通達も、立会いの趣旨について、「これは、少年に無用の緊張を与えることを避け、真実の解明のための協力や事後の効果的な指導育成の効果を期待するという趣旨に基づくものである」とする（第 4 の 6〔2〕）。
21　例えば、上口裕『刑事訴訟法〔第 3 版〕』（成文堂、2012 年）58 頁注 3 は、「判例・実務において取調受忍義務肯定説が支配的であるなど、糾問的捜査自明論の影響はなお継続しているといってよい」とする。なお、判例に関しては、最大判平 11・3・24 民集 53 巻 3 号 514 頁が、「受忍義務」という言葉は用いていないものの、身体を拘束された被疑者に取調べへの出頭・滞留義務を課しても、直ちにその黙秘権を侵害することにはならないとした（518 頁）。

22　近畿弁護士連合会・前掲注（6）31頁。
23　ホセ・ヨンパルト「日本国憲法解釈の問題としての『個人の尊重』と『人間の尊厳』（上）」判例タイムズ377号（1979年）8頁は、「人間は個人として尊厳を有するものではなく、逆に個人は人間として（人間であるが故に）尊厳を有する」とし（15頁）、「人間の尊厳は人間の人格としての尊厳と理解される」とする（17頁）。少年もまた、一人の人間として独立した人格を有することは明らかである。
24　芦部信喜（編著）『憲法Ⅱ人権（1）』（有斐閣、1978年）134頁〔種谷春洋〕。
25　アメリカの代表的文献として、Barry C. Feld, *Justice for Children* (Northeastern Univ. Pr., 1993) がある。日本でそのような立場から非行事実認定手続について批判的に考察したものとして、高野隆「憲法問題としての非行事実認定手続」荒木伸怡（編著）『非行事実の認定』（弘文堂、1997年）71頁参照。
26　平野・前掲注（8）83頁。
27　平野龍一『刑事訴訟法概説』（東大出版会、1968年）11頁。
28　平野龍一『捜査と人権』（有斐閣、1981年）94頁。
29　現在では、むしろ被疑者・被告人の「自己決定」の観点から、黙秘権を積極的に位置づけようとする試みが有力である。例えば、高田昭正『被疑者の自己決定と弁護』（現代人文社、2003年）ほか参照。
30　この点について、アメリカの判例法理の展開を通じて網羅的に検討したものとして、葛野尋之『少年司法の再構築』（日本評論社、2003年）353頁以下参照。
31　浜井一夫ほか『少年事件の処理に関する実務上の諸問題』（法曹会、1997年）174及び177頁、斎藤豊治『少年法研究1──適正手続と誤判救済』（成文堂、1997年）72頁ほか参照。
32　近畿弁護士連合会・前掲注（6）3頁ほか参照。
33　守屋克彦「『非行なし』事例から見た非行事実認定の現状と課題」前掲注（25）『非行事実の認定』119頁、137頁ほか参照。
34　田宮・廣瀬・前掲注（16）3頁、裁判所書記官研修所（監修）『少年法実務講義案』（再訂補訂版、2012年）25頁ほか参照。
35　北京ルールズの原文及び翻訳については、澤登俊雄＝比較少年法研究会（編著）『少年司法と国際準則』（三省堂、1991年）23頁参照。
36　同前・86頁〔長井長信〕。
37　柏木千秋『改訂 新少年法概説』（立花書房、1951年）31頁以下、亀山継夫・赤木孝志『少年法および少年警察〔増補版〕』（令文社、1984年）45-46頁〔亀山〕、平場安治『少年法〔新版〕』（有斐閣、1987年）421頁以下及び122頁以下、田宮・廣瀬・前掲注（16）413頁以下、澤登・前掲注（16）『少年法入門〔第5版〕』231頁以下ほか参照。
38　例えば、高野・前掲注（25）94頁参照。
39　フェルドも、放棄不可能な弁護権を提案している。*See*, Barry C. Feld, 'Criminalizing Juvenile Justice: Rules of Procedure for the Juvenile Court', 69 MINN. L. REV.

141 (1984), at 183-190.
40 例えば、守屋克彦『少年の非行と教育』（勁草書房、1977年）331頁、裁判所書記官研修所・前掲注（34）20頁以下参照。このような機能の区別は、少年法それ自体の機能としても論じうるであろう（田宮・廣瀬・前掲注[16] 5 頁ほか参照）。
41 子どもの権利論一般の問題としてであるが、Michael Freeman, *The Moral Status of Children* (Martinus Nijhoff, 1997) は、イギリスの就学年齢である7歳になれば自律性（autonomy）があってもおかしくはなく、さらに刑事責任年齢である10歳ならば大抵の子どもには自律性があると考えてよいとする（at 36）。
42 Janet E. Ainsworth, 'Re-Imaging Childhood and Reconstructing the Legal Order: The Case for Abolishing the Juvenile Court', 69 N.C.L. REV. 1083 (1991). フェルドも、現実的には少年裁判所の廃止を選択すべきであり、それに伴い子ども期の批判的な再検討が必要であることを示唆する（Feld, *supra* note [25], *Justice for Children*, Chap.9）。
43 国連子どもの権利委員会への市民・NGO報告書『"豊かな国"日本社会における子ども期の喪失』（花伝社、1997年）。
44 子ども概念の歴史的な背景については、フィリップ・アリエス（杉山＝杉山訳）『〈子供〉の誕生』（みすず書房、1980年）参照。
45 政府は child を「児童」と訳すが、本稿は「子ども」と訳す。以下、条約の文言について政府訳と異なる点については、原文を入れておく。
46 *See*, R. Hodgkin and P. Newell, *Implementation Handbook for the Convention on the Rights of the Child* (3rd. Ed., UNICEF, 2007), at 156 ff.
47 *See e.g.*, UN Doc. CRC/C/5 (1991), para.13.
48 永井憲一ほか（編）『新解説・子どもの権利条約』（日本評論社、2000年）90頁〔喜多明人〕ほか参照。
49 同前 90 頁〔喜多明人〕。*See*, U.N. Doc., E/CN.4/1349 (1979), at 3.
50 U.N. Doc., E/ CN.4/ 1575 (1981), para.78.
51 *ibid.*, paras.79 and 80.
52 Hodgkin and Newell, *supra* note (46), at 150.
53 U.N. Doc., CRC/15/Add.90（第一回日本政府報告〔1996年〕に対する権利委員会の総括所見）para.13.
54 *Ibid.*, para.22. 同様の指摘は、第二回日本政府報告（2001年）に対する最終所見でも繰り返されている。*See*, CRC/ C/ 15/ Add.231, para. 49 (a).
55 福田雅章「日本の社会文化構造と子どもの人権」一橋論叢112巻4号(1994年)1頁。
56 例えば、佐藤幸治ほか（編）『コンサイス法律学用語辞典』（三省堂、2003年）869頁〔人格的自律権の項〕は、自己決定権を、「一定の私事に関して、あるいは、他人の権利を害したり公共の福祉に反しないかぎりにおいて、他者から干渉されることなく、自分のことを自分で決める権利」と定義している。

57　Martha Minow, *Making All the Difference* (Cornell Uni. Pr., 1990), at 306.
58　福田雅章『日本の社会文化構造と人権』(明石書店、2002年) 46頁。
59　*See, e.g.,* Minow, *supra* note (57), at 268.
60　その代表的論者がミノウである。その論旨は、「共生という困難なコミットメント」を権利論的に実現しようとする点にあるといえるだろう (Minow, *supra* note [57], at 309)。なお、日本でミノウの議論を紹介する文献として、大江洋『関係的権利論』(勁草書房、2004年) がある。
61　権利委員会委員であるジュディス・カープの来日講演「子どもの人間としての尊厳と最善の利益」DCI日本支部『子ども期の回復——子どもの"ことば"をうばわない関係を求めて』(花伝社、1999年) 41頁、43頁。
62　国連に対する第一回日本政府報告の審査に際しての、カープ議員の発言 (前注『子ども期の回復』303頁)。なお、日本でも、意見表明権には最善の利益を判断するための手続的権利としての性格があることは、一般に承認されている (永井ほか・前掲注 [48] 90頁〔喜多明人〕ほか参照)。
63　カープ来日講演・前掲注 (61)『子ども期の回復』41頁以下。
64　福田・前掲注 (58)『日本の社会文化構造と人権』49-50頁。
65　ユニセフは、第二読会に入る前の専門的審査 (technical review) において、「『自己の意見を形成する能力のある』子どもとは、自己の意見を『表明』することのできる子どもを指すものと思われる。なぜなら、話すことのできないかなり幼少の子どもですら、なお自己の意見を『形成』し、それを何らかの方法で他者に伝えることができるから」だと指摘している。U.N. Doc., E/ CN.4/ 1989/ WG.1/ CRP.1 (1989), at 14. *See also,* Hodgkin and Newell, *supra* note (46), at 153 ff.
66　この点を示唆するものとして、前掲注(61)『子ども期の回復』266頁〔世取山洋介〕。
67　Sharon Detrick, *A Commentary on the United Nations Convention on the Right of the Child* (Kluwer Law International, 1999), at 89.
68　永井ほか・前掲注 (48) 50頁〔荒牧重人〕。各国にこの点についての研究を行うよう奨励しているとされる。
69　Philip Alston, 'The Best Interests Principle: Towards A Reconciliation of Culture and Human Rights', in; *ibid.* (ed.), *The Best Interest of the Child* (Clarendon Pr., 1994) 1, at 19.
70　Feld, *supra* note (25), *Justice for Children,* at 279-280.
71　U.N. doc. E/ CN.4/ 1989/ 48, para.120.
72　最善の利益が成長発達権の保障を意味することを指摘する文献として、福田・前掲注 (58)『日本の社会文化構造と人権』488頁、澤登・前掲注 (16)『少年法入門〔第5版〕』264頁があるほか、澤登俊雄 (編著)『世界諸国の少年法制』(成文堂、1994年) 353頁〔斉藤豊治〕も、「『子どもの最善の利益』とは、子どもの成長のために最良の状態と機会を提供することであると解されている」とす

る。同旨に解してよいであろう。
73 その内容については、例えば、永井憲一ほか（編）『解説・子どもの権利条約〔第2版〕』（日本評論社、1994年）178頁参照。
74 ワロン（浜田編訳）『身体・自我・社会』（ミネルヴァ書房、1983年）、メルロ＝ポンティ（木田ほか訳）『幼児の対人関係』（みすず書房、2001年）ほか参照。
75 福田・前掲注（58）『日本の社会文化構造と人権』41頁。
76 E.H. エリクソン（岩瀬訳）『アイデンティティ——青年と危機〔改訂版〕』（金沢文庫、1982年）、アイブル＝アイベスフェルト（日高＝久保訳）『愛と憎しみ——人間の基本的行動様式とその自然誌』（みすず書房、1974年）ほか参照。
77 北京ルールズ1条及び5条並びにそれらに付された国連の注釈を参照。なお、同旨の規定として、「自由を奪われた少年の保護に関する国連規則」（1990年）1条がある。その内容についても、前掲注（35）『少年司法と国際準則』203頁参照。
78 「少年非行の防止に関する国連ガイドライン」（1990年）2及び3。その内容についても、前掲注（35）『少年司法と国際準則』179頁参照。
79 団藤重光・森田宗一『新版少年法〔第二版〕』（有斐閣、1984年）14-15頁。
80 守屋・前掲注（40）152頁以下（特に188頁）、森田宗一「少年法制定過程覚え書⑤——『健全育成』『非行少年』そして『虞犯』」ジュリスト939号（1989年）166頁参照。
81 福田・前掲注（58）『日本の社会文化構造と人権』503頁。
82 このような考え方を「闘争モデル（Battle Model）」と表現する文献として、John Griffiths, 'Ideology in Criminal Procedure or A Third "Model" of the Criminal Process', 79 YALE L.J. 359 (1970), at 367.
83 かつて日弁連も、「適正手続の保障は、少年手続における処理処遇が、真に少年の成長発達を保障するものになりうるかを問うものである」と述べて、少年審判の対審化に全面的に反対していた。日本弁護士連合会『少年法「改正」答申に関する意見』（1984年）参照（引用部分は71頁）。
84 ただし、少年の黙秘権放棄の有効性の判断について、親や弁護人などの必要的関与を要求する、いわゆる絶対的（per se）証拠排除アプローチを採用すれば、少なくとも少年が有効に権利放棄する時点までであれば、弁護権等が必要的に保障されることになろう。
85 *Commonwealth v. Christmas*, 465 A.2d 989 (1983), at 992〔少年の保護は、社会及び正義の利益に重点をおいたやり方で実現されるべきであるとして、少年の権利放棄の有効性判断について、絶対的証拠排除アプローチから、成人同様の総合判断（totality of the circumstances）アプローチへと転換したペンシルバニア州最高裁の判例〕。この判例については、葛野・前掲注（30）366頁も参照。なお、アメリカでは、連邦最高裁をはじめとして（*Fare v. Michael C.*, 442 U.S. 707, 1979）、このアプローチが主流となっている（葛野・前掲注〔30〕355頁）。

86 福田・前掲注（58）『日本の社会文化構造と人権』71 頁は、自由の補完原理としてのパターナリズムの意義について論じたうえで、自律的生存の可能性がある限り、自由そのものを否定する自由（自己決定）は認められるべきでないことを示唆している。少年はいまだ自律的生存主体（自己決定主体としての成人）に向けて成長発達の過程にある以上、そのような成長発達を積極的に実現するための措置について放棄を認めることは、少年の将来の自由（成人としての自己決定主体性）そのものの否定につながるであろう。フェルドが放棄不可能な弁護権を主張するのも、少年の未成熟、経験不足及び防御力の低さ（vulnerability）への配慮からである（Feld, *supra* note [39] 'Criminalizing Juvenile Justice', at 190）。

87 権利条約 44 条に基づき国連に対して行われる、日本の第 1 回政府報告書（1996 年）は、意見表明権に関する部分の表題を「意見表明権の機会（第 12 条）」としていた（報告書Ⅲ D）。第 2 回報告書（2001 年）では「第 12 条（児童の意見の尊重）」となっているが、その内容は、第 1 回報告書同様、「機会の保障」を論ずるにとどまっている。第 3 回報告書（2008 年）でも、基本的に同様である。なお、これらの政府報告書については、外務省のホームページから入手可能である。*Available at:* http://www.mofa.go.jp/mofaj/gaiko/jido/index.html

88 捜査実務からも、取調べでは被疑者の弁解も十分に聴取されると指摘されている（例えば、稲田・前掲注 [13]）196 頁ほか参照）。

89 北京ルールズでも、少年司法との最初の接触である法執行機関との接触が、「国家や社会に対する少年の態度に深く影響を及ぼす」ことが指摘されている（10.3 に関する注釈参照）。

90 家庭環境も含め、非行の原因について調査を行った近時の文献として、日本弁護士連合会『検証少年犯罪』（日本評論社、2002 年）などがある。

91 親が必ずしも有効な援助者とはいえないことについては、本書・第 4 章（特に 111 頁）のほか、葛野・前掲注（30）359 頁、Feld, *supra* note [39] 'Criminalizing Juvenile Justice', at 181-182 ほか参照。

92 少年警察活動規則 5 条もまた、「少年の健全な育成のための活動を行うボランティア若しくは団体との連携と適切な役割の分担」を謳っている。

93 この点の詳細については、本書・第Ⅱ部（特に第 4 章及び第 5 章参照）。

94 保護理念を審判前手続にも徹底させるために、この点を示唆するものとして、柏木・前掲注（37）34 頁、澤登俊雄（編著）『展望少年法』（敬文堂、1968 年）140 頁 [兼頭吉一] 参照。

95 前野・前掲注（7）172 頁も、「基本的に社会防衛に責任を持つ機関が、同時に保護の担い手となることには無理があり、理想的な保護を行うことが至難の技である」とし、「少年事件に対する警察の介入を最小限にし、保護は保護の専門家に委せた方がよい」と述べる。

96 保護者の手続関与については、権利条約 40 条 2 項（b）(ii)(iii)、北京ルールズ

7.1及び15.2参照（なお、国際人権B規約14条4項も参照）。弁護人による援助についても、権利条約40条2項（b）(ii)(iii)、北京ルールズ7.1及び15.1参照。少年警察部門の充実については、北京ルールズ12.1参照。

97 その詳細については、前掲注（86）も参照。

98 なお、保護者からの援助のあり方について、少年本人や弁護人から異議が出された場合には、捜査機関は少年の希望を聞いたうえで、他の援助者に立会いを求めるべきであろう。

99 この点の詳細については、本書・第Ⅲ部参照。なお、少年審判手続においても自白法則の適用があると考えるのが通説・実務の取扱である（田宮・廣瀬・前掲注〔16〕243頁以下）。そのうえで、村井敏邦「判批」少年法判例百選（1998年）86頁、87頁は、「保護者の立会がなければそれだけで自白の任意性に疑いを生じさせる事情になる」とする。さらに、同『刑事訴訟法』（日本評論社、1996年）160頁は、少年の「保護」の観点及び「取調べの任意性の確保のためにも、取調べへの弁護人の立会いを必要的にすべき」とする。

　他方、違法排除説的な観点から少年の供述調書を排除した裁判例として、名古屋家決昭49・3・20家庭裁判月報26巻12号99頁及び少年法判例百選（1998年）45事件参照。そこでは、当時15歳の少年について、保護者の立会いのない状態のもとで、約10時間半の長時間にわたって行われた取調べは、「少年保護の精神に照らして著しく公正を欠くばかりでなく、事実上の身柄拘束、特に一時保護の名目のもとに令状主義を潜脱した違法逮捕による身柄拘束状態において行われたもので、重大な違法がある」とする。

100 前掲注（62）でのカープ議員の発言参照。

第2章

触法少年の取調べ（面接）とその法的規制
2007年改正少年法を契機として

はじめに

　2007年（平成19年）5月25日、触法少年に対する警察の「調査」権限の創設を柱の一つとして、少年法等改正案が国会で成立した（以下、単に改正法とよぶ）[1]。これにより、これまで福祉的な取扱いが徹底されてきた触法少年の発見手続に、本来的に治安維持機関である警察が関与し、それを主導しうる法律上の権限が創設されることとなった。しかし、「少年の健全な育成」を究極の目的とする少年法の理念（とくにその福祉的側面）[2]に鑑みるとき、警察が非行少年の発見手続、とくに触法少年の発見手続を担うべき理論的必然性があるかは、なお疑問の余地がある。とりわけ、少年法の性格論に関し、その福祉的性格を徹底させようとする立場からは、さらに疑問の余地が広がるものと言わなければならないだろう。

　そこで本章では、改正法のうちでもとくに触法少年に対する警察の調査権限の問題を対象として、まず改正法の内容・目的・背景を概観し、次いで少年法の性格論という観点から今回の改正法の理論的な位置づけを試みる。そのうえでさいごに、少年法の性格論に関する福祉重視説から見た改正法の問題点について、とくに少年の面接（取調べ）[4]を主たる対象として明らかにしたい。

第1節　従来の法制度と改正法の内容

1　従来の法制度

　従来、触法少年（少年法〔以下、単に法という〕3条1項3号）は、刑事未成年（刑法41条）ということもあり、これに対する警察の「捜査」権限は生ぜず、純粋な意味で任意の「調査」しかできないというのが建前であった。しかも、触法少年については、家庭裁判所は児童相談所から送致（児童福祉法27条1項4号）を受けたときに限り審判の対象とすることができるという福祉機関先議主義の下で（法3条2項）、警察には児童相談所へ通告する（児童福祉法25条）という権限しか法律上は認められてこなかった。そのため、警察段階では「事件」として立件することはできず、警察による触法少年の調査は、少なくとも法律上は、児童相談所へ通告（児童福祉法25条）するための任意の準備活動として位置づけられてきたのである。

2　改正法の内容

　これに対し改正法では、「客観的な事情から合理的に判断して」、触法少年であると「疑うに足りる相当の理由のある者を発見した場合において、必要があるときは、事件について調査をすることができる」として、警察の（任意の）調査権限を明文で承認するとともに、あわせて「事件」の概念を導入し、警察による触法少年事件の立件を可能とした（6条の2）。改正法で警察による児童相談所への事件の「送致」権限が創設されたこと（6条の6）も、その帰結であると言わなければならない。注意が必要なのは、この事件送致が、検察官関与の対象となる一定の重大事件については必要的とされており（同1項1号）、しかも、かかる重大事件が送致された場合には、児童相談所もまた、原則としてこれを家庭裁判所に送致しなければならないとされている点にある（6条の7）。これにより、事件送致

に関する児童相談所の裁量が制約されることは否定できない。「児童福祉優先主義の空洞化」が懸念される所以である[7]。

さらに、調査権限の具体的な内容として、少年や保護者等に対する呼出し権・質問権等が認められた（6条の4第1項）ほか、強制調査権（対物的強制処分）が承認されたこと（6条の5）も、特筆すべき点である。ただし、その一方で、調査に当たっては常に「少年の情操の保護に配慮」することが必要であるのはもちろんのこと（6条の2第2項）、少年等に対する「質問に当たっては、強制にわたることがあってはならない」ことが明記され（6条の4第2項）、さらに、少年及び保護者は、警察の調査に際しては「いつでも、弁護士である付添人を選任することができる」ものとされる（6条の3）など、適正手続の観点からも規定が整備されている点にも留意すべきであろう。

第2節　改正法の目的と背景

以上のような警察の調査権は、「事案の真相を明らかにし、もって少年の健全な育成のための措置に資することを目的として行うもの」とされている（6条の2第2項）。すなわち、立案当局によれば、「触法少年の立ち直りのための適切な処遇を行うためには、その非行事実を明らかにする必要があ」るということ、換言すれば、少年の健全育成（1条）の前提として、事件の事実関係を明らかにすることが目的とされている[8]。

他方で、立案当局によれば、次のような少年の犯罪の現状が指摘されている。すなわち、「近年、いわゆる長崎市幼児誘拐殺人事件や佐世保市同級生殺人事件など、低年齢の少年による世間の耳目を集める事件が発生しています。最近の少年犯罪の特徴として、少年がささいなきっかけで凶悪、冷酷ともいえる犯行に走り、動機が不可解で、少年自身なぜそのような事件を引き起こしたのか十分に説明できない場合があるなど、従来の少年犯罪との質的な違いも指摘されています。このような点から、少年犯罪は深刻な状況にあると思われます」[9]。

以上を要約するならば、近年触法少年による重大な非行が世間の耳目を集め、しかも少年犯罪一般の動向としても深刻な状況にある一方で、とくに触法少年の場合には、現行法制では、大人や犯罪少年の場合と同様の事実究明のあり方（すなわち捜査）ができないことから、非行事実の解明にも支障を来たしている、ひいてはそのことが、少年司法への国民の信頼に悪影響を及ぼしかねない、という現状認識を看取できるであろう。

　立法事実論としては、現在の日本の少年非行の現状が本当にそれほど「深刻な状況」にあるのかどうか、それ自体議論のあるところであるが[10]、ひとまずその点を措くとすれば、たしかに触法少年も少年審判の対象となる以上は、非行事実の存否を確定することの重要性は、冤罪を防ぐということも含めて、少年の健全育成という点からは承認されなければならない[11]。しかし、問題は、触法少年の非行事実に関する証拠を収集する手段として、なぜ捜査的な方法を選択しなければならないのか、その理論的な根拠であろう。

　本稿は、その点を検討するために、まず、そもそも少年法が犯罪少年の発見手続について警察の「捜査」権限を承認していることの意義を検討する。その理由は、そもそも犯罪少年の事件であっても第一次的には保護事件へと発展することが予定されているから、触法少年の場合と同様、少年審判に資するために予め事案の真相を明らかにしておく必要性は共通していること、しかも、2000年（平成12年）の法改正によっていわゆる原則逆送規定（法20条2項）が創設される以前は、犯罪少年の場合であっても逆送される可能性のない事件（送致時16歳未満の少年）が存在していたのであるから、およそ刑事事件に発展する可能性のない触法少年の事件に捜査的な手法が用いられることの意義を検討するうえでも、十分有意義であるというべきであろう。また、その検討を通じて今回の改正法の性格もより一層明確になると考えられる。

第3節　犯罪少年の発見手続に警察が関与することの意義

1　捜査の意義及び目的と少年審判との関係

　まず、捜査の意義と目的を確認しておこう。刑事訴訟法学では一般に、「捜査とは、犯罪の嫌疑がある場合に、公訴の提起・追行のために、犯人を保全し、証拠を収集する行為をいう」と定義され、捜査機関による訴訟の準備行為としてのその「目的は、被告人・被疑者の保全と、証拠の収集保全とにある」とされる[12]。

　これに対し、犯罪少年の発見活動も捜査機関により行われるが、それは直接的には事件を家庭裁判所に送致するために行われるのであって（法41条・42条）、必ずしも「公訴の提起・追行のため」に行われるのではない[13]。また、検察官は、送致後は原則として審判に関与することはなく、事実認定に必要な限りで関与する場合（法22条の2）でも、「審判協力者」として関与するのであって、訴追当事者として関与するわけではない[14]。

　しかし、このように考えたとしてもなお、刑事訴訟の準備行為としての「犯人の保全」と「証拠の収集」という二つの捜査の目的は、「少年の保護事件」の審理にとっても等しく重要であろう。まず前者との関係では、少年の場合にも、調査及び審判に資するために少年の身柄の保全を（きわめて限定的にではあるが）必要とする場合があることは、そもそも少年法自身の予定するところであること（法43条及び17条、48条）、次に後者との関係でも、非行事実が要保護性と並んで審判の対象とされており[15]、少年の自由・人権を制約する根拠としての意味を持つことから、その認定に正確を期するためにも、それに関する証拠の収集保全が不可欠だからである。

2　分析枠組の提示

　このように、基本的には家裁における適正な事実認定を担保するために、現行法は捜査という「犯人の保全」及び「証拠の収集」の方法を選択

したものと考えることができる。ただし、そのような方法の選択が、少年法の理念から論理必然的に承認されるものであるかどうかは、なお検討の余地がある。本章ではこの点を、少年法の性格論という視点から検討してみたい。

そもそも少年法は、犯罪対策法・刑事法的な性格と、教育・福祉法的な性格を複合的に内包しており、場合によっては両立困難なこの二つの要請をどのような水準で調和させ、解決を図るかが少年法制の本質的な課題とされてきた[16]。とはいえ、少年法をめぐる多くの困難な問題をめぐっては、両者のいずれを重視するか、具体的には、治安維持という社会の利益を重視するか、それとも少年の福祉・成長という少年の利益を重視するかで、学説の対立はしばしば深刻化する[17]。そのような対立は、以下に詳しく見るように、発見手続に捜査機関が関与することの理論的意義にも色濃く投影していると評価しうる。

そこで、以下では便宜上、前者の立場を「治安重視説」、後者の立場を「福祉重視説」と呼び、両者を対比させながら少年の発見手続における捜査の理論的位置づけを検討していくことにしたい。

3 治安重視説からの帰結

まず、発見手続における捜査という選択を必然的なものとして理解するのは治安重視説の立場であろう。なぜなら、この立場によれば、「少年法は本質的には犯罪対策法であり、そこで採用されている保護優先主義を中核とする福祉主義は、少年の再非行防止のための合目的的考慮のほか、社会の寛容の精神に基礎を置くものと考えられる」以上[18]、刑事司法のプロセス（次頁「参考図」参照）においてどこまで少年の福祉に重視した制度を設けるかは、もっぱら社会の寛容に配慮した政策的判断であり、少年司法といってもそれは本来的に刑事法体系下に位置づけられるべきものである以上、審判段階が成人と分離されたからといって、その前段階まで成人と別制度を設けるべき理論的必然性はないからである。

もちろん、既存の警察組織内で少年の特性に対応した組織（すなわち少

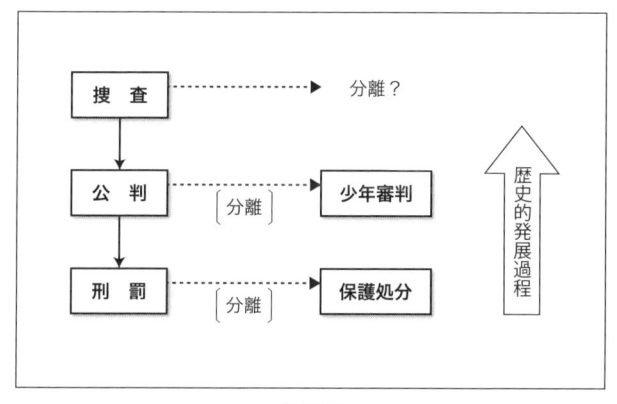

参考図

[参考図: 捜査→公判→刑罰の流れと、公判から分離して少年審判、刑罰から分離して保護処分への流れを示し、「歴史的発展過程」として捜査からの「分離？」を示す図]

年警察）を設けることは妨げられるわけではないが[19]、そこでの少年の特性に配慮した特別な対応も社会の寛容に基礎をおく合目的な裁量に委ねられがちで、すべての少年（とくに否認している場合等）には配慮が特段の配慮はなされない傾向に陥りやすい[20]。

4　福祉重視説からの帰結

これに対して福祉重視説の立場によれば、たしかに法は犯罪少年の発見手続については成人の場合と同様、刑事訴訟法に基づく捜査が行われることを承認しているものの（法第4章参照）、そもそも少年の発見手続に対しても、「保護事件」の前段階として保護主義の理念を一貫させようとすれば、「保護事件」の前段階を「刑事事件」と呼んで、成人と同様、刑事訴訟法に基づく捜査を経る理論的必然性はないと考えることもできる。たとえば、この点について、現行法の立案にも関わった柏木千秋は次のように述べる。

　　罪を犯した少年の事件についても、14歳に満たないで刑罰法令に触れる行為をした少年又は虞犯少年の場合と同じく…、第1段階（家裁送致前の手続段階：引用者）においてはこれを刑事事件としてではな

く、即ち検察官や司法警察職員が刑事訴訟法に従って捜査するのではなく、特別の機関が特別の手続によって捜査するのが本筋であるといえよう。現に、アメリカにおいてはこのような制度がかなりよく行われている。然し、わが国の現状としては、これは到底実施不可能であるため、第1段階を刑事事件として取り扱うことにしたのである[21]。

　この柏木説に端的に示されているように、福祉重視説によれば、本来警察とは別に少年事件を担当する発見機関が創設されるべきだが[22]、やむを得ない現実的な選択として現行法は捜査という方法を選んだと考えることができる[23]。この立場をさらに徹底させるならば、犯罪少年の発見を警察に委ねる以上は、健全育成理念からの直接の要請として、少年の特性に即した特別の配慮が一律・必要的に実施されるべきものとなろう[24]。しかも、一律・必要的に実施されるべきだとすれば、なるべく立法またはそれに準じた法形式で規定されるのが望ましいことになるはずである[25]。逆に、治安重視説からすれば、これらの措置は裁量的なものでよいから、それを規定するのは警察の内部規範であっても全く構わないことになる[26]。

　他方、柏木説自身が、犯罪少年の場合にも、「触法少年や虞犯少年の場合同様に」、本来的に別機関が創設されるべきと論じている点も重要である。このことは、犯罪少年の場合ですら別機関が必要である以上、まして実体法上犯罪が成立しない触法少年の場合には、より一層特別な発見機関の創設が理論上も要請されることになるからである。この点を踏まえて、以下、触法少年の発見手続に警察が関与することの意義について検討していくことにしよう。

第4節　触法少年の発見手続に警察が関与することの意義

1　福祉重視説からの帰結

　上記・柏木説に象徴されるように、福祉重視説からすれば、触法少年の

発見手続に警察が関与することは決して望ましいことではない。むしろ本来ならば、秩序維持を担う警察とは別の（福祉的性格を本質とする）発見機関がその発見活動を担うべきものとなろう。したがって、この立場によるときは、改正法が警察の調査権を承認したことは決して望ましい選択とは言えないはずである。

　もっとも、この立場であっても、犯罪少年との関係で上述したように、少年の発見・確保と証拠の収集に万全を期すという点から[27]（それには少年の冤罪を防ぐという面もある）、調査権限を警察に委ねるという現実的な選択[28]が否定されるわけでは必ずしもないであろう。しかし、その場合であっても、全く成人と同様の捜査の手法がそのまま転用されるべきではあるまい。本来福祉的な性格で貫かれるべきところをやむを得ず捜査の手法を用いるのであるから、少年の情操の保護（法6条の2第2項、審判規則1条2項）に徹するためにも、少年の特性に配慮した特別な手続のあり方が一律・必要的に実施されるべきであろう。そして、上述のように、一律・必要的な保障である以上は、立法ないしはそれに準じた法形式で規定されることが望ましい。これらの点に関する具体案については、とくに少年の面接（取調べ）との関係で次節においてもう一度触れる。

2　治安重視説からの帰結

　これに対し、治安重視説からすれば、少年法も本質的に刑事立法である以上、発見手続についても本来的に治安維持機関である警察に委ねることは、理論的にはむしろ当然のことというべきであろう。立案当局や警察関係者の論考[29]でそのような原理的な問題点への言及が乏しいのも、その点が自明視されているのかもしれない。

　もちろん、この立場であっても、少年の再非行防止のための合目的的考慮から、少年の特性に配慮した手続のあり方を模索することは否定されない。ただし、問題となるのは、その場合の特別な手続が、根本的には合目的的考慮ないしは社会の寛容に基礎を置くものである以上、どうしても裁量的ないしは恩恵的なものになりがちだという点である。換言すれば、福

祉重視説で帰結されうるような一律・必要的な措置とはなりにくい。しかも、裁量的な措置である以上、必ずしも立法形式でそのような特別措置を設ける必要もないであろう。

　じっさい、従来から、少年の特性に配慮した個々の措置（それ自体は十分尊重するに値する）は、すべて警察の内部規範の中で設けられており、立法形式で提案されたことはない。逆に言えば、改正法自身には少年のための特別の措置はほとんど設けられていないと見ることもできる。たとえば少年の付添人選任権（法６条の３）、黙秘権への配慮（６条の４第２項：ただし黙秘権の告知ではない）などは、少年審判における適正手続保障の趣旨からすればむしろ当然の要請と見ることもでき、あえて少年のための「特別」な措置と評価しうるほどのものかどうかは疑問の余地がある。また、対物的強制処分（６条の５）についても刑訴法の条文を準用したにとどまり、対象事件の限定等といった配慮は少なくとも立法上は実現されていない。[31]

3　小括

　このように考えると、改正法の理論的な性格は、治安重視説の特徴が色濃く投影したものだと言わざるを得ない。仮に警察による調査が「少年の情操に配慮」（法６条の２第２項）したものでなければならいとしても[32]、その実効性が現実的にどの程度担保されるかは心許ない面が残ることは否定できないであろう。その措置は事案によっては、警察の裁量や恩恵、換言すれば、その善意に期待せよと言うに等しい面があるからである。[34]さらに深刻な問題を提起しうるのが、調査の対象となった少年が非行事実を否認した場合である。その場合には、かかる恩恵的な配慮を期待することは著しく困難となる。むしろ、これまでの冤罪事件での教訓が示すとおり[35]、防御力の弱い少年に自白を強要することになりはしないか。以下ではそのことを、比較的最近の事例である、いわゆる大阪地裁所長襲撃事件を契機として論じてみたい。

第5節　福祉重視説からみた改正法の問題点
―― 触法少年の取調べ（面接）を中心に

1　事件の概要

　平成18年（2006年）3月20日、大阪地裁は、強盗致傷事件で起訴された被告人2名に対し、共犯とされた少年の供述の信用性等を否定したうえで無罪を言い渡した[36]。本件は、被告人らが共犯少年らと共に、通行中の中年男性から金員を強取するいわゆる「おやじ狩り」を行ったとされる事件であるが、たまたまその被害者となったのが、現役の大阪地裁所長（当時）であったことから、「大阪地裁所長襲撃事件」とも呼ばれる[37]。そして、被告人両名の犯行を証明する重要な実質証拠の一つとされたのが、その共犯者の一人とされた触法少年（犯行当時）B川秋夫の供述だった[38]。そして、その供述の信用性判断に際して重要な要素となったのが、秋夫に対する（共犯者としての）長期間の取調べだったのである[39]。

　この事例は、厳密に言えば、共犯者としての少年の取調べが中心であり、必ずしも少年本人の通告のための取調べ（面接）[40]が多くを占めているわけではない。しかし、たとえ触法少年であっても、事案次第では任意という名目で成人以上に長期間の取調べが行われうること、また少年への特別の配慮はほとんどなく、しかも、これまでの触法少年の取調べのあり方が改正法によってさらに少年に不利なかたちで行われるおそれがあることを、この事例は示唆しているように思われる。以下ではまず、この事件において秋夫の取調べがどのような経緯で行われていたかを、大阪地裁の認定に基づいて見ていくことにする。

2　秋夫に対する取調べの経緯

　本件では、当初から少年らのグループによる犯行との見方が有力だったものの、犯人像に関する本件被害者の供述がそれほど明確でなかったこともあって捜査は難航していた。そのうち警察は、本件への関与が疑われる

少年グループを別件で検挙し、本件の検挙へとつなげていった。その少年グループの中に当初から秋夫は含まれていたのである。秋夫に対する取調べの経緯について、大阪地裁は次のように認定している。

> 秋夫に対する取調べは、4月26日からG事件（別件：引用者）について開始され、児童相談所に一時保護となった後、5月6日ころから同所の面談室において、余罪の取調べとして本件事件について行われた。その後、6月30日までの間、5月18日から20日まで、6月11日、14日から16日までを除く平日には本件に関する取調べを受けた。取調べ（引当り捜査を含む。）がなされた日数は、4月26日から6月30日までの66日間中、37日である。6月30日、秋夫は児童自立支援施設の大阪市立阿武山学園に送られたが、その後も8月6日までに6回取調べを受けており、7月21日の夏夫の審判における証言の直前である7月15日から17日まで及び20日にも取調べを受けている。
>
> （判タ 297-298 頁）

事件の発生も含め、秋夫に対する長期間の取調べが行われた経緯を、手続段階毎にごく簡単に区分すれば、次のようにまとめることができる。

```
2月16日：事件発生
4月26日：別件で児相へ身柄付き通告
4月28日～6月30日：児相で一時保護（約2か月）
        ▶ この66日間中、取調べの実日数は37日
        ▶ 4月26日～：別件について
        ▶ 5月 6日～：本件について
           ◇ 6月25日　検察官取調べ
           ◇ 同 30日　検察官取調べ
6月30日～：児童自立支援施設へ
        ▶ その後8月6日まで6回の取調べ。
        ▶ とくに、7月21日の夏夫（＝共犯者とされた少年の一人）の
          少年審判で証言する直前には、15日～17日及び20日と4日
          間取調べを受けている(17日は審判立会検察官による取調べ)
```

さらに、取調べについてのより詳細な内容については、秋夫の供述の信用性評価との関係で次のように判示している。

　　秋夫の供述の信用性を判断する上で重要な要素は、秋夫の本件犯行についての取調べが5月6日から本件犯行を明確に認めた6月30日までの56日間にわたっていることである（その後、審判での証言の前日である7月20日までの取調べを通算すると、76日間になる）。これは、被疑者に対する逮捕、勾留を通じた取調べが23日間以内であることからすれば、明らかに長期間といえる。確かに、秋夫…の供述を明らかにする必要を捜査官が感じたという事情があったことは否定できないが、客観的には非常に長期にわたる取調べであったといわざるを得ない。
　　その取調べ状況を見ると、主に児童相談所の一室を使用し、5月6日には余罪として本件に関する取調べがなされるようになり、…最終的に、被告人両名、春夫、夏夫と共におやじ狩りをしたと明確に供述するに至る6月30日までの間、取調べや引当り捜査は、34日もなされている。取調べは、平日のみであり、時間については、午後1時ころから午後4、5時ころまでの取調べが多かったものの、午前、午後にまたがって取調べが行われた場合も5月6日から6月30日までに7回あり、月曜日から金曜日まで連日にわたるときも4週あった。また、この間に児童相談所の職員が立ち会った取調べは、判明している限りで4回だけであり、これについて、秋夫が立会は不要であると述べたとしても、同人が当時いまだ14歳であり、強く要求できなかったと考えるべきであるから、年少者を多数回取り調べる場合の方法として配慮に欠けていたことは否定できない。また、同人は勾留されていたわけではないが、一時保護として児童相談所に身柄を保護され、事実上その取調べを受忍せざるを得ない状況にあったもので、いつ終わるか分からない長期間の取調べを受け、その結果として、秋夫が虚偽の自白をしたとしてもおかしくない状態にあったと認められる。
　〔中略〕

以上からすれば、秋夫の検察官に対する供述…は、身柄を拘束されていたわけではないにしても、虚偽供述を誘引しやすい状況の下でなされたものであって、その信用性は著しく減殺されるというべきである。

　このように、別件で児相へ身柄付き通告されて以降一時保護されていた間もずっと、さらには児童自立支援施設へ行った後ですら、本件について秋夫は警察の取調べを受けていたのである。その期間は、4月26日から7月20日まで延べ86日、取調べ実日数でいえば43日にまで及ぶ。取調べの場所は基本的には（一時保護の場所であった）児童相談所で行われたものの、児童相談所の職員が立ち会ったのはわずか4回のみである。これで少年の特性に配慮したと評価しうるものだったのかどうか、甚だ心許ない。[41]

3　改正法との関係で得られる示唆

　本件につき秋夫に対して取調べが行われたのは、主に児童相談所においてであった。もちろんそれは、秋夫の身柄はすでに別件で児童相談所に一時保護されており、しかも当時警察には触法少年に対しては純粋に任意の調査権しかない以上、警察署に出頭ないし同行を求める法的根拠は必ずしも明確でなかったからである。[42]

　これに対し、上述のとおり、改正法では少年の呼び出し権及び質問権が承認されている（法6条の4第1項）。このように法的根拠が明確になれば、触法少年本人の事件として立件し送致する場合（法6条の6）にせよ、共犯者として取調べる場合（もちろん、別件で一時保護されている場合を含む）にせよ、今後は警察署で、とりわけ成人と同様に取調べで面接（取調べ）が行われる場合が多くなることが予想される。しかし、そうなれば少年に対する場所的なプレッシャーが高まることは否定できない。さらに、改正法では新たに対物的強制処分が承認されたことから（法6条の5）、証拠物等を用いての理詰めの追求等の心理的なプレッシャーも強まることも容易に想像できる。

しかし、ただでさえ被暗示性や迎合性が強く、自己主張も容易でないという心理的特性、換言すれば防御力が弱い少年に対し、このような場所的・心理的プレッシャーがさらに強まった場合、虚偽自白がなされる可能性もまたさらに強まることを警戒しなければならない。このようなプレッシャーへの対処にはいくつか方策があるが、まず検討されるべきは、少年の面接（取調べ）に保護者の立会いを必要的にすることではなかろうか。[43]

もちろん本件でもわずか4回のみではあるが、児童相談所の職員が立ち会ってはいる。立会いがあったこと自体は積極的に評価すべき面もあるが、それが必要的に保障されなかったのは、やはり上述のとおり、そのような立会いを認めるかどうかが捜査機関の裁量に委ねられているからであろう。さらに、それよりもむしろ問題なのは、そのように（希少な回数ではあるが）職員が立ち会った場合でさえ、少年の虚偽自白（供述）を防ぐことはできなかったという点である。そのことは、保護者等の第三者立会いを常に要求しなければ少年への実効的な援助となりにくいことを示唆する一方で、保護者等の立会いを保障しただけでは必ずしも援助として十分でない場合があることを示唆するものともいえる。そうだとすれば、面接（取調べ）にあたっては、保護者等だけでなく法的援助者、すなわち弁護士付添人の立会いもあわせて検討する必要があろう。[44]

おわりに

本章では、治安重視説と福祉重視説という少年法の性格をめぐる二つの立場を対比させながら、触法少年の調査手続の理論的な性格について検討してきた。もちろん、両説はあくまで理念型（換言すればモデル）であって、実際の学説が必ずしもそのように明快に二分されるわけではない。[45]しかし、理念型であるからこそ、改正法がどのような理論的な性格をその背景に持ち、またどのような問題点を抱えているかを検討する指標ともなる。本章は、主に触法少年の面接（取調べ）との関係でではあるが、それらの点についてある程度明らかにしえたと思う。

他の刑事立法同様、少年法に対しても改正の波が押し寄せる中で、少年法の究極の目的がどこにあるかを指し示すという点で、福祉重視説が果たすべき役割はなお大きい。福田雅章説（以下、福田説という）は、早くから少年法の福祉的性格の後退を危惧し、その再興を図るためにそれを権利論的に再構築しようとした[46]。それは、福祉重視説を少年の主体性という観点から突き詰めた場合にどのような帰結がもたらされるか、そして、そのような観点からすれば昨今の少年法改正にどのような理論的な問題点が含まれているかを明らかにするための視点を提供した。

もちろん、福田説が論じた対象は主に少年法の理念的な問題（その意味では総論的な問題）にとどまってはいるが、福田説が示したそのような批判的な視点（それは少年自身の目線でもある）を具体的な問題との関係でどのように活かしていくかは、われわれ門下生に課された今後の課題である。

【補注】
本章は、もともと福田雅章先生古稀祝賀論文集『刑事法における人権の諸相』（成文堂、2010）に寄稿したものであり、上記「おわりに」の部分で福田説に言及があるのも、そのためである。本書への収録にあたってそれに関係する部分を修正することも考えたが、執筆当時の問題意識をそのまま収録することにも一定の意味があると考え、基本的に残すこととした。ご了承いただければ幸いである。

〈注〉

1 さらに、少年院送致の下限年齢の引き下げ、保護観察中の遵守事項違反に対する措置としての少年院送致、そして一定の重大事件を対象とした国選付添人制度の創設が、改正法の主な柱となっている。改正法の概要については、川淵武彦＝岡崎忠之「『少年法等の一部を改正する法律』の概要」ジュリスト1341号（2007年）38頁以下ほか参照。
2 団藤重光・森田宗一『新版少年法〔第2版〕』（有斐閣、1984年）14頁。

3 団藤・森田・前注 14 頁によれば、少年法の健全育成理念とは、もともと「非常に積極的な教育的ないし福祉的な内容をもったものである」とされる。
4 触法少年の場合には「取調べ」に代えて「面接」という用語を用いることについては、たとえば、警察庁生活安全局少年課「触法調査マニュアル」（2007 年 10 月）21 頁以下参照。
5 たとえば、酒巻匡「捜査の定義について」研修 674 号（2004 年）3 頁以下、12 頁参照。また、警察庁刑事局編『逐条解説犯罪捜査規範〔8 訂版〕』（東京法令出版、1995 年）279 頁も、触法少年の事案であることが客観的に明らかになった場合には「事後その者を被疑者として捜査の手続を進めることはできない」（その後は補導措置に切り替えなければならない）とする。
6 たとえば、座談会「少年法改正の意義と課題」ジュリスト 1341 号（2007 年）2 頁以下、7 頁（川出発言及びそれを受けた福田発言）参照。
7 たとえば、川崎英明「少年法改正と警察」法律時報 77 巻 6 号（2005 年）72 頁以下、75 頁、葛野尋之「少年法改正の背景と問題点」法学セミナー 607 号 53 頁以下、55 頁ほか参照。
8 法務省「少年法改正に関するポイント Q&A」Q1 の A 及び Q6 の A 参照。なお、この文書は、2007 年 6 月 28 日付けで法務省のホームページにアップロードされたが、2012 年 10 月現在では参照できない状態となっている。他方、改正法の解説としては、久木元伸ほか『少年法等の一部を改正する法律（平成 19 年・20 年）及少年審判規則等の一部を改正する規則の解説』（法曹会、2011 年）が発行されている。6 条の 2 の解説については、同書 30 頁以下参照。
9 同前「少年法改正に関するポイント Q&A」、Q2 の A。
10 この点を指摘する文献として、たとえば、浜井浩一＝芹沢一也『犯罪不安社会』（光文社新書、2006 年）ほか参照。
11 周知のとおり、少年審判の対象は、非行事実と要保護性の両方であるというのが通説である。例えば、田宮裕・広瀬健二（編）『注釈少年法〔第 3 版〕』（有斐閣、2009 年）43 頁以下ほか参照。このことは、触法少年の場合にも等しく妥当しうる。
12 平野龍一『刑事訴訟法』（有斐閣、1958 年）82 頁。なお、田宮裕（編著）『刑事訴訟法 I』（有斐閣、1975 年）18-19 頁〔田宮〕も、「通説的な定義」として同様の定義と目的を述べている。
13 したがって、犯罪少年の捜査手続も、第一次的には保護事件へと発展することが予定されているのであるから、実質的には保護事件として扱われるべきことが学説上も実務上も承認されている。柏木千秋『新少年法概説〔改訂版〕』（立花書房、1951 年）31 頁以下、亀山継夫＝赤木孝志『少年法および少年警察〔増補版〕』（令文社・1984 年）45-46 頁〔亀山〕、平場安治『少年法〔新版〕』（有斐閣、1987 年）421 頁以下及び 122 頁以下、田宮・廣瀬・前掲注（11）『注釈少年法〔第 3 版〕』413 頁以下、澤登俊雄『少年法入門〔第 5 版〕』（有斐閣、2011 年）

231 頁以下ほか参照。

　なお、法 6 条 1 項の「発見」という文言を手掛かりに、捜査も非行少年の「発見」活動として位置づけようとする講学上の試みも、そのような保護の前段階としての性格に着目したものであるといえるだろう（平場・前掲『少年法〔新版〕』110 頁、澤登・前掲『少年法入門〔第 5 版〕』61 頁ほか参照）。

14　甲斐行夫＝入江猛＝飯島泰＝加藤俊治「少年法等の一部を改正する法律の解説（1）」家庭裁判月報 53 巻 5 号 1 頁（2001 年）148 頁。

15　前掲注（11）参照。

16　田宮＝廣瀬・前掲注（11）『注釈少年法〔第 3 版〕』5 頁、澤登・前掲注（13）『少年法入門〔第 5 版〕』xi 頁（初版のはしがき）ほか参照。この問題は、少年審判の性格をめぐる司法機能と福祉機能という問題とパラレルと考えてよいであろう。これについては、たとえば、守屋克彦『少年の非行と教育』（勁草書房、1977 年）331 頁以下参照。

17　たとえば、非行事実が重大で、その社会的影響が大きい場合には、たとえ保護処分による対応が可能である場合でも、検察官送致決定（法 20 条・23 条 1 項：いわゆる逆送決定）ができるかという問題が典型的である。

18　浜井一夫＝広瀬健二＝波床昌則＝川原俊也『少年事件の処理に関する実務上の諸問題』（法曹会、1997 年）3 頁。

19　なお、川出敏裕「非行少年の発見過程」法学教室 333 号（2008 年）90 頁以下は、全件送致主義のもとでの警察による処遇の当否との関係で、「少なくとも、警察は捜査を担う機関であるから、少年の健全育成よりも処罰に傾きがちになるというステレオタイプな理解を前提に制度のあり方を考えるのは妥当とは思われない」とする（96 頁）。

20　この点について詳しくは、本書・第 1 章（特に 28 頁）参照。

21　柏木・前掲注（13）『新少年法概説』34 頁。さらに、澤登俊雄（編著）『展望少年法』（敬文堂、1968 年）140 頁〔兼頭吉一〕は、そもそも「この少年の刑事事件という言葉自体に問題がある。家庭裁判所が保護処分又は保護的措置を不適当と判断して検察官に送致した事件をのみ指すならばともかく…家庭裁判所に送致されるまでの事件をすべて刑事事件と呼ぶことは間違いである」とすら指摘する。

22　「捜査活動が少年の情操に与える悪影響や、少年の防御力が一般に成人に比べて低いことなどを考えれば、少年の犯罪事件の捜査活動全般を規制する特別法を設けるべきである」と主張する見解として、澤登・前掲注（13）『少年法入門〔第 5 版〕』84 頁参照。

23　斉藤豊治『少年法研究 2　少年法改正の検討』（成文堂、2006 年）258 頁も、「少年法は、その出発点において少年警察を認知してはいない。警察官に対して発見・送致機関として公認し、特別の権限を付与することに対して、少年法は警戒的な態度をとっている」と述べる。

24　ただし、管見の限り、そこまで突き詰めて論じた文献は、まだ日本には存在し

25 この点、イギリスでは、被疑者取調べにおける保護者等の必要的立会いについては、立法に準じた法形式で規定されている。この制度の詳細については、本書・第Ⅱ部（第4章以下）参照。

26 現に、少年の特性に配慮した措置は、今回の改正法に関するものも含めて、すべて警察の内部規範という形式で規定されてきている。たとえば、犯罪捜査規範第11章、少年警察活動規則（その詳細については、たとえば、家庭裁判月報55巻4号〔2003年〕173頁以下及び同60巻2号〔2008年〕167頁以下参照）、2007年10月31日付け依命通達「少年警察活動推進上の留意事項について」家庭裁判月報60巻2号（2008年）197頁以下、前掲注（4）「触法調査マニュアル」ほか参照。

27 家庭裁判所としても、従来から触法少年の場合には、犯罪少年の場合と比較して証拠資料が十分でなかったことを指摘するものとして、たとえば、前掲注（6）座談会7頁以下（小田発言）参照。同様の指摘として、廣瀬健二「改正少年法成立の意義と課題」刑事法ジャーナル10号（2008年）2頁以下、3頁注8ほかがある。なお、警察の調査対象が非行事実の存否のみならず、要保護性も含むものと解すべきかどうかについては、たとえば、前掲注（6）座談会19頁以下参照。

28 川出・前掲注（19）99頁注34は、触法少年の調査手続との関係で、「少年非行の領域に児童福祉機関がより積極的に関わるべきだという主張は、それ自体としては正当だとしても、現実問題としては実現が困難であ」ることを指摘している。

29 例えば、特集「少年法改正と警察実務」警察学論集61巻3号（2008年）1頁以下、丸山直紀「平成19年少年法改正に伴う少年警察活動規則の改正について」家庭裁判月報60巻6号（2008年）1頁以下ほか参照。

30 最決昭58・10・26刑集37巻8号1260頁（いわゆる流山事件：少年法判例百選・第2事件及び第46事件）参照。なお、少年審判規則29条の2には黙秘権の告知が明記されている。

31 この点について詳しくは、前掲注（6）座談会16-17頁（岩佐及び酒巻発言）参照。

32 なお、そもそもこの文言自体、触法少年のみならず、犯罪少年や虞犯少年の発見手続にも等しく妥当すべきものであろう（前掲注（6）座談会11頁（酒巻及び川出発言）参照）。

33 少年警察部門が現実的には脆弱であることは、当の警察関係者からも承認されてきている。たとえば、武石道男『少年警察の実務101問〔補訂版〕』（立花書房、1988年）76頁は、「…少年事件はすべて少年警察を担当する係において処理すべきことが原則である。しかし、少年警察部門の体制が弱体であり、かつ、刑法犯検挙のうち約半数が少年であるという実態の中で、この原則を守ることが極めて困難な現状にある」と述べる。

34 本書・第1章（特に28頁）参照。
35 たとえば、日弁連子どもの権利委員会（編）『少年警察活動と子どもの人権〔新版〕』（日本評論社、1998年）ほか参照。
36 判例タイムズ1220号265頁（以下、この号をもって判タと略す）。なお、この判決（以下、本判決ともいう）は、大阪高判平20・4・17（公刊物未登載）により被告人両名の無罪が確定している。さらにその後、本件無罪男性のほか元少年らにより国賠訴訟が提起され、原告側の勝訴で確定している（大阪高判平23・10・28〔LLI/DB判例秘書：06620525〕参照）。
37 この事件のルポルタージュとして、一ノ宮美成『自白調書の闇　大阪地裁所長襲撃事件「冤罪」の全記録』（宝島社、2009年）がある。
38 判タの仮名表記による。
39 秋夫の供述（いわゆる共犯者の自白）についての証拠法上の評価及び本判決全体の検討については、拙稿「共犯者の反復自白の信用性」龍谷法学40巻4号156頁参照。
40 本件との関係では、本判決にならい「取調べ」の語を用いる。なお、前掲注（26）「少年警察活動推進上の留意事項について」第6.8は、「触法少年事件であると断定できない段階」のほか、「特に、殺人、強盗等の重要な事件については、明らかに低年齢少年によるものと認められる場合であっても、共犯関係にある者が存在する可能性があることに留意するものとする」として、共犯事件であることが疑われる場合には、なお捜査による真相解明が可能となる余地があることを承認する。
41 さらに本件では、そもそも児童相談所における秋夫への取調べ（面接）の態様自体が、かなり問題を孕むものであったようである。この点の詳細については、一ノ宮・前掲注（37）193頁以下参照。
42 その意味では、見方を変えれば、いわゆる捜査と拘禁の分離は実現されていたともいえる。
43 本書第1章及び第4章は、主に犯罪少年の場合を念頭においたものではあるが、被疑者取調べへの保護者の必要的立会いについて論じたものである。
44 同旨の提案として、斉藤・前掲注（23）267頁ほか参照。なお、「保護者その他適切な者」の立会いは、犯罪少年の場合と同様、警察の内部規範でも承認されているし（前掲注（4）「触法調査マニュアル」27頁）、「その他適切な者」の中に弁護士付添人も該当しうることは警察の内部規範でも承認されている（前掲注（26）「少年警察活動推進上の留意事項について」第6.7.〔2〕）。
45 むしろ実務的には、両者の調和こそが重要な課題となろう。
46 福田雅章『日本の社会文化構造と人権』（明石書店、2002年）特に444頁以下参照。

第3章

発達障害と供述の信用性評価

はじめに

　平成22年（2010年）1月26日、東京高裁は、いわゆる迷惑防止条例違反被告事件につき、被告人のアスペルガー傷害を認定したうえで、自白の信用性等を否定し無罪を言い渡した（確定。以下これを本判決という。判決文については、判例タイムズ1343号247頁ほか参照）。この事案は、アスペルガー傷害という比較的新しい問題類型についての理解を深めるだけでなく、こういった障害を持つ被疑者・被告人の供述、ひいては要支援被疑者の供述の任意性・信用性評価についての検討を深めていくうえで参考になろう。

第1節　事実の概要

　本件公訴事実の要旨は、被告人は平成20年6月29日午後5時32分ころ、地下鉄駅構内の上りエスカレーター上において、V女に対し、そのスカート内を撮影する目的で、持っていたカメラ機能付き携帯電話機をVの後方からスカート下方に差し入れ、もって、公共の場所において、人を著しくしゅう恥させ、かつ、人に不安を覚えさせるような卑わいな行為をした、というものである。当初からVは盗撮されたと主張したが、実際に被告人の携帯電話機に盗撮画像は確認されなかったことから、訴因は盗

撮したことではなく、盗撮目的で携帯電話を差し入れた行為とされた。

　被告人は第一審公判以来、無罪を主張して争ったが、そこでの主たる争点は、(1) 盗撮されたとする V の供述の信用性、(2) 捜査段階における被告人の自白の信用性の2点であった。もっとも、被告人の犯人性を推認しうる間接事実として、さらに、(3) 事件直後 V に対し、さらにその後、駅の事務所内で、被告人が自らの犯人性を認めるかのような言動をした点をどう評価するかも問題となり、これらの争点に関する判断をするうえで、被告人のアスペルガー障害への理解の有無が結論を大きく左右しうるものとなった。

　原審の東京簡裁は、捜査段階における被告人の自白が信用できるなどとして、被告人を有罪（罰金30万円）としたが、弁護人が事実誤認等を主張して控訴し、それに対して示された判断が本判決である。

第2節　判決の要旨

破棄自判、無罪（確定）。

1　被告人のアスペルガー障害について

　東京高裁は、上記争点に関して判断するに先立ち、控訴審における事実取調べの結果の一つである、精神科医による次のような鑑定結果を示した（以下、本件鑑定という）。それによれば、被告人はアスペルガー障害を有していると診断されること、アスペルガー障害の一般的な特色として、①他者とのコミュニケーションの障害があること、②こだわりや、ある部分への過度の集中といった点が見られること、そして被告人の場合にもこれらの特色が見られることなどが指摘されていた。そして、これを加味して争点に関する判断を行う旨、予め明言している。

2　V供述の信用性

　V供述の骨子は、①自分の太腿の裏側に何かが触れた感覚がしたこと、②後ろを振り向いたときに電子音を聞いたこと、そして、③振り向いたときに被告人が携帯電話を手にしており、そのときの被告人の様子が挙動不審に見えたことの3点にある。これらに関し本判決は、V自身が直接本件事実を目撃していない点に鑑み、「慎重に検討」すべきとしたうえで、いずれもVの直感ないし感覚によるものとして、直ちには信用できないとする。そのうえで、これらに被告人の弁解を対置させ、アスペルガー障害や現場の客観的な状況に照らせば、その弁解内容が必ずしも不合理でないとし、V供述の信用性には疑問があるとした。

3　被告人の自白の信用性

　本件では、駅事務室での事情聴取に引き続き、警察署でも事情聴取が行われたが、その際被告人は、当初は盗撮の事実を否認したものの、いったんその事実を認めるに至り、被告人の供述書のほか、警察官調書、検察官調書が順次作成されている。そこでの供述に関して本判決は、従来から判例上承認されてきた自白の信用性の評価基準（注意則）[2]に従って検討を加えているが、信用性が否定されたポイントは、①本件犯行に直結する重要な供述について変遷が見られるにもかかわらず、その変遷の理由が全く見当たらないこと、そして②自白内容には無視できない不自然、不合理な点が多々認められることであった。以下では、②に関する判示部分について紹介する。

　まず、本件犯行の動機について、警察官調書・検察官調書では、被告人は日頃からレンタルビデオ店でアダルト系のDVD（特に盗撮、痴漢もの）を借りて性的な欲求を満たしており、そのことが本件犯行につながったことが強調されていた。しかし、本件鑑定によれば、被告人は幼稚でアニメキャラクターにのめりこみ、およそ女性への性的関心が薄いことが指摘された。そして実際にも、被告人がレンタルビデオ店で借りていたのはアニ

メ等が中心で、アダルト系のものを借りている状況は全く窺えなかったことから、捜査段階の被告人の供述は、被告人の人格像や日常の生活像と余りにも異質であって、到底信用することができないとされた。

次に、本件エスカレーターでVと被告人が前後に乗り合わせるに至った経緯についても、捜査段階における被告人の供述内容は実際の駅構内の客観的な状況とは整合しないなど、不自然であるとされた。

さらに、被告人が盗撮画像を消去したとされる点についても、V自身もそれを目撃していないうえ、さらに本件鑑定によれば、被告人の能力や性格傾向、動作性IQが際立って低いことからすれば、検察官調書で述べているような盗撮から画像消去までの一連の迅速な処理は相当に難しいといわざるをえず、したがって、この点に関する被告人の供述内容もやはり不自然とされた。

以上のように認定したうえで本判決は、供述調書においてこのような変遷や多くの不自然な供述が生じたのは、捜査官からの誘導や捜査官自身の作文であるとの疑いが払拭できず、また、被告人の上申書についても、余りにそつのないまとまった文章によって作成されており、本件記録や本件鑑定から窺われる被告人の能力等に照らして、警察官から「やったことを書いてくれ」と言われただけで、すらすらと書いたものとは到底解されないとしたうえで、被告人の自白はいずれも信用性に欠けるといわざるをえないとした。そして、これだけでもすでに本件犯罪事実の証明は不十分といえるとしつつも、さらに本判決は、事件直後の被告人の言動の評価についても、以下のような判断を加えた。

4　被告人の本件事件後の言動について

事件直後、被告人が駅事務室において駅助役に事情を聞かれた際、駅助役が「どうしたの、盗撮しちゃったのか、まだ若いんだから、素直に認めて謝りなさい」などと言ったところ、被告人は「はい、はい」などと受け答えし、さらに駅助役からの「画像をどうしたの」との問いかけに対し、被告人は「消しました」と返事したことから、駅助役は被告人が盗撮した

画像を消したものと理解したとされる。
　この点に関しても本判決は、被告人の弁解を対置させ、アスペルガー障害や被告人の性格特性に照らせば、その弁解が必ずしも不合理でないことを次のように説明している。すなわち、被告人はエスカレーターでVから怒鳴られるなどしたことによりパニック状態となっており、その状態は駅事務室でも続いていたため、盗撮を疑われていることがわからず、そのため、謝罪を促されても、その発言の意味をわからなかったこと、他方、被告人はアスペルガー障害の特色として携帯電話のガンダム（アニメ）の画像に過剰に集中していたため、画像のことを聞かれても盗撮の画面のことを言われているとはわからず、ガンダムの画像のことだと認識していたと説明できること、さらに、相手に質問の趣旨を確認せず、また特に抗議行動をしなかった点も、アスペルガー障害とは直接関係しないものの、確認強迫や強迫性格により説明でき、したがって、かかる言動をもって被告人の犯人性を示すものとはいえないとした。

第3節　考察

1　アスペルガー障害の意義と問題点

　アスペルガー障害が刑事司法において問題とされるようになったのは、ごく最近のことである[3]。そもそもアスペルガー障害がどのような症状を指すのかすら、必ずしも社会的な認知を得ているとは言えない状況にある以上、まして刑事司法関係者にとってその症状についての共通認識が得られているとは到底言い難いのが現状であろう[4]。
　一般にアスペルガー障害（症候群）とは、先天的な脳の機能障害として、発達障害の一種に分類される[5]。知的障害や言語発達の遅れは認められないものの、自閉症などと連続性のある障害として広汎性発達障害と総称されることもある[6]。その特色は本判決でも紹介されているが、例えばコミュニケーションの障害と一口にいっても、それがどのような障害かを具体的に

イメージすることは、門外漢には難しい。特に知的障害を伴わないため、外見上は障害をもっていることがわかりにくく、むしろ本人と関わる中でコミュニケーションに違和感をもつ、あるいは本人の発言が周囲に誤解を与えるといった点に特色がある。

本件との関係でも、供述の信用性評価はもちろん、一見犯行を肯定するかのような被告人の「まぎらわしい」言動の意味も、このような障害への理解を通じて初めて了解可能となる点に留意すべきであろう。その意味でアスペルガー障害は、弁護側にとっては、関係者の供述の信用性を弾劾する場合はもちろん、被告人の弁解状況を別の視点から再解釈すること（いわゆるアナザーストーリーの展開）を可能にする側面をもつ。そのことは、本判決が被告人のアスペルガー障害の認定を冒頭で行っている点に象徴的に現われている。

2 アスペルガー障害が争点化される類型

アスペルガー障害が訴訟において争点化される場合、①責任能力の有無またはその程度という実体法上の問題と、②（主に捜査段階の）供述の任意性・信用性の有無という訴訟法上の問題の二つに大別できる。いずれの問題として争点化されるかは、基本的に被疑者・被告人が当該犯罪事実について犯人性を争うか否かによる。本件では、被告人が犯人性を争ったために、上記②の問題として、裁判所は被告人の供述の信用性を判断するにあたって、かかる障害をどのように考慮すべきかが問題となったのである。

これまでアスペルガー障害をめぐっては、上記①の実体法上の問題として争点化されることが多く、その数は必ずしも多くはないものの裁判例の蓄積に伴い、あるいは社会的に注目を集める事件が発生したことなどもあって、そのような問題の存在自体は比較的認知されつつあるように思われる。他方、上記②の問題として裁判例で争点化されたことは、少なくとも管見の限りほとんどなく、しかも自白の信用性を「否定」する事情として考慮したという点において、本判決は画期的な意義を有するとすらいえるであろう。

3 供述の信用性評価におけるアスペルガー障害の位置づけ

　供述の信用性判断にあたっての基本的なアプローチは、判例上、「直感的・印象的」な判断方法から、「分析的・理論的」な判断方法へと推移してきた[10]。このような判例の動向は、最近の一連の最高裁判例においても再確認されたといってよい[11]。本判決もまた、V供述の信用性、自白の信用性等の評価に際して、供述内容と客観的状況との整合性が慎重に検討されており、自白の信用性に関しても従来からの注意則が踏まえられているなど、これまでの判例の流れの延長線上に位置づけることができるであろう[12]。

　そのうえで本判決に最も特徴的なのは、供述の信用性判断に際して、アスペルガー障害という被告人の属性をかなり考慮している点にある。もっとも、その場合の考慮のされ方は、争点ごとに微妙に異なる。まず、V供述の信用性を判断する場合や事件後の被告人の言動を評価する場合には、被告人の弁解が必ずしも不合理でないことの根拠としてアスペルガー障害が考慮されている。例えば、上記・V供述の骨子③に対しては、エスカレーターの直前にいた女性が突然振り向き、怒鳴られるという事態に遭遇したとすれば、何らやましい行動をとっていなかった者であっても、驚いた表情をしたり、やや後ずさりするような態度を示すこともありえないことではなく、とりわけアスペルガー障害を有する被告人の場合には、このような予期しない出来事に遭遇したとき通常人よりもさらに大きく混乱することがありえ（その時被告人は、Vに胸ぐらを掴まれ、壁に押し付けられていた）、本件でも頭が真っ白になった被告人が受身的な対応からとっさにVに謝罪したと説明することも可能であるとする。

　他方、自白の信用性を判断する場合には、その内容が不合理・不自然であること（つまり虚偽自白）の要因としてアスペルガー障害が考慮されている。たしかに、本件自白の背景として、捜査官からの誘導や捜査官自身の作文が指摘され、そのこと自体は、他の痴漢冤罪事例と同様の構造的な問題があるとしても[13]、さらに本件の場合には、被告人の側にもそのような捜査官からの影響を受けやすいという属性（アスペルガー障害）があり、

そのような属性も考慮して信用性が否定されている点にも留意すべきであろう[14]。

そもそも従来、発達障害に限らず、知的障害や、さらには少年であることといった「供述者の属性」が、供述の信用性判断においてどのように考慮されるべきかは、必ずしも十分に検討されてこなかった[15]。その意味では、本判決が契機となって、そのような属性が認められる場合には、一般的・類型的に被暗示性、迎合性が強く、また十分な弁解も期待できないため、虚偽自白（供述）に至る危険性が高いという注意則が、判例上も確立されていくことが期待される[16]。

さらに、本判決が契機となってこのような証拠法上の位置づけが明確になれば、刑事司法関係者、特に捜査機関においてアスペルガー障害などへの理解が広まることも期待できる。知的障害や発達障害の事例では、そのような障害への気づきないしはその認定の困難さにこそ、問題の本質があるといっても過言ではないからである[17]。本判決もまた、アスペルガー障害が控訴審で初めて争点化された結果の所産であることは、そのことを如実に物語るものといえよう[18]。取調べの可視化もまた、このような供述者の属性への理解と援助があってこそ、初めて実効的なものとなるはずである[19]。

〈注〉

1 原審判決文は未公刊のため、この点は判例タイムズ1343号の匿名解説による。
2 最一小判平12・2・7民集54巻2号255頁ほか参照。
3 詳細については、十一元三「司法領域における広汎性発達障害の問題」家庭裁判月報58巻12号（2006年）1頁参照。
4 浜田寿美男『取調室の心理学』（平凡社新書、2004年）136頁は、日本の刑事司法は知的障害の問題さえほとんど理解していない旨指摘している。
5 発達障害者支援法2条1項ほか参照。
6 例えば、鴨下守孝ほか編『改訂　矯正用語辞典』（東京法令出版、2006年）2頁［石井吉秋］参照。
7 なお、責任能力が問題となる場合には、被告人の訴訟能力（314条1項）も問題となりうるが、ここではこれ以上立ち入らない。

8 広汎性発達障害ではあるが、例えば、いわゆる大阪寝屋川小事件がある。この事件に関するルポルタージュとして、佐藤幹夫『裁かれた罪裁けなかった「こころ」』(岩波書店、2007年)参照。
9 最近の論考として、例えば、浅田和茂「刑事責任能力と発達障害」浜井浩一ほか編『発達障害と司法』(現代人文社、2010年)129頁参照。
10 自白の信用性に関しては、例えば、村瀬均「自白の信用性の評価」ジュリスト増刊・刑事訴訟法の争点〔第3版〕(2002年)174頁参照。犯人識別供述の信用性に関しても、その場合に固有の問題点が指摘されているものの、供述の信用性評価にあたっての基本的なアプローチ自体は共通しているといってよいであろう。
11 自白の信用性に関して最三小決平20・7・11刑集62巻7号1927頁、共犯者供述の信用性に関して最二小判平21・9・25判タ1310号123頁、被害者供述の信用性に関して最三小判平21・4・14刑集63巻4号331頁参照。
12 中島宏「判批」季刊刑事弁護64号(2010年)108頁参照。
13 中島・前掲注(12)のほか、笹倉香奈「判批」法学セミナー680号(2011年)154頁参照。
14 判例タイムズ1343号の匿名解説も、このような「被告人の精神状態等についての理解の有無が、本件の判断の岐路となったことは間違いない」とする。
15 その背景としては、浜田・前掲注(4)が指摘するような障害に対する無理解のほか、障害の程度は個々人で多様に異なるため、その認定と準則化も困難な面があるのかもしれない。なお、供述者の属性に関しては、例えば、司法研修所編『共犯者の供述の信用性』(法曹会、1996年)51頁以下ほか参照。
16 知的障害に関する比較的近時の裁判例として、仙台高秋田支判平9・12・2季刊刑事弁護16号(1998年)126頁のほか、国賠訴訟ではあるが、宇都宮地判平20・2・28判例時報2026号104頁参照。
17 イギリスの問題状況を紹介したものとして、本書・第5章(特に154頁以下)参照。
18 野呂芳子「アスペルガー障害の男性の逆転無罪事例」季刊刑事弁護64号(2010年)97頁参照。
19 その詳細については、本書・序章(特に16頁以下)参照。

第II部
イギリスの「適切な大人（Appropriate Adult）」制度の生成と展開

第4章

少年の取調べと AA 制度

はじめに

　イギリス[1]の刑事手続法、とくに「1984年警察・刑事証拠法（Police and Criminal Evidence Act 1984)」(以下、PACE と略す）については、日本でもつとに注目され、数多くの論考が発表されてきた[2]。しかし、この PACE の法体系下で、捜査手続における少年や知的障害者等の要支援被疑者（vulnerable suspects）への援助者として、手続に必要的に関与する「適切な大人（Appropriate Adult）」(以下、AA と略す）制度については、その重要性にもかかわらず、日本ではいまだ本格的な検討の対象とされていない。この制度について検討することは、PACE に対する理解を深めるうえではもちろんのこと、捜査手続における要支援被疑者の供述の自由又はその虚偽自白の防止のあり方を検討するうえでも有益であろう。

　本章は、主として少年の場合に焦点を当て[3]、そして手続的には、被疑者の逮捕後 AA が警察署に到着するまでの手続と、その後の取調べ（interview）における AA の役割を中心に、この制度の沿革、概要、運用及び最近の動向を検討する。それを通じて、AA が取調べに立会う目的とそこでの役割を明らかにし、日本法への示唆を探る。

第1節　AA制度の沿革
――1981年王立委員会報告書を中心に

まず、AAが設けられた目的を明らかにするために、本稿ではその沿革を辿ることからはじめる。

1　検討の対象

AA制度は、上述のように、PACEの法体系の下で創設された制度である。法体系下とは、厳密に言うと、PACEそれ自体に規定されているのではなく、PACE第60条第1項(a)、第60条のA第1項および第66条第1項によって設けられた「運用規程（Code of Practice）」、とくにその中でも「警察官による人の留置、取扱い及び質問に関する運用規程」（Code C: Code of Practice for the Detention, Treatment and Questioning of Persons by Police Officers. 以下、運用規程C又はCOP Cとしても引用する）[4]に主たる法的根拠を有しているからである。

このように、AA制度の沿革を知るには、PACEそれ自体の沿革を辿る必要がある。そして、PACEの沿革を辿るには、1981年に「刑事手続に関する王立委員会」（以下、王立委員会という）が公表した『報告書』[5]（以下、1981年報告書という）を検討しなければならない。もともとPACEは、この報告書において王立委員会によりなされた数々の勧告を基礎にして制定されたものであり[6]、同様にAAについて規定する運用規程もまた、そこでの勧告に基礎を置くものだからである。[7]

そこで、本節では、上記・1981年王立委員会報告書を中心にAA制度の沿革を辿り、制度趣旨等を検討するための前提を確認しておきたい。

2　王立委員会設立に至るまでの経緯

この王立委員会は1977年に設立されたが、その設立とその後の報告書に大きな影響を及ぼしたのは、コンフェイト（Confait）事件と呼ばれる、

少年等の冤罪事件であろう。そして、この事件は、AA制度創設への大きな要因となったともいえる。すなわち、この事件では、1972年に3人の若者（その内の2人が14歳と15歳の少年で、もう1人は知的障害のある18歳の青年）が、マクスウェル・コンフェイトの殺人や放火等の訴因により一審で有罪判決を受けたが、最終的にそれらが控訴院によって破棄され（1975年）、冤罪であることが明らかとなったのである[8]。そして、この冤罪事件を契機として警察の捜査のあり方、とくに少年及び精神的ハンディキャップのある被疑者の取扱いが深刻な問題とされることとなり、このことが上記・王立委員会においても特別な検討の対象とされたのであった[9]。

3 従来の法準則とコンフェイト事件の実態

例えば、コンフェイト事件においては、14歳と15歳の少年の取調べは（さらに18歳の青年の場合も同様に）、ソリシターはもちろん、親その他警察官以外の第三者の立会いもないまま行われた[10]。また、そのための積極的な出頭要請があった形跡も伺われない[11]。しかし、すでに当時においても、少なくとも少年を逮捕した場合には保護者に連絡し、取調べにも立ち会わせるべき旨の規定が存在していた。

まず、前者（連絡）については、そもそも留置された被疑者一般に対しては、1964年に裁判官準則（Judges' Rules）と共に発せられた内務省の訓令（Administrative Directions）により、ソリシターを含め、外界と連絡をとることが認められていた[12]。さらに少年の場合には、「1933年児童・少年法（Children and Young Persons Act 1933：以下、CYPA 1933と略す）」の34条2項により、少年を逮捕した場合には、逮捕した者が親又は後見人（後に当該少年と共に裁判所への出頭が予想される者）の1人に対して連絡すべき旨の規定が存在していた[13]。その上で、取調べへの立会いについては、上記・内務省訓令が次のように規定していた[14]。

　4. 児童および少年の尋問（Interrogation of children and young persons）

児童の取調べ（interview）は（犯罪の嫌疑を受けているか否かにかかわらず）、可能な限り、親または後見人、これらの者が不在のときは、警察官を除く、当該児童と同性の者の立会いの下でのみ行われなければならない。…

しかし、これらの規定がコンフェイト事件において遵守されていなかったことは言うまでもない[15]。それどころか、これらの規定は警察官や弁護人に知られていないことが多く、また、誤って理解されてもいたのである[16]。

4 ソフトレイらの調査結果

そこまで極端な例ではないが、王立委員会から委託を受けたソフトレイらの調査[17]からも、少年は取調べを受ける際に、必ずしも親等の立会いを得ていなかった実態が伺われる。

まず、出頭の状況からみると、調査対象となった少年50人の事例のうち、親又は後見人が出頭した事例が31件（62％）、その他の親類が4件（8％）、地方自治体の社会福祉部門から派遣されたソーシャル・ワーカー（以下、SWと略す）が6件（12％）、共犯とされた者の父親が3件（6％）、そして誰も出頭しなかった事例が6件（12％）[18]であった。親の割合が高いことが分かるが、その一方でソフトレイらは、残りの3分の1強の事例で、親とは連絡がとれず又は親が出頭を拒否していたことにも注目している。

また、少年が逮捕され警察署に到着してから第三者が到着するまでには、かなりの時間的な隔たりがあったことも指摘されている。すなわち、全く第三者の出頭が得られなかった6人の事例を除く44件の事例のうち、第三者が1時間以内に到着した事例が13件（29.5％）、2時間以内が20件（45.5％）、3時間以内が3件（6.8％）、そして3時間を越えた事例が8件（18.2％）もあったのである。最後の範疇に関しては、少年が夜間に逮捕されたところ、深夜に連絡のついた親が出頭を拒否し、結局、翌朝になってSWが出頭した事例が紹介されている。

次に、取調べへの立会いの状況については、1時間以内に第三者の出頭

があった事例では、必ずその立会いの下に取調べが行われたが、それ以外の範疇については、9人の事例で第三者の立会いがないまま取調べが行われたという。その内訳をみると、警察が合理的な時間内に出頭可能な第三者と連絡をとる（又は出頭を手配する）ことができなかった事例が3件、少年自身が親のいないところで話すのを望んだ事例が2件、そして警察が手続を進めた理由が不明な事例が4件であった。したがって、出頭までに1時間を越える時間を要した31事例の内の9事例（29%）において、第三者の立会いがないまま取調べが行われたことになる。また、そもそも出頭自体がなかった6事例も足せば、全50事例の内の15件（30%）において、第三者の関与がないまま手続が進められたことが分かる。

　以上のような調査から、ソフトレイらは次のような印象を受けたとする。すなわち、多くの事案において、取調官は、親の立会いが有益だと感じている。責任感のある親であれば、子どもに真実を話すよう促すことができたからである。逆に、怒った親は問題である。12歳の少女の事案では、母親が「家族に恥をかかせた」として娘をスリッパで殴りつけるのを、捜査官は止めに入らなければならなかったからである。したがって、少年の中には親を恐れ、そしてまた家に帰ったときに罰せられるのを恐れる者がいることは明らかであるとする。このことは、親は必ずしも少年に援助的な対応をとらない場合があることを示唆するものといえる。

5　王立委員会の勧告

　王立委員会は、このような調査結果を踏まえ、既存の規定（上記・訓令4）では次の二つの要素が承認されるべきとした。すなわち、少年は理解力を欠いている可能性があるため、犯罪事実の自認を含む少年のいかなる供述も、信用性がない（unreliable）と判断される可能性があること、そして、親は自分の子どもの所在を知り、取調べに付き添う権利があるということである。[19]そのうえで、既存の規定は概ね妥当としながらも、次の二つの勧告をおこなった。

(1) 勧告①

まず、既存の訓令中、親に代わるべき大人が「少年と同性」である必要はないということであった。そしてそれに続けて、親等が立会うことの趣旨について、次のような説明を行った。

> それよりもはるかに重要なのは、当該大人が少年と既知の人物であるということである。本質的なことは、少年が警察官以外の大人の立会いを得るということであって、その場合に当該大人は、親や後見人のように少年が信頼している誰かであること、あるいはSWや学校の教員のように少年が知っている人物であることが大変望ましい。少年は、すぐには自分に質問されていることの意味や自分自身が話していることの意味を理解しないかもしれないし、大人よりも暗示にかかりやすい。少年は大人による援助を、つまり、味方になってくれて、助言し、意思決定を助けてくれる誰かを必要としているのである。我々は、親が常に援助的に行動するわけではないし、また、その立会いが必ずしも少年の被暗示性の問題を解決するものではないことも承知している。それでも、自分の子どもがトラブルを抱えているときは、親が立会いの機会を持つのが相当である。そうだとすれば、少年にはこの権利の放棄を認めるべきでない。しかしながら、この立会いは、法的助言へのアクセスや少年にも等しく保障される権利の代用物ではない。[20]

このように、王立委員会によれば、少年の取調べに第三者が立会うことの主たる目的は、少年が「自分に質問されていることの意味や自分自身が話していることの意味を理解し」、その被暗示性を解消すること、端的に言えば、少年の供述の信用性を確保し、虚偽自白を防ぐことにあると理解できる。現に、証拠法（証拠排除）の文脈に関する王立委員会報告書によれば、少年を含む要支援被疑者のための特別措置は、基本的にはその供述の信用性を担保するためであることが、委員会の多数意見として確認されている。[21]

さらに、供述の信用性を確保するため（換言すれば虚偽自白を防止するため）のアプローチとしては、「味方になってくれて、助言し、意思決定を助けてくれる誰かを必要としている」との勧告からも明らかなように、少年の側のエンパワメントが志向されていることに留意すべきであろう。しかも、このようなエンパワメントが、親の権利であると同時に、少年にとっても放棄できない権利として位置づけられている点も、法的評価としては重要であろう。この点については、本書・第III部でもあらためて触れる。

(2) 勧告②

王立委員会による第2の勧告は、既存の規程において「可能な限り（as far as practicable）」という要件が適用される状況を、より明確にするということであった。すなわち、先のソフトレイらの調査からも伺われるように、第三者が警察署に到着するまでにはかなりの時間を要する場合がある。たしかに原則はその立会いの下に取調べが行われるべきだが、しかしその到着を長時間待っていたのでは、例えば共犯事件でさらに犠牲者が出るおそれがあるなど、公共の利益に反する場合もある。そこで、大人の到着を待つことで、人に対する危害又は財産に対する深刻な損害が生じると信じるに足りる合理的な理由がある場合にのみ、例外を認めるべきとしたのである。[22]

(3) その他の勧告

もちろん、このような第三者関与の意義は、精神的ハンディキャップのある人々等との関係でも指摘されているほか[23]、少年の場合も含めたSWの援助者としての役割も確認されている。[24]

他方で、AAの立法過程との関係では、王立委員会が「外界と遮断されない権利（The right not to be held incommunicado）」との関係で行った勧告も重要である。すなわち、従前、逮捕後に被疑者が外界と連絡をとりうることについては、上述の通り、1964年の内務省訓令により認められていたが、さらにその後、1977年の刑事法（Criminal Law Act 1977）の

62条により、逮捕後の被疑者には、自分が逮捕された事実と留置されている場所を他者に知らせる権利（Right to have someone informed when arrested：以下、逮捕の通知をさせる権利という）が保障されるに至った。この権利は、従前の内務省訓令上の措置をふまえ、それをさらに拡大したものである[25]。そして、少年の場合には、この権利が新たに保障されたことに加え、上述の通り、さらに CYPA 1933 の 34 条 2 項による必要的通知制度も保障されることとなった。王立委員会は、これらの規定に含まれた権利と義務を再確認すべきと勧告したのである[26]。

6 PACE における AA の位置づけ

以上の諸勧告を基礎として、AA 制度は PACE の法体系の下で制度化されることとなった。もちろん、上述のように厳密に言えば、AA 制度とは PACE それ自体にではなく、その運用規程に規定された制度である。要支援被疑者の取扱いが、その立法史においても重要なテーマの一つであったにもかかわらず、PACE が AA 制度を運用規程の中に、いわば二次的に位置づけていることは、一つの皮肉ともいえる[27]。しかし、運用規程の違反は証拠排除の判断にも影響を及ぼすものであるから（PACE67 条 11 項参照）[28]、二次的とはいえ AA に制定法上の位置づけが与えられたことは、それ自体積極的に評価すべきであろう。

第 2 節　AA への出頭要請とその担い手

AA 制度を検討するにあたって、まず被疑者の逮捕後、AA への出頭要請に至るまでの手続を概観しておく。

1　逮捕・留置の通知

先の王立委員会の勧告を受けて、1977 年の刑事法 62 条（逮捕の通知を

させる権利）は、PACE 56 条（逮捕の通知をさせる権利）及び運用規程 C 5 以下（外界と遮断されない権利）へと、そして少年の場合の必要的通知に関する 1933 年法 34 条 2 項もまた、PACE 57 条（逮捕された児童・少年の特別な権利［additional rights］）及び運用規程 C 3.13 へと受け継がれることになった。[29] なお、少年の場合（PACE 57 条）には、少年の「福祉に責任を負う者」への必要的通知のみが規定されるにとどまり、そこに AA としての出頭要請までは含まれていない。ただし、以下に見るように、別途 AA に対して逮捕及び留置の事実は通知されるから、両者の通知が重複して行われる場合は多いであろう。

2 AA への通知及び出頭要請

これらの通知制度を前提として、運用規程 C 3.15 は次のように規定する。

> 被留置者が、少年、精神障害者又は精神的な支援を要する者であるとき、留置管理官は、遅滞なく：
> - AA ―― その者は、少年の場合には、パラグラフ 3.13 所定の少年の福祉に責任を負う者であるときと、そうでないときがある ―― に対し、以下のことを通知しなければならない。
>   ◇ 当該留置の理由
>   ◇ 被留置者の所在
> - 当該 AA に対し、被留置者と面会させるため警察署への出頭を要請しなければならない。

このように、少年の福祉に責任を負う者と AA とが重複する場合には、前者への必要的通知と AA への通知及び出頭要請もまた重複することになる。実際にも、通常両者は同一人物であることが多いことから、前者への必要的通知と AA への通知及び出頭要請とは一体のものとして運用されているようである。[30] もちろん、これらの必要的通知制度と、56 条の権利とは理論的には別問題であるから、少年は、AA や自己の福祉に責任を

負う者への通知に加えて、さらに56条に基づく請求により、友人等に対し通知を要求することも可能である[31]。なお、本条柱書に明記されているように、AAへの通知及び出頭要請の責任を負うのは、留置管理官である。

3 AAの担い手

(1) 運用規程とAA

　AAの担い手について規定しているのは、基本的には運用規程C 1.7である。そこには(a)項と(b)項があり、それぞれ少年の場合と知的障害者等の場合とについて規定しているが、前者では次のように定義している。

> 少年[32]の事案において、『AA』とは以下の者を意味する。
> (i) 親、後見人、又は、少年が地方自治体若しくはボランティア機関（voluntary organization）の保護下にあるとき若しくは1989年児童法に基づく養護下にあるときは、当該自治体又は当該機関の者
> (ii) 地方自治体の社会福祉部門のSW
> (iii) そのいずれをも欠くときは、警察官又は警察に雇用されている者を除く18歳以上の責任ある大人（responsible adult）

　ここでは(i)と(ii)のいずれに優先的にコンタクトをとるべきかについては明記されていない。しかし、従前の運用はもちろん、PACE下での運用状況（後述・第4節）に照らしても、条文の序列に従い、まず(i)の親等に対して出頭要請がなされると考えてよいであろう。そうだとすると、王立委員会が言及した親の立会権は、AAとしての優先権にも活かされているとみることができる。したがって、親等に連絡がつかず又は出頭を拒否された場合に、(ii)のSWに対して出頭要請がなされるものと考えられる。なお、(ii)及び(iii)に性別上の制約が付されていないことも、王立委員会の勧告①を反映したものといえるであろう。

なお、例外的に少年がその教育を受ける場所で取調べを受けるときには、校長又はその指名する者が AA となる場合がある（COP C 11.16）。ただし、その場合でも、AA に対して、警察が教育を受ける場所での取調べを望んでいるとの通知がなされるよう万全を期さなければならず、また、AA の出頭を待つための合理的な時間が確保されなければならない。

(2) AA の除外事由

運用規程 C の各指導注記（Note for Guidance）によれば、以下に該当する者は AA となるべきでない。

まず、親や後見人を含め、当該犯罪への関与が疑われている者、被害者、証人、捜査に関与している者、そして AA として出頭する以前に少年から不利益事実の承認を受けていた者は、AA となるべきでない（1B）[33]。その趣旨は、少年に対する「公正」な援助が困難になると類型的に予想されるからと考えられる。たとえば、指導注記 1C は、その趣旨を SW 等との関係で次のように明示している。すなわち、SW 又は少年犯罪処遇班（後述〔3〕）が当該少年の AA として行動していないときに、少年から不利益事実の承認を受け、又はその面前で少年が不利益事実の承認をしたときは、「公正さのために（in the interest of fairness）」別の AA が指定されるべき、と規定するのである。この場合、法的助言者であるソリシターの場合と違い、AA には被疑者から得た情報に対する秘匿特権が保障されないことも重要な問題となりうるが、この点については後述する。なお、少年がその教育を受ける場所で取調べを受けるときでも、少年が教育施設に対する罪の嫌疑を受けているときには、校長又はその指名する者が AA となることはできない（COP C 11.16）。これも同様に、もはや公正な援助が期待できないという趣旨によるものと考えてよいであろう。

次に、親が少年と別居している場合、少年がその親の立会いを明示的に拒否した場合には、その親を AA として要請すべきでないとされる（1B）。その場合には、もはや少年の信頼する人物であるとはいえず、また現実的にも当該少年の福祉に対して責任を負っていないと考えられたためであろう。なお、別居中の親以外に、少年に対して選択の自由を認める

明示的な規定は存在してしない[34]。

さらに、ソリシター又は留置監視員（independent custody visitor）は、その職務上、警察署にいる場合には、AA となることができない（1F）。このような制約は、運用規程が制定された当初には存在せず、その後の 1991 年の運用規程の改正によって設けられたものであるが、特になぜソリシターが除外されたのかは必ずしも判然としない。同様の指摘は、「刑事司法に関する王立委員会」の『報告書』（1993 年）においてもなされている[35]。ただし、この点については、ソリシターの唯一の役割が、警察署において依頼者の法的権利を擁護し、その権利行使を促進することであるのに対し（COP C, Note for guidance 6C）、AA には、後述のように、ソリシターによる法的援助を受けるかどうかも含めた被疑者としての権利行使全般に対する援助が期待されていることや、援助の内容も、少年の利益や福祉一般を援助するという意味で、法的援助との機能分化が期待されていると考えることができるであろう[36]。

(3) 1998 年犯罪・秩序違反法に基づく AA 派遣

ところで、運用規程以外にも、AA の派遣と役割について規定する法律がその後登場した。それが、「1998 年犯罪・秩序違反法（Crime and Disorder Act 1998）」（以下、CDA と略す）[37]である。この法律は、当時のブレア首相の労働党政権（いわゆるニュー・レイバー）の下で成立し、従来のイギリス少年司法サービスを抜本的に再編成するものとして、国内外から多くの注目を集めた[38][39]。その意義は多岐にわたるが、ここでは AA との関連で必要最小限度言及するにとどめる。

CDA でなによりも重要なのは、少年司法の主たる目的が少年犯罪の予防にあると明記されたことであろう（37 条）。そして、その目的を実現するうえで、少年司法の各機関相互の連携が強化されたことが注目される。すなわち、各地方自治体はあらゆる少年司法サービスを提供する義務を負うものとされ（38 条）、そのようなサービスを提供する機関として各自治体には「少年犯罪処遇班」（Youth Offending Team；以下、YOT と略す）が設けられることとなった（39 条）[40]。そのメンバーには、保護観察官、自

治体の社会福祉部門の SW、警察官、地方自治体の厚生当局より指定された者、教育機関の関係者が、少なくとも 1 名ずつ含まれていなければならない（39 条 5 項）。さらに、各 YOT を統括する中央レベルの組織として、「少年司法委員会」（Youth Justice Board；以下、YJB と略す）が設けられた（41 条）。

　CDA では、AA の派遣もまた、まさに少年司法サービスの一環として YOT により担われるべきものとなった（38 条 4 項 [a]）[41]。例えば、CDA 以降、SW としての AA の役割は、通常はこの YOT のメンバーである SW によって担われているという[42]。さらに、そのような YOT による AA の提供は、ボランティア派遣というかたちでも展開されるようになってきている[43]。このボランティア派遣の位置づけについて、先の運用規程 C 1.7 との関係で言えば、(i) 親にも (ii) SW にも出頭を期待できない場合に関する (iii) 条項の活性化が期待されるということになろう。この点は、AA の運用状況に関する第 4 節においても触れる。もっとも、その場合でもあっても、運用規程で AA に期待されているような援助が、1998 年の下での「予防」目的と緊張関係に立たないかどうか、具体的には、ボランティアの AA に少年への実効的な援助を期待できるかについては、今後も慎重にその動向を見守っていく必要があろう[44]。

第 3 節　AA が立会う目的とその役割

　AA には要支援被疑者を援助するため、多くの役割が期待されているが[45]、ここでは出頭後の権利告知への立会いと取調べへの立会いを中心に検討する。

1　権利告知及び警告への立会いとその目的

　逮捕された者が警察署に引致された場合、一般に被疑者には、まず以下の諸権利が告知される（COP C 3.1）。

- 逮捕されたことを誰かに伝える権利
- ソリシターと秘密に相談する権利及び無料で法的助言が受けられるということ
- 運用規程を参照する権利

　この権利告知は、AAがすでに警察署に到着している場合にはその立会いの下で、まだ警察署に到着していない間に告知された場合には、AAが到着次第、もう一度その立会いの下で行われなければならない（COP C 3.17）。これらの権利等について記載した書面を被留置者に交付したり、権利行使の有無に関して留置記録に署名を求める場合も同様である（COP C 3.2-3.5, 3.17）。
　また、被留置者には、AAの義務には自己への助言と援助が含まれていること、そしてAAとはいつでも秘密に相談することができる旨が助言されなければならない（COP C 3.18）。その一方で、AA自身は、少年が求めていない場合でも、少年の利益のために、法的助言を得るためソリシターを求めることができる（COP C 3.19）。法的助言が求められた場合には、原則として取調べを行うことはできず又は継続中の取調べは中断されなければならないが（COP C 6.6）、さらにその場合には、少年が望むのであればいつでも、AAのいないところでソリシターと秘密に相談できる機会が与えられる（COP C, Note for guidance 1E）。
　さらに、逮捕時や、取調べで質問する前、訴追（charge）等がなされるときは、「あなたは何も言う必要がありません。しかし、質問されたが何も答えなかった事柄に依拠して後に裁判所で弁論が行われた場合には、それによって不利に扱われることがあります」という警告がなされることになるが（COP C 10.1, 10.5）[46]、この警告がなされる際も同様にAAの立会いが必要である（COP C 10.12）。
　いずれの立会いにあっても、その目的は、少年等の要支援被疑者の権利を守り、その行使を援助することにあると考えられる。この点を示唆する運用規程の条文も存在する。例えば、直接少年の場合について規定したも

のではないが、運用規程Cの指導注記（Note for guidance）のE1は、上記・運用規程C 3.19（要支援被疑者に代わってAAが法的助言を求めることができる旨の規定）の趣旨について、知的障害者等との関係で次のように規定する。

> 指導注記（Notes for guidance）
> E1.「パラグラフ3.19の目的は、精神障害者又はその他の精神的な支援を要する被留置者の権利を守ることにある。それらの者は、自己に対して言われていることの重要性を理解しないからである。それらの被留置者が法的助言の権利の行使を望むときは、しかるべき措置がとられなければならず、AAが到着するまで遅延されてはならない。…（以下、略）」

同様のことが、少年の場合にも当てはまると考えるべきであろう。この点は、立法過程との関係では先の王立委員会の勧告も根拠となりうるほか、PACE制定後との関係でも、例えば、イギリス内務省により発せられている「AAのための手引き」でも、「AAの役割」として、被疑者が取調べをはじめとする捜査手続において自分に何が起こっているかを確実に理解できるようにすることであると明記した上で、「取調べ」との関係でも、AAは被疑者が権利告知を確実に理解できるようにすべき旨、少年と知的障害者等を区別せずに定めているからである。[47]

2　取調べへの立会いとその目的

次に、AAの取調べへの立会いについて、運用規程C11.15は次のように規定している。

> 少年又は精神障害者若しくは精神的な支援を要する者は、AAの立会いのないところで、刑法犯その他の犯罪への関与若しくはその嫌疑について取調べを受け、又は、警告の下に作成された供述書面への署名

若しくはその提出又は取調べ記録への署名若しくはその提出を要求されてはならない。但し、パラグラフ11.1及び11.18から11.20が適用されるときはこの限りでない。指導注記11Cを参照。

　本条の但書が適用されるのは、(a) 罪証の隠滅・他者への危害・財物への損害の可能性がある場合、(b) まだ逮捕されていない共犯者を警戒させるおそれがある場合、(c) 犯罪の結果として得られた財産の回復を妨げるおそれがある場合など、緊急の場合である（パラグラフ11.1）。これらの要件が、先の王立委員会の勧告②を受けて規定されたものであることは明らかであろう。なお、このような例外要件が適用される場合を除き、本条に違反してAAの立会いなしに取調べが行われた場合には、そこで得られた少年等の供述は、PACE 76条又は78条に基づいて証拠から排除される場合がある[48]。立会い自体はあったが、有効な援助がなかった場合も同様である[49]。ただし、証拠排除に対する裁判所の態度は、必ずしも定まっていない[50]。

　AAが立会う目的を示唆しているのは、運用規程Cの指導注記11Cである。そこでは、次のように規定されている。

　　少年又は精神障害者その他の精神的な支援を要する人々は、しばしば信用性のある証拠を提供することもできるが、一定の状況下では、その意味を知らず又はそうすることを望まないのに、信用性がなく、誤解を招きやすく、又は自己負罪的な情報を提供する傾向が顕著である。そのような人物に質問する場合には、常に特別な配慮が払われるべきであり、相手方の年齢、精神状態もしくは能力に疑義がある場合には、AAが関与すべきである。信用性を欠く証拠を提供する危険があるため、可能な限り、承認を得た事実に関する補強証拠を得ることも重要である。

　このように、AAによる立会いと援助の目的は、従前の規定と同様、少年をはじめとする要支援被疑者の供述の信用性を確保（換言すれば、虚偽

自白を防止）することにあるといえる。もっとも、ここでいう「信用性」とは、日本のように証拠能力が肯定されたうえでの判断というよりは、むしろ「証拠能力」判断それ自体との関連で理解すべきである[51]。次に述べるように、取調べにおいて AA に期待される役割もまた、このような目的を実現するためのものとして位置づけることができる。

3　取調べにおける AA の役割

運用規程 C 11.17 は、取調べにおける AA の役割について次のように規定する。

> AA が取調べに立ち会っている場合、AA には以下のことが告知されるものとする：
> - AA には、単に傍観者として行動することが期待されているのではないということ；
> - AA が立ち会う目的とは：
>   ◇ 取調べを受ける者に助言をし
>   ◇ 取調べが適切かつ公正に行われているかを観察し[52]
>   ◇ 取調べを受けている者とのコミュニケーションを促進することである。

告知内容の後段に関し、文言上は「目的（purpose）」と表記されているが、実質的にはそれは取調べにおける AA の「役割」として理解すべきであろう。助言にせよ観察にせよコミュニケーションの促進にせよ、そもそもそれらが何のために必要かと問われれば、やはり少年の供述の信用性を確保するためと考えられるからである。上記「AA のための手引き」でも、これら三つの「目的」は「AA の役割」として位置づけられている[53]。以下、順次検討する。

まず、先にも触れたように、少年に「助言」をするのは、AA の重要な義務の一つである（COP C 3.18）。そのために、少年と AA とはいつでも

秘密に相談することができるし（同条項）、必要があれば取調べの中断を求めることもできる。[54]

次に、AAが、取調べが適切・公正に行われていないと感じた場合、例えば、警察の質問が、被疑者を混乱させるようなものであったり、繰り返しが多かったり、あるいは抑圧的である場合には、AA自身はそれに介入できる。[55] 以下に述べるとおり、被疑者が警察と効果的にコミュニケーションをとる必要があると感じた場合も同様である。また、被疑者に休憩が必要と感じた場合や、被疑者に法的助言が必要と感じた場合、AA自身が被疑者と内密に相談したい場合には、取調べの中断を求めることもできる。[56] なお、先のAAの除外事由でも考慮されていた、このような手続の「公正」は、要支援被疑者の権利・利益の擁護という意味ではもちろんのこと、信用性のある証拠の確保を通じて公正な裁判が可能になるという意味では、AA制度、ひいてはイギリス刑事司法全体にも通底しうる重要な基本理念の一つといえるであろう。このことは、例えばPACEの立法過程に即して言えば、「公正さ」が1981年王立委員会報告書でも、「公開性」及び「実行可能性」と並ぶ三つの評価基準の一つとされていた点からも看取しうるように思われる。[57]

最後に、「取調べを受けている者とのコミュニケーション」とは、AAと少年とのコミュニケーションではなく、捜査官と少年とのコミュニケーションを意味する。[58] ただし、ここでいうコミュニケーションとは、日本の捜査実務でしばしば示唆される、自白の獲得を目的とし、密室での被疑者との信頼関係の構築を前提とした取調べのあり方とは全く異なる。少なくともイギリスでは、上記の二つの役割に典型的に示されているように、少年が自己の置かれた状況や自己への発問並びに自己の供述の意味を理解できるよう、徹底して、警察から独立した第三者からの援助、監視、そして介入が求められているからである。例えば、上記「AAのための手引き」（内務省発行）でも、その冒頭に、「AAは、被留置者〔要支援被疑者〕に独立の支援を提供する、重要な擁護者（safeguard）として警察署に呼ばれる」（〔　〕内は引用者）と明記されており、AAの立場や位置づけを象徴的に示すものといえよう。[59]

4 AAの役割の限界

このように、被疑者に対する援助者として重要な役割を期待されているAAだが、その役割にもいくつかの限界がある。それは、AAが法的援助者でないこととも関わる。例えば、AAは少年とはいつでも秘密に相談することができるが、そこでの会話は法的な秘匿特権によっては保護されない[60]。したがって、AAがそこで少年から得た情報（典型的には自白）については、捜査又は公判において開示せざるをえない場合がある[61]。この点はイギリスでもたびたび問題となっているが、いまだに改善されておらず、むしろ秘匿特権は認められないことが運用規程の改正により明らかにされた（COP C, Note for guidance 1E：この点については、後述第6節も参照）。

他方でAAに対しては、実際には運用規程で期待されているような役割を果たしていないとの批判も多く提起されている。そこで、以下では、AAの出頭状況（迅速な提供の問題）と、取調べにおけるAAの実際（実効的な援助の問題）に分け、その運用状況を検討する。

第4節　AAの運用状況①──AAの出頭状況

1　AAの出頭とその内訳

イギリス内務省の統計によれば、2009年度〜2010年度のイギリスにおいて認知犯罪（recorded crime）若しくは報告犯罪（notifiable offences）に関して逮捕された人員は、約138万6千人であった[62]。そのうち、10歳〜17歳[63]の少年の数は約24万2千人で全体の約17％を占めていた[64]。現在では、少年にAAがつかない場合は稀であるといわれるから[65]、それらの被逮捕者にもほぼAAがついていたと考えてよいであろう。それを裏付ける実証研究も複数存在している。例えば、フィリップスとブラウンの調査結果（1998年）によれば、少年の事案の97％においてAAがついていた[66]。同様に、ブッケとブラウンの調査結果（1997年）でも、少年の事

案の91％にAAがついていた[67]。なお、全国AAネットワーク（National Appropriate Adult Network）による2010年の調査研究でも、AAに対する出頭要請の圧倒的多数（88％）は、少年事件であることが確認されている[68]。

さらに、AAの内訳についても、いくつかの実証研究の間でほぼ一致した数字が示されている。まず、フィリップスとブラウンの調査結果では、出頭したAAのうち63％が親又は後見人で、その他の親族が10％であった。他方、SWは20％であり、そのほとんどが、当該少年が地方自治体の養護下にあった場合だとされる[69]。また、ブッケとブラウンの調査結果でも、親又は後見人が59％、その他の親族が8％、SWが23％であった[70]。さらに、ブラウンほかの調査結果（1992年）でも、親又は後見人が59％、その他の親族が7％、SWが28％であった[71]。

このように、少年事件の場合には、親をAAの中心的な担い手として考えてよいであろう[72]。なお、最後に挙げたブラウンほかの調査結果では、SWの割合がやや高くなっている。彼らの調査結果によれば、1991年に運用規程が改正され、AAの担い手に制約が設けられたことによって、SWへの出頭要請が18％から28％へと増えていた[73]。それに伴い、親よりもむしろSWへの出頭要請が高まるとも予測されたが、実際にはその後それほどの伸びを見せていない。その要因としては、自治体に養護される子どもの数自体が減り、それに伴い、留置管理官が自動的にSWへ連絡を入れることが減ったことや、SWの場合には、出頭までにかなりの時間を要するため、留置管理官から敬遠されるようになったからだとされる[74]。

2　出頭に要する時間

少年をはじめとする要支援被疑者にとっては、逮捕・留置されている経験それ自体が成長発達にとってまたはその精神的な問題等にとって深刻なダメージとなる可能性がある。それを回避するためにも、AAには何よりも迅速な出頭が求められる。しかし、その実情は、それほど望ましいものとはなっていないようである。

(1) ブラウンらの調査結果

　例えば、ブラウンらの調査では、AA の提供にはかなりの時間を要するとの結果が示されていた[75]。それによれば、「警察が AA から出頭の合意を得るまでの時間」と、「その後 AA が警察署に到着するまでの時間」を分けたうえで、まず前者の平均時間は 75 分（中央値＝35 分）であった[76]。また、待ち時間は最長で 16 時間（1991 年の改正前の事例）であった。例えば、少年が夜間に逮捕されたが、親にはすぐに連絡がつかなかった場合である。そこで警察が取調べを翌日に延期すれば、その分待ち時間も長くなる。他方、後者の平均時間は、2 時間 23 分（中央値＝1 時間 24 分）であり、最長で 17 時間を越えていた（同様に 1991 年の改正前）。その背景として、例えば、家にはまだ小さい子がいて親はすぐには家を空けられないといった事情が挙げられている。また、親はしばしば夜間の出頭を拒否するので、警察は SW に連絡を入れるよりも、翌朝まで親の到着を待ったのだとされる。

　いずれにしても、両者の平均時間を足しただけでも、最終的な AA の提供までには平均で 3 時間 48 分（中央値を足せば約 2 時間）を要したのであり、少年がいまだ社会的経験もそれほど豊富でなく、いわゆる思春期にあることもあわせ考えると、4 時間近くにも及ぶ孤独な待ち時間（拘禁時間）を短いとは必ずしも評価しえないであろう。それどころか、SW の場合には、前者だけですでに 2 時間、後者では 3 時間 25 分を要し、全体では 5 時間 25 分もの時間を要していた。その要因としては、人的資源が限られているにもかかわらず、運用規程の改正で需要が高まったことが指摘されている。

　なお、約 4 分の 1 の事例では、少年は AA と共に警察署に到着したため、少年には直ちに AA が用意されていた。その背景として、少年が自宅で逮捕されたところ、親も直ちに出頭することが可能であったか、あるいは親には事前に連絡を入れておいたため付き添いが得られたのだとする。

(2) フィリップスとブラウンの調査結果

　これに対し、その後の調査では所要時間の短縮が伺われる結果も出てき

ている。例えば、フィリップスとブラウンの調査結果によれば、約半数の事例において、警察が接触を開始してから出頭するまでの時間は1時間以内であった。残りの30％が2時間以内、14％が2時間から4時間以内、そして7％では4時間を越えていた。なお、ここでもSWの場合には、平均してかなりの遅れが見られた。

　1時間を越える遅れが出た事例について、その理由が何であったかについては、約3分の1の事例では明確な説明がなかったものの、約4分の1の事例では、単にAAが家にいなかったため連絡がとれなかったからであった。さらに4分の1の事例では、AAが仕事中ですぐには出頭できなかった。他方、13％の事例では、警察がすぐには取調べを行う準備ができていないため、AAとの間に迅速な出頭は必要ないとの合意が得られていた（もちろん、取調べ前には出頭する手はずが整えられた）。さらに9％の事例では、最初に連絡を入れたAAが出頭を拒否したため、遅れが生じた。

3　小括

　このように、最近ではAAの提供にも改善が見られるようである。そのことは、近年イギリスではAAの提供の遅れも含めた少年司法の非効率性が各方面から批判され、CDAをはじめとして少年司法サービスの抜本的な再編成が行われてきていることとも関係しているであろう。近年のボランティア派遣の活発化ともあいまって、AAの提供時間は今後さらに短縮化される可能性がある（この点については、第6節の3でも触れる）。

第5節　AAの運用状況②
——取調べにおけるAAの援助の状況

　AAが出頭しても、警察署において、とくに取調べにおいてAAがその役割を効果的に果たしうるとは限らない。ここでは、その中心的な担い手である親とSWの場合に焦点を当て、その実際を検討する。

1 親が AA となる場合の問題点

　親に関しては、運用規程が想定しているような AA の役割を果たす能力が十分に備わっておらず[79]、それどころか、自分の役割は警察の側に立って子どもから「真実」を引き出すことだと考えている[80]といった指摘が、かねてよりなされてきた。

　例えば、エヴァンスの調査結果（1993 年）によれば、取調べに立ち会った親その他の AA（SW を除く）の約 4 分の 3（74.8％）は、取調べに対し何の寄与もしなかったという[81]。そして、その 4 分の 3 も含め、仮に何がしかの寄与をした場合であっても、少年に対する援助的な対応と非援助的な対応とは、ほぼ半々に分かれ、非援助的である場合には、少年に自白するようプレッシャーをかけるという[82]。

　また、ブッケとブラウンの調査でも、少年に対する親の態度は、SW の場合（以下、括弧内で対照させる）よりも援助的でないことが指摘されている。すなわち、協力的・援助的であったのは 26％（SW＝45％）、冷静だったのは 12％（SW＝14％）、中立は 30％（SW＝39％）だったのに対し、困惑（Distressed）が 24％（SW＝2％）、敵対的・非援助的が 8％（SW＝0％）もあったのである[83]。

　このように、SW に比べて、親の態度に糾問的な傾向が見られることは否定できない。その背景としては、親自身、捜査手続や法律に関する知識に乏しいことが多く、また、警察署にいることで緊張し萎縮してしまい、取調べにおいて積極的な役割を果たせなかったことや、自分の子どもが問題の渦中にいるということと、自分自身、非日常的な環境に置かれたこと[84]による困惑で消極的になってしまう[85]、といった点を挙げることができる。

2 SW が AA となる場合の問題点

　とはいえ、SW にも問題点がないわけではない。例えば、エヴァンスによれば、SW は、実質的には親以上に寄与していないともされる。なぜなら、SW が AA として関与したのは 18％（29 件）の事案であったが、そ

のうちの 18 事例（約 62％）において、警察は自白獲得戦略（誘導尋問等）を展開し、最終的に自白を獲得したからだとする。この数字だけみれば、親との差異は必ずしも明確ではない。しかし、エヴァンスの調査事例において、少年がすぐには自白せず、その後警察が自白獲得戦術を用いたことによって最終的に自白した事例は 19 件であった。つまり、警察の戦略によって少年が自白するに至った事例のほとんどが、SW の関与した事例だったのである。

　エヴァンスは、専門家は運用規程において期待されている自分たちの役割を無視しているか、さもなくば気づいていないかのいずれかであると批判する。その要因として、SW の場合には、その研修過程そのものが、PACE に関する詳細な知識や、刑事司法においてクライアントの味方をし助言するための十分な知識を身に付けるようにできていないからだというのである。

　さらに、ディクソンは、このような SW が抱える問題の背景として、ソーシャル・ワークにおける統制と福祉との緊張関係を次のように指摘している。すなわち、SW には、少年の援助という福祉的な役割がある一方で、彼らはまた、その円滑な職務の遂行のためには警察と良好な関係を保っていなければならない。ソーシャル・ワークの統制的な側面がますます強調され、また各機関相互の連携が図られていくにつれ、そのような緊張関係はますます高まっている。その結果、取調べにおいては消極的な姿勢をとらざるを得なくなり、捜査官からは「お前は壁紙だ！」とまで呼ばれることもある。その結果、たとえ SW 本人に少年を援助するつもりがあっても、少年からはもはや自分を拘束し処罰するシステムの一員としてしか見られなくなってしまっている、というのである。

　ブッケとブラウンの調査結果もまた、このような SW の態度を裏づけるものとなっている。すなわち、SW は、たしかに親よりも少年に対しては援助的だが、その一方で、警察に対しても親（49％）以上に協力的な態度を示すからである（60％）。もちろん、警察に対する敵対的な態度が親（5％）よりも低いこともいうまでもない（1％）。

3 小括

　AA制度が理想的に運用されるのであれば、それは少年をはじめとする要支援被疑者の権利保障にとって最も重要な役割を果たすといっても過言ではない[92]。しかし、これまで見てきたように、AAをめぐっては、親だけでなくSWにも共通する問題として、自分たちの役割を明確に理解しておらず、また、それを告知されても実践するのが難しいことが指摘されている（例えば、コミュニケーションの促進と黙秘権行使とのバランスをどう図るのか）[93]。とくにSWの場合には、後者が構造的な問題として深刻化している。したがって、これまでのところ、いずれの担い手によっても、必ずしも十分な援助が提供されていないということができるであろう。AAによる保護といっても、現実には「幻想」であることの方が多いとも言われるゆえんである[94]。

　しかし、イギリスではそのような反省を活かし、AAの迅速な供給や実効的な援助の実現に向けた努力が続いている。AA制度に対する検討の最後として、以下ではそれらの近時の展開を概観する。

第6節　AA制度の展開

1　1993年王立委員会による勧告

　AAの実際、とくに取調べにおける実効的な援助の問題に対しては、エヴァンスからも、AAに関するガイダンスを設け、警察やソーシャル・ワークの研修においてそれが取り上げられるべきこと、また警察はAAに対し取調べにおいて期待されている役割を告知すべき義務を負うべきことなどが提言されていた[95]。

　このエヴァンスの調査報告や、その他知的障害者等に関する調査報告[96]なども踏まえて、「刑事司法に関する王立委員会」（以下、王立委員会という）は、その『報告書』（1993年）の中で、現在のルールや実務の状況は、警

察に留置されている間、そこでの圧力から影響を受けやすい人々に対し、必要な助言や保護を十分に提供しえているとは言えないとし、AA として要請されるに適した人々は誰か、そしてそれらの人々はどのような訓練を受けるべきかについて、より体系的なアプローチが必要であると指摘した[97]。そこでは、ビデオ上映による AA の訓練や、AA の役割について書かれた冊子を警察署に到着後すぐに配布すること、さらには AA の供給源として、AA にふさわしい人々から構成される地域委員会（local panels）を設立することも示唆されている。

　かくして、内務省主催の学際的な特別調査委員会により、AA の役割、機能、資格、訓練及びその有用性について、包括的な検討がなされるべきであると勧告したのである[98]。さらに、被疑者から AA に情報（典型的には自白）が伝えられる場合、その情報にはソリシターと同様の秘匿特権が与えられるのかどうかについても、ルールの定立が必要である旨の勧告も出されている[99]。

2　AA 検討委員会による勧告

　この王立委員会の勧告等を受け、内務省主導で 18 名よりなる AA 検討委員会が 1994 年に設けられ、同委員会は 1995 年に報告書を発表した[100]。
　その報告書では、まず AA の役割を次のように確認している。すなわち、AA の本質的な役割とは、要支援被疑者が、被疑者として警察署に留置されている間、彼らの心理的・精神的特性（vulnerability）に起因する不合理な圧力を受けることがないよう援助することであるとし、実際問題として AA は、要支援被疑者が被疑者一般と同じようにその状況に対処できるよう援助することによって、彼らに公正さ（equity）が確保されるよう援助すべきであるとしたのである（para. 15）[101]。
　そのうえで委員会は 13 の勧告を行ったが、そのうち特に少年との関係で重要と思われるものは以下のとおりである。

- 勧告 1：PACE の適用範囲を 17 歳の少年も含めるよう改正す

ること。
- 勧告2：被疑者とAAとの会話には、法的助言者と同等の秘匿特権が与えられること。
- 勧告5：上記のようなAAの役割が、簡潔かつ明確に運用規程に規定されること。
- 勧告10：被疑者がAAを必要とする場合には、常にソリシターも呼ばれるべきであること。
- 勧告11：AA自身だけでなく、警察のためにも、AAの役割・資格等について手引きが設けられるべきこと。
- 勧告12：当該手引きは、冊子やポスターを通じて警察署でAAに提供されるほか、警察官の訓練課程や、SWその他の専門家にも提供されるべきこと。
- 勧告13：内務省は、ボランティアを含めた地域のAA供給委員会の設立に主導的な役割を果たすべきこと。

　これらの勧告は、すぐに実現されたものもあったが（例えば、上に引用されてはいないが、運用規程の文言の技術的な修正など）、その一方で、実現までに時間を要したものや（例えば、勧告11、12、13）、いまだ実現されていないものもある（例えば、勧告1、2、5、10など）[102]。いずれにしてもここまでは、少年をはじめとする要支援被疑者に対して、実効的な援助を提供するにはどうすべきかが問題の中心であったのだが、その後、少なくとも少年の場合に関する限り、AA制度は少年司法の効率化の文脈で展開を遂げることになる。

3　少年司法の効率化とCDAに基づくAAの提供

　少年司法の効率化を提言する嚆矢となったのが、会計監査委員会（Audit Commission）により1996年に発表された報告書『少年司法の浪費（Misspent Youth）』であった[103]。この報告書の基調は、従来の少年司法の非効率性を批判し、犯罪の効果的な予防に向けた効率的な少年司法運営

への転換を主張する点にあったのだが、そこではAAの提供に関しても、ボランティアの活用を示唆しながら社会福祉部門の効率化を提案したのである。[104]

　少年司法の効率化という改革課題は、その後いわゆるニュー・レイバーの下で次々と実行に移されていく。その集大成というべきものが、上述のCDAであった。イギリス少年司法はこの法律の下で、非行の予防という目的に向け抜本的に再編成されることになったのである。AAの提供についても、YJBが「少年司法サービスに関する全国基準」を設け、各YOT(もしくはその公認を受けたボランティア機関)による派遣体勢が整備されてきている。[105]これにより、親などの近親者にも、SWにも迅速な出頭が望めない場合の第三の選択肢として、ボランティアや有給のAAの活性化、組織化が進められてきているようである。例えば、全国AAネットワーク（National Appropriate Adult Network）の組織化などは、この間の成果の一つと評価してよいであろう。

　さらに、AAの供給に関する具体的な目安としては、上記・YJBの全国基準では、AAの提供は警察から最初の要請を受けてから2時間以内に行わなければならないことが明記された。[106]この2時間以内という基準は、2011年のNAANの全国基準でも再確認されている。[107]AAの出頭時間が短縮されることが要支援被疑者の利益になることは疑いないが、他方で、このように効率性の名目でボランティア等を活用することが、真にAAによる実効的な援助を実現しうるものとなるとなるかどうかは、今後とも慎重な検討が必要であろう。[108]

4　実効的な援助の実現に向けた取り組み

　このように、少なくとも少年との関係では、AAを迅速に提供する体制が一応は整備されつつあったが、その一方で、AA検討委員会が勧告したように、その役割等に関する手引きの作成や、さらには知的障害者等との関係も含めたAA制度の総合的な構築については、必ずしも十分な検討が進んでいなかったようである。例えば、2002年に内務省と内閣本府

(Cabinet Office）は、PACE に関する共同報告書を発表したが、その中でも AA に関しては、知的障害者等との関係で AA の提供の仕組みが立ち遅れていることを批判したほか、AA が警察署に到着したときにその役割と責任について読むことができる告知文が設けられるべきと勧告していた。[109]

しかしその後、先にも触れたとおり、内務省からは「AA のための手引き」が発行された。当初発行された「ガイダンス[110]」には、二つの付随文書があり、そのうち、AA の役割と責任のアウトラインを示した「AA のための案内（付随文書 A）」は、AA が警察署に到着したときに手渡すべきものとされており、また「詳細な手引き（付随文書 B）」は、AA の請求により留置管理官から交付されるべきものとされていた。その後、NAAN とも協議したうえで 2011 年に発行された新しい「手引き」は、基本的に親や親類など、特に AA としての訓練を受けていない者に向けて発行されたものである。[111]ボランティアや有償のワーカーには、別途 NAAN 等により研修過程が設けられることが前提になっているのであろう。また、知的障害者等も含めた AA の供給委員会についても（先の AA 委員会の勧告 13 参照）、内務省と NAAN との協働により、さらに近時では、保健省（Department of Health）も加わって、有用性のある AA 制度の構築が模索されているようである。[112]ボランティアの活用も含め、今後の展開に注目する必要があろう。

おわりに

1 総括

本稿では、AA の沿革及び制度の概要に対する検討を通じて、AA が取調べに立会う目的は、直接的には少年をはじめとする要支援被疑者の供述の信用性を確保すること、換言すれば要支援被疑者の虚偽自白を防止する点にあること、さらに、敷衍して言えば、虚偽自白による誤判を防ぐこと

によって手続の公正を実現するためにあるということを明らかにした。しかし、AA は実際には、必ずしもそのために運用規程で期待されているような役割を果たしえていないこと、そして、そのような実態を反省材料として、イギリスでも AA の迅速な提供と実効的な援助の提供を目指した取組みが続けられていることを、実証研究や最近の動向に対する検討を通じて明らかにした。最後に以下では、これまでの検討を踏まえ、日本法への示唆と今後の課題について、特に少年の場合を対象にして述べる。

2 日本法への示唆

　日本でも、少年の取調べ（少年法 40 条・刑事訴訟法 198 条）をめぐっては、少年への自白の強要や人権侵害が多発しており、それらが少年の冤罪の温床となり、また少年の成長発達にも悪影響を及ぼしていることが指摘されてきた。[113]もちろん、少年の取調べに対しては、人格が未成熟なため、取調べへの耐性が弱い（端的に言うと、防御力が弱い）という特性を考慮して、警察の内部規範により詳細な配慮規定がおかれている。[114]そして、その中には、取調べに際しての保護者への連絡及びその立会いを定めたものもある。[115]しかし、実際にはそれらが内部規範であるにすぎないために、実務上遵守されているとは言い難い。[116]したがって、保護者の立会いを含めた少年への配慮規定が遵守されるようになるためには、最終的にはこれらの特別措置に対して制定法上の位置づけを与えるのが望ましいであろう。

　こういった問題状況は、PACE の法体系の下で AA が制度化される前のイギリスの状況とよく似ている。だからこそ、日本で取調べへの第三者の立会いを法制度化するためには、イギリスから学ぶべき点が多い。例えば、イギリスでは、単に第三者の立会いがあればよいというのではなく、第三者からの実効的な援助が必要とされていた。換言すれば、そのような援助があってはじめて第三者の立会いは、少年の供述の信用性を担保する外形的な事情の一つとなりうるのである。このような認識は、立法論としてはもちろんのこと、現在の日本の実務においても深刻な反省の材料とされるべきものではないだろうか。

また、AAによる援助は、ソリシターからの法的援助に「加えて」必要とされている点にも留意すべきである。もともとAAには、少年の信頼する人物、少なくとも少年と既知の人物であることが期待されていた。だからこそ、AAには法的援助よりも広い心理的・福祉的援助が期待されているものといえる。そのことは、少年に真に自由な供述を保障するためには、法的援助に加えて、心理的・福祉的な援助に専従しうる者も必要であることを示唆している。

　ひるがえって日本では、保護者はもちろん、弁護人ですら取調べに立会うことは容易ではない。しかも、少年事件であっても保護者との接見が禁止されることも稀ではないから、弁護人としてはしばしば保護者の分まで福祉的な援助を担わざるを得ない現実がある。そのため日本では、法的援助と心理的・福祉的援助との機能分化が意識されにくい。しかし、本来的に法的援助者である弁護人が、心理的・福祉的な援助に専従するわけにはいかないであろう。また、弁護人一人に心理的・福祉的援助をも期待するのは、一般的に言って過剰な負担を期するものではなかろうか。その意味でも、AAのように、心理的・福祉的な援助への専従者が手続に必要的に関与する法制度が参考になる。そのような援助者の存在は、2006年から日本でも実施されるに至った被疑者国選弁護制度において、少年に実質的に弁護権を保障するうえでも重要であろう。

3　今後の課題

　本書には、残された課題も多い。知的障害者等の場合も含めたAA制度全体の意義については次の第5章で、さらに、AA制度をめぐる裁判例の検討は第6章で検討されるものの、いまだ取調べの場面を中心としてAA制度の基本的なフレームワークと実務の状況を示したにとどまる。その意味で、取調べ以外の場面（例えば、犯人識別手続への立会い）でのAAの役割などにも、研究対象を発展・拡大させていく必要があろう。

　他方、日本への導入可能性という点でも、検討すべき課題が多々ある。例えば、逮捕・勾留期間の全てを活用し、しばしば長時間又は深夜にまで

及ぶ日本の取調べ実務において、その全てに第三者を立会わせることが現実的かどうかということである。イギリスでは、例えばエヴァンスの調査対象となった少年の取調べは、その71.4％が15分未満で終了し（平均は14分）、しかも取調べが3回以上行われた事例はなく、92.7％が1回のみで終了していた。[117]日本と比べれば、その時間と回数は著しく少ない。[118]その程度の負担であれば、第三者の必要的立会いも現実味を帯びるであろう。ただし、問題の本質は、時間と回数が少ないことそれ自体にあるのではなく、そのような比較的短時間の取調べですら、少年の供述の信用性を確保（虚偽自白を防止）するためには、AAの立会いが必要とされている点にある。そのことは、日本における少年の供述の任意性・信用性確保が、きわめて危ういものであることを気づかせてくれる。

　もちろん、これに対しては、日本の刑事（少年）司法の運営とイギリスのそれとは別問題であるとの反論があるかもしれない。しかし、そもそも少年は取調べへの耐性が弱く、迎合性・被暗示性に富むという点で、日本とイギリスとで意見の相違はない。問題は、日本ではそのような少年の特性への配慮がもっぱら捜査官側の裁量に委ねられ、しかも、しばしば少年が真摯に自白する限りで恩恵的に認められるものにすぎないという点にある。[119]さらに、捜査官自身に自覚はなくとも、特別の訓練を受けているのでない限り、少年の特性への配慮に欠いたまま取調べを行っていることもありうる。そうだとすれば、真に少年の供述の信用性を確保するためには、捜査官の善意に期待するよりは、むしろ少年に外部から援助者を提供することの方が、より一層現実的であるとすら言えるのではないだろうか。[120]

　AAを日本にも導入するとなれば、取調べ実務の抜本的な変更が必要となるかもしれない。その影響は少年事件にとどまらず、刑事司法全体にまで及ぶであろう。しかし、少年事件について特別な扱いが必要であることは、洋の東西を問わず共通に承認されている原則である。だからこそ、少年事件には、少年司法はもちろん、刑事司法そのものをも変革しうる可能性がある。AAのような第三者立会い制度の導入を検討することは、そのための重要な一歩となるはずである。

〈注〉

1 本書においては、イングランド及びウェールズを指す。以下、同じ。
2 PACE の制定当初の邦訳として、三井誠・井上正仁（編）『イギリス警察・刑事証拠法／イギリス犯罪訴追法』（法曹会、1988 年）があるほか、この法律に関する代表的な研究として、ジュリスト 937 号から連載が始まったイギリス刑事司法研究会「イギリス刑事司法の改革」がある。
3 少年の場合と知的障害者等の場合とで、AA の役割には基本的な違いはない。もちろん、知的障害者等に固有の問題は残されることになるが、ここでは少年の場合に焦点を当てて AA 制度の基本的なフレームワークを示しておくことにする。知的障害者等の場合については、次章において取扱う。
4 制定当初の運用規程の邦訳として、渥美東洋「イギリスの警察および刑事証拠法の『実務規範』（一）〜（四・完）」判例タイムズ 595-599 号（1986 年）があるほか、比較的近時の運用規程の一部を訳出したものとして、渡辺修・山田直子監修『取調べ可視化——密室への挑戦』（成文堂、2004 年）35 頁以下及び 84 頁以下がある。
5 Royal Commission on Criminal Procedure, *REPORT* (Cmnd.8092, 1981)（以下、REPORT [1981] で引用）．この報告書に関する日本での紹介として、井上正仁・長沼範良「イギリスにおける刑事手続改革の動向（一）〜（四）」ジュリスト 765-770 号（1982 年）がある。
6 M. Zander, *The Police and Criminal Evidence Act 1984* (5th Ed., Sweet & Maxwell, 2005), at viii. 日本での紹介として、例えば、三井誠「イギリス刑事司法の改革（1）改革の概要」ジュリスト 937 号 63 頁（1989 年）ほか参照。
7 D. Brown, T. Ellis and K. Larcombe, *Changing the Code: Police detention under the revised PACE codes of practice* (Home Office Research Study No. 129, 1992), at 70.
8 *See, Report of an Inquiry by the Hon. Sir Henry Fisher into the circumstances leading to the trial of three persons on charges arising out of the death of Maxwell Confait and the fire at 27 Doggett Road, London SE6* (HMSO, 1977)（以下、Fisher Report で引用）．なお、18 歳の青年の見た目の精神年齢（an apparent mental age）は 14 歳であったが、医師の診断に基づく精神年齢（a real mental age）は 8 歳であったとされる（para.15.6）。
9 REPORT [1981], *supra* note (5), para.1.5.
10 Fisher Report, *supra* note (8), paras.2.11, 12.2 and 16.11.
11 *Ibid*, paras. 12.2, 16.11-16.22.
12 Home Office Circular No. 31/1964 (reproduced in [1964] 1 All E.R. 237; [1964] 1 W.L.R. 152), Appendix B 'Administrative Directions on Interrogation and the Taking of Statements', para. 7.

13　Section 34（2）of the CYPA 1933（as substituted by section 25［1］of the CYPA 1963 and section 72［3］,［4］, Schedule 5, para 3, Schedule 6 of the CYPA 1969). なお、CYPA 1933に関する1956年時点での邦訳として、最高裁判所事務総局家庭局「英国の児童少年法および裁判規則（一）及び（二）」家庭裁判月報10巻5号（1958年）91頁及び同10巻6号57頁がある。

14　Home Office Circular No. 31/1964, supra note（12）, Appendix B 'Administrative Directions on Interrogation and the Taking of Statements', para.4. なお、本文での引用部分に続いて、パラグラフ4では、学校での逮捕・取調べについて、次のように規定されている。「…児童または少年は、やむを得ない場合を除き、学校で逮捕されてはならない。取調べについても同様である。学校においてやむを得ず取調べを行う場合には、校長又はその指定する者の同意と立会いを得なければならない。」

15　Fisher Report, supra note（8）, paras.2.11, 15.9.

16　Ibid, para.2.17, chap.15 and 16.

17　P. Softley et al., *Police Interrogation: An Observational Study in Four Police Stations*（Royal Commission on Criminal Procedure Research Study No. 4, 1980). 以下、本文での記述は同書66-67頁による。

18　この範疇に関しては、4人が家に連れて行かれ（そこで取調べを受けた可能性がある）、17歳に切迫していたもう一人は、その意思を尊重して親に連絡せず、最後の一人は親が出頭を拒否したのだという。

19　REPORT［1981］, supra note（5）, para.4.103.

20　Ibid.

21　Ibid, para.4.134.

22　以上につき、REPORT［1981］, supra note（5）, para.4.104. そこではさらに、当該決定は、可能な場合には当該警察分区長（the sub-divisional commander）により、それ以外はすべて捜査を担当していない者により行われ、記録にも残されるべきであると勧告している。

23　REPORT［1981］, supra note（5）, paras.4.105-4.107.

24　Ibid, para.4.108.

25　REPORT［1981］, supra note（5）, para.4.79. なお、上記のソフトレイらの調査によれば、この権利の行使の状況については、成人の半分が拒否（放棄）するなど、必ずしも活発ではなかったようである。Softley et al., supra note（17）, at 65-66.

26　REPORT［1981］, supra note（5）, paras.4.78-4.80.

27　J.Pearse, 'The Problems Associated with Implementing the Appropriate Adult Safeguard', in; B. Littlechild（ed.）, *Appropriate Adults and Appropriate Adult Schemes: service user, provider and police perspectives*（Venture Press, 2001）19, at 29.

28　*See also*, Zander *supra* note（6），para.6-06. この点の詳細については、本書・第6章参照。
29　運用規程の条文番号については、制定当初のものではなく、2012年10月現在の番号で示してある。また、各条文のタイトルはそれぞれ原文に付されたものである。なお、PACE 57条の少年の特別な「権利」に関し、ザンダーは、少年はこれらの「権利」を放棄することができないから、これらはむしろ警察（ここでは留置管理官）の義務について規定したものだと指摘する（Zander, *supra* note [6], para.5-29）。運用規程C 3.13についても、同様の指摘がある（*ibid*, para.5-27）。
30　D. Dixon, 'Juvenile Suspects and the Police and Criminal Evidence Act', in; D. Freestone (ed.), *Children and the Law* (Hull Univ. Pr., 1990) 107, at 115.
31　Zander, *supra* note（6），para.5-27.
32　ここで少年とは、（逮捕された）17歳未満の者を指す（PACE 37条15項、COP C 1.5）。
33　なお、出頭後の警察署で不利益事実の承認を受けた場合は、ここに含まれない。*See*, NACRO, *Acting as an appropriate adult: A good practice guide* (2003), at 9. そのため、そこで得た情報をAAはいかに扱うべきかが問題となる（この点については、後述・第3節の4も参照）。
34　これに対し、知的障害者等の場合として運用規程C指導注記1Dは、AAに対する選択の余地を認めている。この点の詳細については、本書・第5章（特に147頁以下）参照。
35　*See, infra* note（96），chap.3, para.85.
36　B. Littlechild. *The Police and Criminal Evidence Act 1984: The Role of the Appropriate Adult* (3rd ed., BASW, 1996), at 47 and; *ibid*, 'Appropriate Adults and Juveniles', in; *ibid* (ed.), *supra* note（27），*Appropriate Adults and Appropriate Adult Schemes* [2001] 89, at 90.
37　この法律の解説及び日本語訳として、横山潔「1998年犯罪及び秩序違反法解説」外国の立法205号（2000年）134頁以下がある。
38　例えば、この法律の基礎となった白書『もう言い訳は許されない（No More Excuse）』（1997年）の中で、当時の内務大臣ジャック・ストローは、そこで示された諸施策が、過去の少年犯罪対策とは一線を画す新たなアプローチであることを示唆している。*See*, Home Office, *No More Excuses: A new approach to tackling youth crime in England and Wales* (1997), at PREFACE BY HOME SECRETARY.
39　*See, e.g.*, L. Gelsthorpe and V. Kemp, 'Comparative Juvenile Justice: England and Wales', in; J. A. Winterdyk (ed.), *Juvenile Justice Systems: International Perspectives* (2nd ed., Canadian Scholars' Press Inc., 2002) 127. 日本での文献として、例えば、守山正「イギリス労働党の少年司法政策——1998年犯罪・秩序違反法を中心に」宮澤古希記念第三巻『現代社会と刑事法』383頁（成文堂、2000年）ほか参照。

40 *See also*, Home Office et al., Inter-Departmental circular on establishing Youth Offending Teams (22.12.98), para.28. なお、2006年3月に龍谷大学で行われた日英国際シンポジウム「少年司法のゆくえ」において、YJB委員長（当時）のロッド・モーガン氏は、その基調講演の中で、現在イギリスでは156のYOTが存在すると述べていた。

41 なお、2004年に発表されたYJBの「少年司法サービスに関する全国基準（National Standards for Youth Justice Services）」2.3及び2.7でも、警察はYOTのメンバーに派遣を要請する前に、まず親等に対して出頭要請すべきであり、YOTによる派遣はあくまで例外的であることが確認されていた。

42 D. W. Jones, 'The Role of the Appropriate Adult', in; T. Bateman and J. Pitts (eds.), *The RHP companion to youth justice* (Russell House Publishing, 2005) 72, at 72.

43 Jones, *ibid*, at 75; T.Flanagan, 'Working with Volunteers in the Youth Justice System', in; supra note (42), *The RHP companion to youth justice* 216, at 218. *See further*, H.Pierpoint, 'How appropriate are volunteers as "appropriate adults" for young suspects? The "appropriate adult" system and human rights', *Journal of Social Welfare and Family Law* 22 (4) 2000:383-400.

44 J.Williams, 'The Crime and Disorder Act 1998: Conflicting Roles for the Appropriate Adult', [2000] Crim.L.R. 911.

45 本文で述べるほかは、例えば、人の身体の秘部の捜索（intimate searches）や着衣を脱がす捜索（strip searches）への立会い（COP C, Annex A）、人物識別手続への立会い（COP D, Annex B）、訴追（charge）がなされる際の立会い（COP C 16.1, 16.6）、さらに、CDAとの関係では、ダイヴァージョンとしてけん責（reprimands）又は（最終）警告（warnings）がなされる際の立会い（65条5項）といった点が重要であろう。

46 この警告の内容は、1994年刑事司法・公共秩序法（Criminal Justice and Public Order Act 1994）により黙秘権が制約されたこと（具体的には、その34条以下において、黙秘権を行使したことから不利益推認が許される場合を認めたこと）と関係している。なお、この法律の解説及び日本語訳として、横山潔「1994年刑事司法及び公共の秩序法解説」外国の立法205号（2000年）5頁以下がある。

47 Home Office, *Guide for Appropriate adults*, at 'Your role as an appropriate adult' and 'Interviews', *available, at*:
http://www.homeoffice.gov.uk/publications/police/operational-policing/appropriate-adults-guide
　なお、この文書は2011年2月付けで発行されており、従前のガイドライン（2003年発行、後掲・注［110］参照）よりもコンパクトになり、より見やすいものになっている。

48 J. Hodgson, 'Vulnerable Suspects and the Appropriate Adult', [1997] Crim.L.R.

785, at 792. *See e.g., R. v. Delroy Fogah*, [1989] Crim.L.R. 141. この点の詳細については、本書・第6章参照。

49　*Ibid. See e.g., R. v. Morse and others*, [1991] Crim.L.R. 195.
50　Zander, *supra* note (6), paras.6-60, 6-61. なお、Hodgson, *supra* note (48), at 793 は、むしろ近時の裁判例は、証拠排除にかなり消極的であることを示唆している。
51　この点の詳細については、本書・第6章(特に199頁以下)のほか、稲田隆司『イギリスの自白排除法則』(成文堂、2011年)第2章参照。
52　先の「AAのための手引き」では、この点に関し、「警察活動が公正に行われ、警察が被留置者の権利を尊重することを確保すること」がAAの役割と定めている。Home Office, *Guide for Appropriate adults, supra* note (47), at 'Your role as an appropriate adult'.
53　*Ibid*, at 'Your role as an appropriate adult'.
54　*Ibid*, at 'Interviews'.
55　*Ibid*, at 'Interviews'.
56　*Ibid*, at 'Interviews'.
57　*See*, REPORT [1981], *supra* note (5), paras.2.18 ff. and 6.8 ff. なお、AA制度における公正さの意義については、後述・第6節のAA検討委員会の報告書も参照。
58　Home Office, *Guide for Appropriate adults, supra* note (47), at 'Your role as an appropriate adult' and 'Interviews'. *See also*, Littlechild, *supra* note (36) *The Police and Criminal Evidence Act 1984 : The Role of the Appropriate Adult* [1996], at 5.
59　*Ibid*, at 'Your role as an appropriate adult'.
60　*Ibid*, at 'Legal Advice'.
61　*Ibid*, at 'Legal Advice'. *See also*, B. Littlechild, 'The Provision of Appropriate Adults: Practice Issues', in; *ibid* (ed.), *supra* note (27), *Appropriate Adults and Appropriate Adult Schemes* [2001] 7, at 11-13; *ibid, supra* note (36) *The Police and Criminal Evidence Act 1984: The Role of the Appropriate Adult* [1996], at 55-57.
62　Home Office Statistical Bulletin, *Police Powers and Procedures England and Wales 2009/10* (2nd Edition：以下、STATISTICSで引用), at 11 ff. この文書は、そのタイトルが示すとおり、イギリス内務省のホームページ内でPDF形式で参照可能である。*Available at:*
http://www.homeoffice.gov.uk/publications/science-research-statistics/research-statistics/police-research/hosb0711/
　ちなみに、2009年度～2010年度の被逮捕者数は、前回(2008年度～2009年度)よりも5%減少していたとされ、また、2012年4月の速報によると、2010年度～2011年度の被逮捕者については約136万人とされ、さらに2%減少しているようである。この速報についても、以下のイギリス内務省のホームページ

参照。*Available at:*
http://www.homeoffice.gov.uk/publications/science-research-statistics/research-statistics/police-research/police-powers-procedures-201011/
　なお、イギリスにおける認知犯罪若しくは報告犯罪の概念については、浜井浩一編『犯罪統計入門』（日本評論社、2006年）134頁以下〔浜井〕ほか参照。

63　ここには、PACE法体系とは異なり、17歳の者も含まれている。それは、イギリスにおける成人年齢が18歳であることに合わせたものであろう（*See, e.g.,* Children Act 1989 s.105 [1]；「少年」概念について詳しくは、前掲・注〔32〕も参照）。これに対し、下限の10歳はイギリスにおける刑事責任年齢である（Children and Young Persons Act 1933, s.50, substituted by Children and Young Persons Act 1963, s.16 [1]）。
　なお、かつては10歳から14歳の少年については、訴追側がその刑事責任の存在を立証しない限り刑罰を受けることはないという、いわゆる相対的刑事責任が承認されていたが、前掲・注〔37〕1998年犯罪・秩序違反法（Crime and Disorder Act 1998）34条により廃止されている。

64　STATISTICS, *supra* note（62）at 11, 14 and 15. この少年層に関しては、前回（2008年度～2009年度）よりも12%の減少である。ちなみに、この少年層に18歳から20歳までの被逮捕者（約20万8千人）を加えれば、被逮捕者のうち約32.5%（約45万人）が青少年であったということになる。

65　Zander *supra* note（6）, para.6-56. これに対し、知的障害者等へのAAの供給レベルは、少年の場合よりもずっと低いと指摘されている。*See,* T. Bucke and D. Brown, *In police custody: police powers and suspects' rights under the revised PACE codes of practice*（Home Office Research Study 174, 1997）, at 69 Note 1. *See also,* G. Gudjonsson et al., *Persons at Risk During Interviews in Police Custody: The Identification of Vulnerabilitie*s（Royal Commission on Criminal Justice Research Study No. 12, 1993）, at 16.

66　C. Phillips and D. Brown, *Entry into the criminal justice system: a survey of police arrests and their outcomes*（Home Office Research Study 185, 1998）, at 53.

67　Bucke and Brown, *supra* note（65）, at 6.

68　National Appropriate Adult Network（NAAN）, *Appropriate Adult Provision in England and Wales*（November 2010）at 4, *available at:*
http://www.appropriateadult.org.uk/aa-report-2010

69　Phillips and Brown, *supra* note（66）, at 53.

70　Bucke and Brown, *supra* note（65）, at 6.

71　Brown, Ellis and Larcombe, *supra* note（7）, at 71. なお、この研究では、1991年の運用規程の改正の前後にわたって調査を行い、その違いを比較するという興味深い手法がとられているが、ここでは基本的に改正後のデータを参照する。

72 知的障害者等の状況については、例えば、Bucke and Brown, *supra* note (65), at 8 を参照。そこでは、SW が 60％と最も多い。本書・第 5 章（163 頁以下）も参照。
73 この点については、本章・第 2 節 3〔2〕「AA の除外事由」も参照。
74 Phillips and Brown, *supra* note (66), at 53.
75 以下の記述は、Brown, Ellis and Larcombe, *supra* note (7), at 73-74 による。
76 ただし、平均時間については改正前のデータであり、改正後はそれよりもやや増えたとされる。また、ここには出頭拒否された場合のタイムロスは含まれていないので、親が拒否すれば、さらに待ち時間が増えることになる。
77 以下の記述は、Phillips and Brown, *supra* note (66), at 54-55 による。
78 なお、約 3 分の 1 の事例で、少年は AA と共に警察署に到着した（*ibid*, at 53）。その場合、警察は少年の自宅で逮捕するか、警察署に到着する前に少年と共に親を迎えに行くことが多かったという。
79 Brown, Ellis and Larcombe, *supra* note (7), at 72.
80 Dixon, *supra* note (30), at 118.
81 R. Evans, *The Conduct of Police Interviews with Juveniles* (Royal Commission on Criminal Justice Research Study No. 8, 1993), at 39.
82 *Ibid*.
83 Bucke and Brown, *supra* note (65), at 11.
84 Brown, Ellis and Larcombe, *supra* note (7), at 72-73.
85 Pierpoint, *supra* note (43), at 385-386.
86 Evans, *supra* note (81), at 40.
87 *Ibid*, at 34.
88 さらに、エヴァンスによれば、ソリシターが立ち会った 9 件の事例でも、警察の戦略により少年は自白するに至っている（*ibid*, at 40）。したがって、本文で述べた 18 事例には、ソリシターも共に立ち会っていた可能性が高い。事実、両者が共に立ち会った事例は、4.3％（7 件）あったとされている（at 26）。エヴァンスが、両者を含めた「専門家」を批判するゆえんであろう。なお、ディクソンは、ソリシターは現実には少年への援助に消極的で、むしろ警察との協働関係に立つことが多いことを指摘する（Dixon, supra note [30], at 127-128）。ソリシターもまた、多くの場合警察署では消極的であることについては、次の文献を参照。J.Baldwin, 'The Role of Legal Representatives at Police Stations', in; *The Conduct of Police Investigations: Records of Interview, the Defense Lawyer's Role and Standards of Supervision* (The Royal Commission on Criminal Justice Research Studies No. 2, 3 and 4: 1992), at 53.
89 *Ibid*, at 47. ソーシャル・ワーカーの訓練過程は現在改革の最中にあるようだが、そこに AA の役割も含まれるかどうかは、まだ模索の段階にあるようである。*See*, Pierpoint, *supra* note (43), at 396 note 3.

90 Dixon, *supra* note (30), at 123. *See also*, David Brown, *PACE ten years on: a review of the research* (Home Office Research Study 155, 1997), at 190-191.
91 Bucke and Brown, *supra* note (65), at 11.
92 Pearse, *supra* note (27), at 19.
93 *See e.g.*, Brown, Ellis and Larcombe, *supra* note (7), at 72.
94 A. Sanders, R. Young and M. Burton, *Criminal Justice* (4th Ed., Oxford Univ. Pr., 2010), at 204.
95 Evans, *supra* note (81), at 50.
96 *See*, Gudjonsson et al., *supra* note (65).
97 The Royal Commission on Criminal Justice, *REPORT* (Cm 2263, 1993), chap.3 paras.85-86.
98 *Ibid*, chap.3 para.86 and Recommendation Number 72. そこでは知的障害者等の場合も射程に入れた勧告が提起されているが、ここでは割愛した。
99 *Ibid*, chap.3 para.87, Recommendation 73.
100 Appropriate Adults Review Group, *Appropriate Adults: Report of Review Group* (Home Office, 1995).
101 それに続いて、そのような役割を果たす上で重要な原則として、AAは警察から独立した人物であること、AAは被疑者に対し、その権利及び警察署で自らに起こっていることについて助言し、説明する立場にあること、AAは被疑者が権利を行使するのを援助する立場にあること、そしてAAは、被疑者が留置されている間適切に扱われるのを確保する立場にあること、の4点を指摘している。
102 なお、勧告2の秘匿特権については、AAには保障されないことが、その後の運用規程の改正により明らかにされた（COP C, Notes for guidance 1E）。
103 Audit Commission, *Misspent Youth: Young People and Crime* (National Report, 1996).
104 *Ibid*, para.25. その論旨は、親が出頭できない場合に地方自治体のSWが派遣される際のコストを、ボランティアの活用によって節約すべきとする点にある。なお、会計監査委員会は、それによって節約されるコストの半分は、ボランティアのリクルート、訓練及び調整に充てられるべきであるとも勧告している。
105 *See*, *supra* note (41), paras.2.1-2.14.
106 *Ibid*, para.2.6.
107 NAAN NATIONAL STANDARDS (2011), Standard 4, at '5. Response time targets', *available at*: http://www.appropriateadult.org.uk/national-standards. ちなみに、2006年のNAANの調査報告書によれば、具体的なAAの出頭時刻は、警察の取調べ開始予定時間にあわせて事件関係者の間で調整される場合があるとされる。*See*, NAAN, *Appropriate Adult Provision in England and Wales* (2006), at 7 'Response time', *available at*: http://www.appropriateadult.org.uk/

naan-aa--report-2006
108 *See e.g.*, NACRO, *supra* note (33), at 4. ちなみに、実効的な援助を担保するための重要な要素となりうる「AA としての研修過程」については、上記・NAAN の全国基準によれば、最低 18 時間の訓練と 2 回の実地訓練（shadowing visits）が必要とされている（Stadard 3）。もっとも、2006 年の NAAN 報告書によれば、AA としての研修時間は平均で 16.5 時間、実地訓練は 2 回強であったとされる。*See,* NAAN, *Appropriate Adult Provision in England and Wales* (2006), *supra* note (107), at 7 'Training'.
109 Home Office and Cabinet Office, *PACE Review: Report of the Joint Home Office/ Cabinet Office Review of the Police and Criminal Evidence Act 1984* (2002), para.41.
110 Home Office, *Guidance for Appropriate adults*. なお、2012 年 9 月現在、このガイダンスは内務省のホームページでも参照できないが、2006 年に参照した時点では、このガイダンスは 2003 年 4 月 16 日付でアップロードされていた。
111 Home Office, *Guide for Appropriate adults*, *supra* note (47), at 'Further Information'.
112 例えば、上述の NAAN の 2010 年の調査報告書は、保健省と内務省のために作成されたものである。*See,* NAAN, *Appropriate Adult Provision in England and Wales* (2010), supra note (68).
113 例えば、日弁連子どもの権利委員会（編）『少年警察活動と子どもの人権〔新版〕』（日本評論社、1998 年）ほか参照。
114 犯罪捜査規範第 11 章、少年警察活動規則（平成 14 年国家公安委員会規則第 20 号）、依命通達「少年警察活動推進上の留意事項について」（2002 年）参照。
115 犯罪捜査規範 207 条、前注・依命通達第 4 の 5 及び 6 (2)。
116 その詳細については、本書・第 1 章参照。
117 Evans, *supra* note (81), at 26. さらに、そもそも留置の時間も、通常は 1 時間から 4 時間の間であった（at 25）。
118 成人の場合も同様に考えてよいであろう。*See e.g.*, Brown, Ellis and Larcombe, *supra* note (7), at 89-90; Bucke and Brown, supra note (65), at 31. 日本での紹介文献として、例えば、渡辺修ほか『取調べ可視化――密室への挑戦』（成文堂、2004 年）ほか参照。
119 この点の詳細については、本書・第 1 章（28 頁）参照。
120 その場合の人的資源の問題もあるが、これについては、さしあたり本書・第 1 章（46 頁）参照。

第5章

知的障害者等の取調べと AA 制度

はじめに

1 問題の所在

　刑事手続における精神障害者や知的障害者等（以下、知的障害者等という）の供述の任意性・信用性については、たとえば、いわゆる島田事件[1]や野田事件[3]などを通じて、その心理的特性（被暗示性や迎合性の強さ）に配慮した事実認定のあり方が問題とされてきた[4]。しかし、その一方で、これまでの刑事司法においては、冤罪事件として顕在化する数が必ずしも多くないこともあり、そのような精神的・心理的な問題を抱えた人々の供述の自由の保障のあり方、あるいはそのような人々に対する実質的・実効的な弁護権保障のあり方を問題にする機会は、比較的少なかったように思われる[5]。

　もっとも、近時では、障害者の特性を理解した弁護活動の重要性が、刑事司法においてもようやく正面から問題とされるようになってきている[6]。その背景には、たとえば2005年（平成17年）3月10日宇都宮地裁で知的障害者の被告人に無罪判決が言い渡されるなど[7]、依然として知的障害者に対する冤罪事件が絶えないこと、他方で、近時の日本においても刑事施設における知的障害者等の現状が注目され[8]、受刑者の知能指数の実態からは、捜査・公判において、「知的障害の診断がなされないまま、何の支援も配慮もなく、刑事手続きに乗せられ、受刑者となった人が相当いるので

はないか」、その意味で、上記のように顕在化した冤罪事件も実は「氷山の一角」と言えるのではないかが問題とされるようになったことが挙げられよう[10]。さらに国際レベルでは、2006年12月国連で障害者権利条約が採択されるなど、障害者（精神・知的障害者等を含む[11]）の権利への関心が高まりを見せ、それに伴い司法手続における援助のあり方も問題とされるようになってきたことも見逃せない[12]。

　もちろん、国内的にも知的障害者等の司法的取扱いが改革課題として取り上げられてこなかったわけではない。とりわけ、裁判員制度が創設されるうえでも大きな契機となった「司法制度改革審議会意見書」（2001年〔平成13年〕6月12日付[13]）においても、公的弁護制度との関連で「障害者や少年など特に助力を必要とする者に対し格別の配慮を払うべきである」と明記されるに至ったこと（Ⅱ. 第二の2）は注目に値する。そのことは、知的障害者等や少年など、要支援者（vulnerable）とされる被疑者への実質的な援助（特に身体拘束された場合）の問題が、ようやく改革課題として正面から取り上げられるに至ったことを意味しているからである。ただし、それをどのように解決すべきかについては、いまだ十分な検討がなされてはいない。

　これに対し、イギリス[14]では、少年及び精神障害その他の精神的な支援を要する（mentally vulnerable）者が逮捕・留置された場合には、弁護権保障はもちろんのこと、それに加えてさらに、それらの者を心理的・福祉的に援助する第三者が必要的に手続に関与する制度、すなわち「適切な大人（Appropriate Adult：以下、AAという）」制度が設けられている。この制度を検討することは、虚偽自白の防止はもちろんのこと、弁護権の実質的保障を含めた、知的障害者等の供述の自由を保障していくための手がかりを与えてくれるだけでなく、ひいては、心理的・福祉的な支援を要する被疑者に対する実質的かつ実効的な援助を通じて、冤罪を防止し[15]、手続の公正を担保していくうえでも有益であろう[16]。

2 検討の対象

　AA 制度は、少年事件との関係ではすでに前章において紹介・検討されている。本章はその続編として、検討の対象を知的障害者等にも拡大させ、AA 制度の総合的な制度研究を目指すものである。そのため、前章と同様、被疑者の逮捕後 AA が警察署に到着するまでの手続と、その後の取調べにおける AA の役割を中心に、この制度の沿革、制度の概要及び趣旨、さらにその運用について検討する。そして、知的障害者等に固有の運用上の問題点について検討したうえで、日本法への示唆を探る。

　なお、AA が少年および精神的な支援を要する被疑者の両者を統一的にカバーする制度である以上、後者に焦点を当てるとはいえ、制度の沿革・概要・目的を検討するに当たっては、必要に応じて前者にも言及しながら論を進めざるを得ない。したがって本章の論述では、前章とも重複する場合があることも予めご了承いただきたい。

第 1 節　AA 制度の沿革 —— 1981 年王立委員会報告書を中心に

1　AA 制度の法源 —— PACE の法体系下にある AA

　ここでは、AA 制度が設けられた目的を明らかにするために、その沿革を辿ることから始める。それにあたってはまず、AA 制度の法律上の位置づけについて言及しておく必要があろう。

　AA 制度は、「1984 年警察・刑事証拠法（The Police and Criminal Evidence Act 1984）」（以下、PACE と略す）[17]の法体系の下で創設された制度である。法体系下とはすなわち、PACE それ自体に規定されているのではなく、PACE 第 60 条第 1 項（a）、第 60 条の A 第 1 項および第 66 条第 1 項によって設けられた「運用規程（Code of Practice）」、とくにその中でも「警察官による人の留置、取扱い及び質問に関する運用規程」（Code C: Code of Practice for the Detention, Treatment and Questioning of Persons by

Police Officers. 以下、運用規程 C 又は COP C としても引用する)[18]に主たる法的根拠を有しているからである。

　そこで、AA 制度の沿革を辿るには、そもそも PACE それ自体の沿革を辿る必要があるわけであるが、その PACE の沿革を辿るには、1981 年に「刑事手続に関する王立委員会」(以下、王立委員会という) が公表した『報告書』[19](以下、1981 年報告書という) を検討しなければならない。もともと PACE は、この報告書において王立委員会によりなされた数々の勧告を基礎にして制定されたものであり[20]、同様に AA 制度について規定する運用規程もまた、そこでの勧告に基礎を置くものだからである[21]。以下ではその経緯を、知的障害者等の場合に焦点を当てながら辿ることにしよう。

2　王立委員会設立に至るまでの経緯

(1) コンフェイト事件 (1972 年) とその影響

　王立委員会が設立されたのは 1977 年であったが、その設立に大きな影響を及ぼしたのは、コンフェイト (Confait) 事件と呼ばれる、青少年の冤罪事件であった。そして、この事件は、AA 制度創設への大きな要因となったともいえる。すなわち、この事件では、1972 年に 3 人の青少年 (その内の 2 人が 14 歳と 15 歳の少年で、もう 1 人は知的障害のある 18 歳の青年) が、マクスウェル・コンフェイトの殺人や放火等の訴因により一審で有罪判決を受けたが、最終的にそれらが控訴院によって破棄され (1975 年)、冤罪であることが明らかとなったのである[22]。そして、この冤罪事件を契機として警察の捜査のあり方、とくに少年及び精神的ハンディキャップのある被疑者の取扱いが深刻に問題とされることとなり、このことが上記・王立委員会においても特別な検討の対象とされたのである[23]。

(2) 少年の場合の第三者立会いの規定

　少年の場合には、AA が創設される以前から、1964 年に内務省通達 (Home Office Circular) の中で裁判官準則 (Judges' Rules) に付属して発せられた

内務省訓令（Administrative Directions to the Police）において、少年が警察の取調べを受ける場合には、親その他警察以外の第三者がこれに立ち会うべきものとする明文の規定（それが法的拘束力を有するかどうかは別問題である）が存在していた[24]。そこでは、次のように規定されていた。

> 4. 児童および少年の尋問（Interrogation of children and young persons）
> 児童の取調べ（interview）は（犯罪の嫌疑を受けているか否かにかかわらず）、可能な限り、親または後見人、これらの者が不在のときは、警察官を除く、当該児童と同性の者の立会いの下でのみ行われなければならない。児童または少年は、やむを得ない場合を除き、学校で逮捕されてはならない。取調べについても同様である。…

ここでは、条文上は「児童（children）」（14歳未満の者を指す[25]）のみが立会いの対象とされているが、その後1968年5月31日付の内務省通達（circular）により、その対象は少年、すなわち17歳未満の全ての者を含むべきものとする公定解釈が示された[26]。したがって、コンフェイト事件の被疑者とされた14歳と15歳の二人の少年にも、この立会い規定は妥当していたことになる。しかし、コンフェイト事件では、この規定が順守されることなく取調べが行われていたのである[27]。

(3) 知的障害者等の場合──第三者立会いと手続の公正さとの関係

これに対し、知的障害者等の場合には、少なくともコンフェイト事件が発生した当時は、そのような第三者の立会いを求める規定は存在していなかった[28]。したがって、この事件においても、18歳の知的障害のある青年については、少年（17歳未満の者）には該当しない以上、法的には親等の第三者を立ち会わせる必要は必ずしもなかった。とはいえ、コンフェイト事件の背景について内務大臣からの委託に基づいて作成・提出されたいわゆる「フィッシャー・リポート（Fisher Report）」によれば、この青年については、その精神年齢が14歳であると判断していたにも関わらず、少年の場合に準じて親等の第三者を立ち会わせてなかったことが、取調べ

を公正に行い、不公正もしくは抑圧的な取調べ方法を避けるべき義務に違反していると指摘されている点が注目される[29]。

　この点に関し、少年の場合に関するかかる第三者立会いの規定が、手続の公正さに法的根拠を持つものであるかどうかについては、上記・1964年の通達からは明文上必ずしも明らかでない[30]。しかし、その後に発行された上記・1978年の内務省通達では、通達の前文（パラグラフ2の末尾）において次のように明記されている。「取調官は、裁判官準則を遵守するだけでなく、取調べの相手方に対しては常に公正でなければならず、また、不公正もしくは抑圧的と評価される可能性のある方法は慎重に避けなければならない[31]」。この文言は、まさに上記・フィッシャー・リポートが指摘するとおり、裁判官準則に付属する内務省訓令の規定（第三者立会いを含む）が、手続の公正さに淵源を持つことを示唆するものといえる。上記・1964年通達中にも、その点を示唆する規定もないわけではない[32]。

　さらに、より実質的に考えてみても、まさにコンフェイト事件が示すとおり、第三者の立ち会いがないまま取調べを行うことは、取調べへの耐性の弱い要支援被疑者に対して虚偽自白を迫るものとなり易く、そのことが冤罪という重大な不正義をもたらす大きな要因となる可能性が高い。そうだとすれば、まさに要支援被疑者の取調べに第三者が立会うことの意義は、直接的には虚偽自白を防止することを目的としつつ、究極的には、虚偽自白による冤罪を防止することによって、手続の公正さを実現しようとするものと考えることができるであろう。

(4) コンフェイト事件におけるその他の準則違反

　他方で、上記の立会い規定の存否にかかわらず、そもそもコンフェイト事件での青少年3名の被疑者の取調べは、既存の実務準則上の規定との関係でも大いに問題を孕むものであった。すなわち、これら3名の取調べでは、いずれも上記・訓令7に反してソリシターの助言を受けたり、その他外界と連絡をとる手段などに関する権利告知が行われていなかったほか、青年については、供述調書作成の際、取調官から誘導や不必要な質問がなされるなど、裁判官準則第4条 (d) にする取調べも行われていた[33]。それ

どころか、上記・少年の場合の立会い規定も含め、そもそもこれらの規定は警察官や弁護人に知られていないことが多く、また、誤って理解されてもいたのである[34]。

(5) コンフェイト事件への反省と規定の整備
① 1976年の通達（circular）
　この事件に対する反省からであろう[35]。その後1976年には内務省により、精神的ハンディキャップのある者（mentally handicapped persons）の取調べにも、原則として親その他の第三者を立ち会わせるべき旨の通達が発せられた。その文面は、以下のようなものであった（下線は引用者）[36]。

> …内務大臣は、精神的ハンディキャップのある者の尋問にも特別な配慮が払われるべきであると考えている。本通達は、王座部主席裁判官（Lord Chief Justice）に諮問のうえ、その同意のもとに発せられたものである。
> 2.　内務大臣としても、<u>取調べの相手方に精神的ハンディキャップがあるかどうかを判断することが警察には難しいもの</u>であることは承知している。しかしながら、取調べの相手方（それが証人としてであるか被疑者としてであるかに関わらず）に精神的なハンディキャップがあり、そのため<u>質問を理解できるかどうかに疑問</u>がある場合、またはそのことがその者の<u>被暗示性</u>をとくに強めていると考えられる場合には、警察官は発問及びそれに対する<u>回答の信用性</u>には特別な配慮を払うのが重要であると、内務大臣は考えている。
> 3.　【第三者の立ち会い】精神的にハンディキャップのある子どもに関しては、裁判官準則に付属する内務省訓令4という規定がすでに用意されている。内務大臣の考えでは、<u>警察が精神的ハンディキャップがあると認めた者についても（それが証人としてであるか被疑者としてであるかに関わらず）、可能な限り、親その他その者のケア、監護若しくは監督にあたる者、または警察官以外の者（たとえばソーシャル・ワーカー）の立会いの下で取調べが行われなければならない。</u>
> 4.　【供述書面】その年齢に関わらず、精神的ハンディキャップがある者の取調べにより作成された書面に対しては、当該供述をした本人だけでなく、親その他の取調べに立ち会った者にも署名を求めるべきである。それ

> でもなお、精神的ハンディキャップがある者のした供述（admission）の信用性には問題が生じうることから、当然のことながら、供述した事実を確かめるとともに、可能であれば補強証拠を得ておくことにも留意が必要である。

　ここで注目されるのは、少年の場合と同様、親等が立会うこと（上記3）の趣旨として、精神的ハンディキャップがある者は、そのような精神的ないし心理的な問題のため、自分に対して発せられた質問を理解できるかどうか疑問が生じるだけでなく、そのような問題により被暗示性も高まるため、その供述の信用性には問題が生じやすいという点が指摘されていることである（上記2）。後述するように、このような心理的特性に対する認識は、王立委員会の勧告やAA制度自体にも引き継がれているからである。

　他方で、警察官にとって取調べの相手方に精神的ハンディキャップがあるかどうかを判断することが難しいという運用上の問題点が、すでに指摘されていることにも留意すべきであろう（上記2）。この問題点は、現在もなお運用上の最大の問題点として認識されているとともに、制度設計に際してその点にどのように対処していくかが、第三者の立会いおよび援助をより実効的なものにしていくためのキーポイントとなっていくからである。

　いずれにせよ、この通達の文言はその後、少年の場合も含めてあらためて発行された1978年の内務省訓令に取り込まれ[37]、以下のようなかたちで規定し直された（下線は引用者）[38]。

② 1978年の通達

> 4A. 精神的ハンディキャップのある者の取調べ
> (a) 警察官は、取調べの相手方（証人であると被疑者であるとを問わない）に精神的ハンディキャップがあるため、自己に対して発せられた質問を理解しているかどうかについて疑問があると思料されるとき又はとくに被暗示性に富むと思料されるときは、発問をし、その返答の信用性を確かめるにあたっては、とくに慎重に配慮しなければならない。この場合

においては、可能な限り、親若しくはその他当該相手方のケア、監護、監督にあたる者の立会い、又は警察官以外の第三者（たとえば、ソーシャル・ワーカー）の立会いの下でのみ、取調べが行われなければならない。
(b) 精神的ハンディキャップのある児童及び少年については、警察による取調べ及び逮捕は、上記・訓令4（少年の場合の立会いの規定：訳者注）の定めるところによる。
(c) その年齢に関わらず、精神的ハンディキャップのある者の取調べの結果を記載した書面に署名を求めるに際しては、供述をした本人だけでなく、取調べに立ち会った親その他の者にも、これを求めなければならない。それでもなお、精神的ハンディキャップのある者による供述の<u>信用性</u>には疑問が生じうるので、その者が認めた事実については、これを慎重に検討し、可能であれば補強証拠を得ておくことが必要である。

ここでも、親等の立会いの趣旨が、精神的ハンディキャップある者の供述の信用性を確かめるためのものである点を、あらためて確認しておくべきであろう（下線部参照）。そして、この規定を素材として、王立委員会は精神的ハンディキャップある者の供述の信用性を確保するための方策を検討し、その提言がAA創設へとつながっていったのである。

3　王立委員会の勧告

(1) 判定の困難さとそれを改善するためのガイドライン作りに向けた取組み

第三者の立会いを定めた上記4Aの規定について、王立委員会はまず、それが法的助言を受ける権利など被疑者一般が保障されている権利に加えて保障されたものであることを確認した上で、その権利保障の前提問題として、精神的ハンディキャップの有無の判定が現場の捜査官には非常に困難なものであることを、以下のように指摘した。

Para.4.106
我々が早急に対策を講じるべきであると考えているのは、精神的ハン

ディキャップがある者の問題である。内務省訓令4Aは、取調官に対し、相手方に精神的ハンディキャップがあるかどうか判断する責任を課している。このことが、取調官の立場を非常に困難なものにしている可能性がある。精神的ハンディキャップとは、専門家が診察室において診察する分には容易に判定しうる精神状況（a condition）であるかもしれないが、その場合ですら、その診断にはなお議論の余地がありうるところである。<u>まして、通常は素人的な感覚と経験しかない警察官が、しかも拘禁という圧力が生じている状況下でそのような診断をすることは、より一層困難な作業となる</u>（下線は引用者）。

　王立委員会としては、かかる判定が今後も取調官の裁量に依存せざるをえないことを認めたうえで、公聴会での意見聴取を踏まえ、かかる判定に関する研修を改善し、ひいてはその判定のためのガイドライン導入を目指すという観点から、警察官がもっと容易にそのような精神的な問題点を探知し、必要に応じて専門家の指示を求めることができるようにするための取組みがなされるよう勧告したのである[41]。

(2) その他の勧告

　それに続けてさらに、委員会は大きく分けて次の2点についても勧告した。まず第一点として、精神的ハンディキャップという問題を超えて、取調官がその相手方に対して少しでも「精神病」の疑いを持った場合には、その有無を判定するまでもなく、直ちに医師が呼ばれなければならないということである。第二点として、少年の場合にも同様の問題があったが[42]、第三者の立会いを制限しうる「可能な限り（as far as practicable）」という文言の内容を詳細に検討すべきであり、少年の場合同様、立会いなしに取調べが行われるのは（第三者の生命の危険がある等）緊急事態につきやむを得ない場合に限られるべきであること、また、このような例外的な取扱いがなされる場合の意思決定およびその記録の義務化についても、少年の場合同様に規定されるべきだということである。

4 第三者立会いの目的についての王立委員会の理解

　これらの勧告からは、第三者の立会いを積極的に推進しようとする王立委員会の意図を看取しうる。その背景には、コンフェイト事件等の冤罪事件への反省があることは明らかであろう。そのような反省は、第三者が立ち会うことの目的についても反映されているように思われる。そして、かかる目的について王立委員会は、ソーシャル・ワーカー（以下、SWと略す）との関係で次のように述べている。

　　ソーシャルワーカーの役割
　　Para.4.108
　　取調べ（interview）には、様々な立場のソーシャルワーカーが立合う場合もある（自治体のソーシャルワーカー、プロベーション・オフィサー、当該精神的ハンディキャップを持つ者に特別な責任を追う者）。それらの者の役割、責任及び義務の本質は、特に少年の取調べに立会う場合には、より一層明らかとなろう。その場合、当該少年をケアしているかどうかに関わらず、そしてまた、専門的には「親の代わりに（in loco parentis）」立会っているかどうかに関わらず、当該ソーシャルワーカーは、当該少年の親と同じ機能、つまり援助し助言するという役割を果たさなければならないし、当該少年と秘密に話す機会を保障されなければならない。一般的に言って、ソーシャルワーカーが取調べに立会うのは、その相手方（それが少年にせよ精神的ハンディキャップを持つ者にせよ）が、自己に対して発せられている質問を理解できるようにするためである。ソーシャルワーカーは法的助言者として行動しようとしてはならない。我々が提案しているのは、通常の勤務時間外にもソーシャルワーカーを常に派遣できるような態勢作りについて、自治体に何らかの義務を課すことが必要なのではないかということなのである（下線は引用者）。

　従来から指摘されているように、少年や精神的ハンディキャップを持つ

者は、被暗示性や迎合性が強いという心理的特性の故に、自己に対して発せられている質問の意味をよく理解しないまま、迎合的な供述をしてしまったり、そうでなくとも自己の主張や意見を正しく伝えられない場合が多い。まして、拘禁されている状況下ではなおさらであろう。王立委員会が、上記のように第三者立会いの目的を、拘禁された少年または精神的ハンディキャップを持つ者が質問の意味を理解できるようにするためと指摘し、そのための援助の必要性を説いたのも、それらの者の心理的特性が虚偽自白をもたらしやすく、他方でまた、そのような心理的・精神的な問題点を抱える被疑者は自己表現力に乏しい（端的に言えば、防御力が弱い）ことへの、深刻な反省の現われであると言うこともできるであろう。

5 小括

　本節では、少年及び精神的ハンディキャップを持つ青年の冤罪事件（コンフェイト事件）への反省が大きな契機となって、精神的ハンディキャップを持つ者の取調べにも、少年の場合と同様の第三者立会いの規定が創設されるに至ったこと、そこでは精神的ハンディキャップを持つ者の供述の信用性の担保（換言すれば、虚偽自白の防止）が立会いの趣旨・目的とされており、そのことがひいては手続の公正さの実現とも通底しうること、さらに他方で、特に精神的ハンディキャップを持つ者との関係では、王立委員会が設立される以前から、警察官による精神的ハンディキャップの有無の判定が困難であるという実務上の問題点が認識されてきたことを、AAが創設されるに至るまでの歴史的経緯を辿りつつ確認した。

　そこで次節では、かかる経緯を踏まえた上で、実際に創設されたAA制度の概要を運用規程の条文をもとに検討したうえで、あらためてAAが少年及び精神的ハンディキャップを持つ者の取調べに立会うことの趣旨を確認していくことにしたい。

第2節　AA制度の概要及び目的

1　AA制度の対象

　従来の立会い制度に関する規定と立法化されたAA制度との間には、その適用対象という点は1つの重要な違いがある。それは、従来の制度では第三者立会いによる援助の対象（つまり取調べの相手方）は必ずしも被疑者に限定されておらず、したがってその者が身体拘束されているかどうかを問わなかったのに対し、AAでは文言上明確に「逮捕・留置された被疑者」に対象が限定されていることである。

　このような違いが生ずるに至った背景については、必ずしもイギリスの文献で触れられているわけではなく、また、本節では議会での立法状況等についてまで詳細に検討する余裕はないが、PACEが制定されるに至った全体的な背景も踏まえるならば、差し当たり次のように考えられるのではないか。すなわち、PACEの制定を通じて従来の判例法や個々の法規範が体系化されたことに伴い、AAのような援助制度も、その対象を身体拘束された被疑者に限定したうえで、少なくともそれらの者に関する限りはAAの必要的な立会いを制度化したものと理解できるのではなかろうか[43]。その背景には、やはり過去の冤罪の主たる原因であった虚偽自白が、逮捕・留置された被疑者に対する取調べの中でもたらされたものであったこと、しかも、身体拘束されること自体が、ただでさえ精神的・心理的な問題を抱える被疑者への援助の必要性を格段に高めるものと認識されるに至ったからであろう[44]。

　これらの点を踏まえ、以下ではAAが逮捕・留置された被疑者[45]に対して適用される制度であることを前提に、その具体的な内容について紹介・検討する。なお、運用規程Cには付則Eとして「精神障害者及びその他の精神的な支援を要する者に関する規定の要約」も付されている。この付則は、知的障害者等に対するAA制度の概要を知るうえできわめて有用であり、本章でも末尾に【参考資料1】としてその邦訳を掲載することと

する。そして、本文中で運用規程の条文を参照するに際しては、それが要約中にも収録されている限り、運用規程本則とともに、要約中での条文番号もあわせて参照することとする。

2　知的障害者等の定義

　被疑者が逮捕され警察署に引致された場合（警察署に任意に出頭した後で逮捕された場合を含む。以下、同じ）、留置管理官（custody officer）[46]は、「被留置者が（その年齢に関わらず）精神障害者若しくはそれ以外の精神的な支援を要する者（mentally disordered or otherwise mentally vulnerable）であること又は自己に対する質問若しくは自己の返答の意義を精神的に理解することができない者であるとの疑いをもったとき、又は善意でその旨知らされたとき」は、当該被留置者を精神障害者又はそれ以外の精神的な支援を要する者として扱わなければならない（COP C 1.4,【参考資料1】規定1）。

　そこで、問題となるのは、いかなる者がそのような精神障害者又はそれ以外の精神的な支援を要する者に該当するかである。この点について、運用規程Ｃの指導注記（Notes for Guidance）1Ｇは、次のように規定している。

> 　『精神的な支援を要する者（mentally vulnerable）』とは、その心神の状態又は能力のゆえに、自分に対して言われていること、自分への質問又は自分の返答の意義を理解しないおそれがある被留置者をいう。『精神障害（mental disorder）』とは、1983年精神衛生法1条2項において、『精神病（mental illness）、精神の発達遅滞（arrested or incomplete development of mind）、精神病質（psychopathic disorder）、その他の精神の障害又は無能力（any other disorder or disability of mind）』として定義されているものをいう。[47]留置管理官が被留置者の心神の状態又はその能力について疑いを持ったときは、当該被留置者は精神的な支援を要する者として扱われ、AAが呼ばれなければならない。

　まず「精神障害（mental disorder）」から見ていくと、ここでは精神障

害のカテゴリが示されているだけで、たとえば「精神病（mental illness）」ひとつとっても、それが具体的にどのような症状を意味しているかは必ずしも明らかでない[48]。もっとも、精神病の典型的なものとしては統合失調症（Schizophrenia）を挙げることができるほか、「精神障害（mental disorder）」全体との関係で言えば、不安状態（Anxiety States）、うつ（Depression）、人格障害（Personality Disorders）なども挙げることができるである[49]。

　他方で、上記・1Gで最も示唆的なのは、「精神的な支援を要する者（mentally vulnerable）」という概念について定義されている点である。そこで、どのような場合に「その心神の状態又は能力のゆえに、自分に対して言われていること、自分への質問又は自分の返答の意義を理解しないおそれがある」と言えるかどうかが重要である。この点について示唆を得るためには、「精神的な支援を要する者（mentally vulnerable）」という文言が用いられるようになった経緯について見ておく必要がある。

　そもそもこの文言は、運用規程の制定当初から用いられていたわけではない。その制定当初に用いられていたのは、「精神的なハンディキャップのある者（mentally handicapped）」という文言である。それがPACE以前の内務省訓令の規定を踏襲したものであることは明らかであろう（その詳細については前節参照）。それが改正されたのは、2003年のことである[50]。その背景としては、たとえば学習障害（learning disabilities）のように[51]、1983年精神衛生法所定の精神障害に該当するとは必ずしも診断できない、その意味で新たに承認された障害ないしは心理的・精神的な要支援性（vulnerabilities）に対応するためであることを示唆する文献がある[52]。そうだとすれば、このような文言の改正は、心理学ないしは精神医学の進展に対して刑事司法もある程度柔軟に対応できるようにするためのものであったと評価することもできるであろう[53]。

3　AAへの通知及び出頭要請

　もともと逮捕・留置された被疑者には、自分が逮捕されたことを「友人、親族、知人、その者の福祉に関心があると思われる者」に通知さ

せる権利が保障されている（PACE 56条、COP C 5 'Right no to be incommunicado'）。これに加えて、逮捕・留置された者が知的障害者等に該当する（又はその疑いがある）と留置管理官が判断した場合には、少年の場合同様、留置管理官は、遅滞なく当該留置の理由及び被留置者の所在をAAに対して通知するとともに、AAに警察署へ出頭要請するものとされている。それについて、運用規程C 3.15は以下のように規定する。

> 被留置者が、少年、精神障害者又はその他の精神的な支援を要する者であるとき、留置管理官は、遅滞なく：
> - AA——に対し、以下のことを通知しなければならない。
>   ◇ 当該留置の理由
>   ◇ 被留置者の所在
> - 当該AAに対し、被留置者と面会させるため警察署への出頭を要請しなければならない。

　少年の場合と同様、AAと被疑者の「福利に関心がある者」とは重複している場合もあるし、そうでない場合もあろう。いずれにせよ、上記・逮捕を知らせる権利に加え、AAへの通知が必要的なものとして制度化されている点が重要である。他方、少なくとも被疑者自身の放棄が認められていないことから、AAへの通知、ひいてはその援助をもって要支援被疑者の権利と評価しうるかどうかは、理論的には難しい問題である。この点については、本書・第III部でも詳しく述べる。
　かかる通知をふまえて次に問題になるのが、そのような出頭要請をなすべきAAとは、つまりAAの担い手とはどのような人物を指すのかという点である。

4　AAの担い手

　これについて規定するのが、運用規程C 1.7及びその運用注記1D（並びに後掲【参考資料1】規定2）である。そこでは、次のように規定され

ている。

> AAとは、以下の者を意味する。
> (a) 少年の場合：
>   (i) 親、後見人、又は、少年が自治体若しくはボランティア機関（voluntary organization）の保護下にあるとき又は1989年児童法に基づく養護下にあるときは、当該自治体若しくは当該機関の者。
>   (ii) 自治体の社会福祉局のソーシャル・ワーカー。
>   (iii) そのいずれをも欠くときは、警察官又は警察に雇用されている者を除く18歳以上の責任ある大人（responsible adult）。
> (b) 精神障害者又はその他の精神的な支援を要する者の場合：
>   (i) 親戚、後見人、その他その者のケア若しくは監護に責任を負う者。
>   (ii) 精神障害者又は精神的な支援を要する人々の扱いに習熟（experienced）している者。ただし、警察官又は警察に雇用されている者を除く。
>   (iii) そのいずれをも欠くときは、警察官又は警察に雇用されている者を除く18歳以上の責任ある大人（responsible adult）。

　文言上は、(i) 親族等が優先的に規定されてはいるが、運用注記1Dによれば、原則として (ii) 所定の者を優先すべきものとされる。そこでは、次のように規定されている。

> 精神障害者又は精神的な支援を要する人々の事案において、AAは、そのような人々のケアへの習熟や訓練を欠く親族よりも、そのような習熟や訓練について資格を有する者である方が望ましい。ただし、当該被留置者が、資格のある第三者よりも親戚を望むとき、又は特定の人物がAAとなるのに反対の意思を示したときは、その実現が可能であるときは、その意思を尊重しなければならない。

なお、(a) 少年の場合とは異なり、(b) 知的障害者等の場合には、AA として誰を呼ぶかについて被留置者の選択権が文言上明記されている点が特徴的である。もっとも、少年の場合と同様、AA の出頭要請は、文言上は被疑者本人の権利行使（請求ないし意思表示）によるのではなく、いわば国家に対して義務づけるようなかたちで規定されている点に注意が必要であろう。この点の法的評価についても、本書・第 III 部であらためて検討する。

5 被疑者取調べに立ち会うまでの AA の主な役割

AA には、被疑者取調べへの立会い以外にも数多くの役割が期待されているが、[55]ここでは被疑者取調べを検討する前提として、AA 出頭後の権利告知への立会いについて概観しておく。

被逮捕者が警察署に引致された場合、一般に被疑者には、まず以下の諸権利が告知される（COP C 3.1）。

- 逮捕されたことを誰かに伝える権利
- ソリシターと内密に相談する権利及び無料で法的助言が受けられるということ
- 運用規程を参照する権利

この権利告知は、AA がすでに警察署に到着している場合にはその立会いの下で、まだ警察署に到着していない間に告知された場合には、AA が到着次第、もう一度その立会いの下で行われなければならない（COP C 3.17、後掲【参考資料 1】規定 3）。これらの権利等について記載した書面を被留置者に交付し、それに署名を求める場合も同様である（COP C 3.2-3.5、3.17）。

また、被留置者には、AA の義務には自己への助言と援助が含まれていること、そして AA とはいつでも内密に相談することができる旨が助言されなければならない（COP C 3.18）。その一方で、AA 自身は、被留置者本人が求めていない場合でも、本人の利益のために、法的助言を得るた

めソリシターを求めることができる（COP C 3.19、後掲【参考資料 1】規定 4）。法的助言が求められた場合には、原則として取調べを行うことはできず、継続中の取調べは中断されなければならないが（COP C 6.6）、さらに法的援助が得られた場合には、被留置者本人が望むのであればいつでも、AA のいないところでソリシターと内密に相談できる機会が与えられる（COP C Note 1E）。

　これらの立会いの意義について総括して言えば、AA の役割とは、（心理的・精神的な支援を要する）被留置者に助言や権利行使を助ける等の援助をすることによって、そこで自分になにが起こっているのか、なぜ起こっているのかを理解させることにあると言えるであろう[56]。そして、その最も重要な場面の一つが被疑者取調べであるということができる。

6　被疑者取調べにおける AA の立会いとその役割及び目的

(1) 被疑者取調べにおける AA の立会いに関する規定

　被疑者取調べへの AA の立会いについて、運用規程 C 11.15（及び後掲【参考資料 1】規定 8）は次のように規定している。

> 少年又は精神障害者若しくはその他の精神的な支援を要する者は、AA のいないところで刑法犯その他の犯罪への関与若しくはその嫌疑について取調べを受け、又は警告の下に作成された供述書面若しくは取調べ記録へのサインやその提出を求められてはならない。但し、パラグラフ 11.1 及び 11.18 から 11.20 が適用されるとき[57]はこの限りでない。指導注記 11C を参照。

　なお、被疑者取調べに先立って黙秘権告知が行われる場合、つまり「あなたは何も言う必要がありません。しかし、質問されたが何も答えなかった事柄に依拠して後に裁判所で弁論が行われた場合には、それによって不利に扱われることがあります」という警告がなされる際にも（COP C 11.1A, 10.1, 10.5）、やはり AA の立会いが必要であり、その警告が AA のいないところでなされていた場合には、AA の立会いの下で改めて警告し

直さなければならない（COP C 10.12）。

(2) 被疑者取調べにおける AA の役割

では、被疑者取調べにおいて AA に期待される役割とはなにか。この点について運用規程 C 11.17（及び後掲【参考資料 1】規定 9）は以下のように規定している。

> AA が取調べに立ち会っている場合、AA には以下のことが告知されるものとする：
> - AA には、単に傍観者として行動することが期待されているのではないということ；
> - AA が立ち会う目的とは：
>   ◇ 取調べを受ける者に助言をし
>   ◇ 取調べが適切かつ公正に行われているかを観察し
>   ◇ 取調べを受けている者とのコミュニケーションを促進することである。

条文上は「目的（purpose）」と表記されているが、機能的にはそれは取調べにおける AA の「役割」として理解すべきであろう。助言にせよ観察にせよコミュニケーションの促進にせよ、そもそもそれらが何のために必要かと問われれば、やはり（次に述べるように）要支援被疑者の供述の信用性を確保（換言すれば、虚偽自白を防止）するためと考えられるからである。以下、順次検討する。

まず、要支援被疑者に「助言」をするのは、AA の重要な義務の一つである（COP C 3.18）。そのために、要支援被疑者と AA とはいつでも内密に相談することができるし（同条項）、必要があれば取調べの中断を求めることもできる。[58]同様に、要支援被擬者に休憩が必要と思料する場合にも、中断を求めることができる。

次に、AA が、取調べが適切・公正に行われていないと感じた場合、例えば警察が、要支援被疑者を混乱させるような、反復的もしくは抑圧的

なやり方で発問した場合には、AA 自身がそれに介入できるのはもちろん、ソリシターによる法的助言が必要と思料する場合には、取調べの中断（break）を求めたうえ、要支援被疑者に代わって法的助言を求めることもできる（COP C 3.19、後掲【参考資料1】規定4）。その趣旨は、後掲【参考資料1】の指導注記 E1 によれば、「精神障害者又はその他の精神的な支援を要する被留置者の権利を守ることにある。それらの者は、自己に対して言われていることの重要性を理解しないからである」とされる。このことは、AA の役割には、要支援被疑者の権利の補完が含まれていることを意味している。

最後に、「取調べを受けている者とのコミュニケーション」とは、AA と被留置者とのコミュニケーションではなく、捜査官と要支援被疑者とのコミュニケーションを意味する[60]。ただし、ここでいうコミュニケーションとは、日本の捜査実務でしばしば示唆される、自白の獲得を目的とし、密室での被疑者との信頼関係の構築を前提とした取調べのあり方とは全く異なるというべきであろう。そこでは、要支援被疑者が自己の置かれた状況や自己への発問並びに自己の供述の意味を理解できるよう、徹底して警察からは独立した第三者からの援助、監視、そして介入が予定とされているからである[61]。他方で、純粋に第三者としてコミュニケーションを仲介するというよりは、被疑者の側に立った援助である点に鑑みれば、AA の役割を純粋に通訳として評価することも難しいであろう。この点については、本書・第 III 部でもあらためて検討する。

(3) 被疑者取調べに AA が立ち会う目的

では、そもそもこのような AA の立会いや役割はなぜ必要とされているのか。この点は、運用規程の文言にも示唆されている。運用規程 C 指導注記 11C（及び後掲【参考資料1】の指導注記 E2）は次のように規定している。

> 少年又は精神障害者その他の精神的な支援を要する人々は、しばしば信用性のある証拠を提供することもできるが、一定の状況下では、その意味

> を知らず又はそうすることを望まないのに、信用性がなく、誤解を招きやすく、又は自己負罪的な情報を提供する傾向が顕著である。そのような人物に質問する場合には、常に特別な配慮が払われるべきであり、相手方の年齢、精神状態もしくは能力に疑義がある場合には、AAが関与すべきである。信用性を欠く証拠を提供する危険があるため、可能な限り、承認を得た事実に関する補強証拠を得ることも重要である。

　このように、AAが立会い、援助・助言することの目的は、直接的には、要支援被疑者の供述の信用性を確保する点にあることを確認できる。そのことは、後掲【参考資料1】の指導注記E3において、「信用性を欠く証拠を提供する危険」を「最小限にするのがAAが立ち会うことの目的である」と明記されていることからも明らかであろう。そして、信用性を欠く証拠とは基本的に虚偽自白を指していると考えられるから、取調べにおけるAAの立会いの目的は、端的に言うと、虚偽自白の防止にあるということができるのである。

　もっとも、第1節でも指摘したとおり、AAが創設されるに至った経緯に即してその目的を敷衍するならば、虚偽自白を防止することによって手続の公正さを実現しようとするものと考えることができる。ただし、それらの目的を実現するアプローチとしては、前項（2）で紹介したAAの各種の役割に照らすならば、運用規程（ひいてはPACE）自身は、AAを完全にニュートラルな第三者として位置づけるというよりは、被疑者の側を積極的に支援する者として位置づけること（換言すれば、被疑者の側のエンパワメント）によって、それらの目的を実現しようとしているものというべきであろう。

　なお、このような立会いの目的については、さらに証拠法上の観点からも確認することができる。AAに関する証拠法上の問題及び関連する裁判例の詳細な検討は次章（本書・第6章）で行われるので、ここでは、ごく簡単にその概略を述べるにとどめる。

(4) 立会いがなかった場合の効果——自白排除との関係

　上記・運用規程 C 11.15 に違反して AA の立会いなしに取調べが行われた場合又は立会い自体はあったが有効な援助がなされなかった場合には、そこで得られた要支援被疑者の供述は、PACE 76 条（自白法則）[62]又は PACE 78 条（不公正に得られた証拠の裁量的排除）[63]に基づいて証拠から排除される場合がある[64]。後述のように、AA の立会いの有無の評価について、虚偽自白のおそれを一般的・類型的に疑わせる事情と考えれば前者が適用され、その点がやや相対的に評価された場合には、後者によって自白の証拠能力が補完的に判断されるという位置づけになる。そのため、いずれの条文が適用されるかは事案次第（具体的には、弁護人の主張や裁判所の判断次第）という面が残るが、近時の動向として比較的事案の集積が見られるのは後者（裁量的排除）のほうかもしれない[65]。もっとも、証拠排除の判断に関する裁判所の態度（特に後者における裁量行使の枠組み）は必ずしも定まっていない[66]。その点については、むしろ消極的な評価も存在している[67]。

　しかし、AA の立会いの有無を含む運用規程の不遵守が裁量的証拠排除の対象になりうるという事実は、AA の立会いもまた手続の公正さの担保と密接に関連していることが、司法的にも確認されたことを示唆するものでもある。第 1 節でも見たように、取調べが不公正なものであってはならないことは、AA が創設される以前からイギリスでも承認された法原則であり、それが PACE 法体系の下では否定されたと考えるべき理由は存在しない。むしろ、運用規程 C 所定の個々の準則が、その原則を具体化していると見るべきであろう[68]。したがって、AA 制度の究極的な目的もまた、手続の公正さと通底しているものと考えられるのである[69]。

　なお、精神的ハンディキャップのある者（mentally handicapped persons）の自白の信用性に関して、PACE には、その自白が第三者の立会いなくして得られた場合には、その自白を信用して被告人を有罪とするには特に慎重を要する旨を陪審に警告すべき旨の規定もある（PACE 77）[70]。ただし、AA の立会いとの関係では、上記のように主に PACE 76 条及び 78 条の問題として、すなわち証拠排除（日本的に言えば証拠能力）の問題として扱われ

るため、77条が問題となる事案はほとんどないとされる[71]。

7 小括

　本節では、第1節（AA創設に至る経緯）を踏まえたうえで、知的障害者等の逮捕・引致後、AAが警察署に出頭し、取調べに立ち会うまでの手続を中心としてAA制度を概観するとともに、被疑者取調べにおけるAAの役割を検討した上で、AAが被疑者取調べに立ち会う目的は、直接的には知的障害者等の供述の信用性を担保するため（端的に言うと、虚偽自白の防止）にあり、究極的には、それによって手続の公正さを担保しようとするものであることを明らかにしえたかと思われる。そして、その目的を実現するアプローチとしては、運用規程（ひいてはPACE）においては被疑者の側のエンパワメントが基本的に志向されていることを指摘した。
　そこで以下では、これまでの検討を踏まえて、知的障害者等に固有の運用上の問題点（第3節）、さらに運用上の問題点に対するイギリスの取組み（第4節）について順次検討を加えていくことにしたい。

第3節　知的障害者等の判定をめぐる問題

1　問題の所在 ── 被逮捕者数とAAの出頭状況

　AAが逮捕・留置された者を対象にする制度であることから、まずは統計データによりながら被逮捕者数を確認することからはじめよう。
　イギリス内務省の統計によれば、2009年度〜2010年度のイギリスにおいて認知犯罪（recorded crime）若しくは報告犯罪（notifiable offences）に関して逮捕された人員は、約138万6千人であった[72]。そのうち、10歳〜17歳の少年の数は約24万2千人で全体の約17%を占めていた[74]。現在では、少年にAAがつかない場合は稀であるといわれるから[75]、それらの被逮捕者にもほぼAAがついていたと考えてよいであろう。それを裏付

ける実証研究も複数存在している[76]。

これに対し、上記統計では、全逮捕者数に占める知的障害者等の人員は示されていない。おそらく、独立のカテゴリとして表示するほど数が多くないからであろう。したがって、その人員については、実証研究のデータ等を参照しながら推測するほかないように思われる[77]。そこで、たとえば、1991年に設立された「刑事司法に関する王立委員会」(以下、本章ではこれをもって王立委員会と略す)[78]の委嘱により知的障害者等の被疑者取調べについて実証研究を行ったグッドジョンソンによれば、研究対象となったサンプル事例のうち、知的障害者等に関して実際に警察によりAAが呼ばれた者の割合は4%に過ぎなかったとされる[79]。また、他の実証研究によれば2%[80]、さらには1%程度との調査結果もある[81]。

もっとも、このような2〜4%という数値に対しては、潜在的には15〜20%以上の者が精神的な問題を抱え、医療的なケアやAAによる援助を必要としているのではないかとも指摘されている[82]。また、そもそも一般の人口比と比べても、被留置者についてだけ2%というのは低すぎるとの指摘もある[83]。それに加えて、仮に知的障害者等と判定されても、それらの者に対するAAの供給レベルは、少年の場合よりもずっと低いと指摘する実証研究も存在する[84]。

これらの問題の背景には、知的障害者等に該当するかどうかに関する警察(医)の判定をめぐる問題がある。そこで、以下では、知的障害者等の判定をめぐる実際の運用とその問題点について、より詳細に検討していくことにしたい。

2 留置管理官による判断

上述のとおり(第2節3)、運用規程上、被留置者が知的障害者等に該当するかどうかについて判断権限を持っているのは、留置管理官である(COP C 1.4 and Note 1G)。したがって、留置管理官が被留置者の心身の状態又はその能力に疑義を持った場合には、直ちにAAが呼ばれなければならないはずである。

しかしながら、実際には、留置管理官がそのような疑いを持ったからといって直ちに AA が呼ばれるわけではなく、まず医師、とりわけ警察医（police surgeon）を呼び、その診断を求めるのが一般的な実務上の取扱いであるとされる。たとえば、複数の実証研究が、その研究対象となったサンプル事例のうち、知的障害者等が逮捕・留置された場合の約 3 分の 2 の事例でそのような取扱いがなされたと指摘しているほか、多いものでは 4 分の 3 以上（76%）と指摘しているものもある。

後述のように、このような運用に対しては運用規程違反との批判も強いが、他方で、その運用規程においても医師による診断が求められる場合も規定されていることから、問題の背景を検討する前に、まずそれらに関する規定を確認しておくことにする。

3 運用規程において医師による診断が求められている場合

運用規程において医師の関与が求められる場合として、二つの類型がある。それが(1)被留置者が精神病に罹患していると思料される場合と、(2) 1983 年精神衛生法 136 条に基づいて留置された場合である。以下、それぞれの条文を確認しておく。

(1) 被留置者が精神病に罹患していると思料される場合

この場合について主に規定しているのが、運用規程 C 9.5 である。そこでは、次のように規定されている。

【C 9.5】
　留置管理官は、被留置者が以下の各号に該当すると思料するときは、合理的に実行可能な範囲で速やかに、当該被留置者が適切な医療措置を受けることができるよう確保しなければならない。
　(a) 被留置者の身体に疾病があると思料するとき。
　(b) 被留置者が負傷しているとき。
　(c) 被留置者が精神病に罹患していると思料するとき。

(d) 被留置者が医療的措置を必要とすると思料するとき。
　本条は、被留置者自身が医療的措置を要求していないときであっても適用され、また、被留置者がすでに他の機関で医療的措置を受けているかどうかにかかわらず適用される。医療的措置が緊急に必要なとき、たとえば付則H所定の事項に該当するときは、直ちに最寄りの利用可能な医療の専門家または救急車が呼ばれなければならない。運用注記9Cも参照。[88][89]

　まず、運用規程において、このように被留置者への医療の提供が義務付けられていること自体は、積極的に評価すべきであろう。[90]この点に関しては、精神的な問題との関係だけでなく、身体的な負傷（b）や、さらには酩酊や薬物の影響が疑われる場合（〔d〕、付則H、運用注記9C）なども広くカバーしうるものとなっている点に注意を要する。
　もっとも、これらの各号の運用状況は必ずしも一様ではないようである。たとえば、医師には精神的な問題の性質と範囲について診断が求められることが多いとし、負傷や酩酊等は少数にとどまることを示唆する実証研究がある一方、[91]「警察医」の職務の大半は被留置者の診察であり（83％）、その中でも、身体の疾病・負傷を理由とするものが59％、酩酊・薬物関係が21％、精神病等が約10％などと指摘する実証研究もある。[92]
　なお、1983年精神衛生法136条（下記）との調整規定として、運用規程C 9.6がある。

(2) 1983年精神衛生法136条に基づいて留置された場合

　次に、1983年精神衛生法136条に基づいて留置された場合について規定するのが、運用規程C 3.16である。そこでは、次のように規定されている。

【C 3.16】
　1983年精神衛生法136条に基づいて精神障害者又はその他の精神的な支援を要する者が留置されたときは、遅滞なく判定（assess）が行われなければならない。警察署はやむを得ない場合にのみ保護の場所として用い

> られなければならないが、当該判定が警察署で行われるときは、公認の精神衛生の専門家 (an approved mental health professional) 及び登録医師 (registered medical practitioner) が遅滞なく警察署に呼ばれ、それを実施するものとする。運用注記9D参照 (当該判定は、可能な限り、病院等警察署以外の場所で行うべきことを要請)。適切な大人 (appropriate adult) は、当該判定手続では何の役割も期待されていないので、これに立ち会う必要はない。判定が終了し、その処遇又はケアが適切に手配されたときは、被留置者は同法に基づいて留置されてはならない。登録医師が診断して、当該被留置者は同法が対象とする精神障害者ではないと判定したときは、被留置者は直ちに釈放されなければならない。

　ここでは、AAが判定手続から明示的に除外されている点に注意を要する（このような文言は、少なくとも2008年改正時の運用規程Cには見られなかったものであるから、2012年の運用規程Cの改正で新たに盛り込まれた可能性がある）。いずれにせよ次の問題は、1983年精神衛生法136条に基づいて警察署に留置されるのはどのような場合かであるが、同法は次のように規定している。

> 　1983年精神衛生法136条（公共の場所で精神障害者を発見した場合）
> (1) 警察官が、公共の場所で、精神障害に罹患していると思料される者又は緊急のケア若しくは監護 (control) の必要があると思料される者を発見した場合において、その者の利益又は他者を保護するために必要と思料するときは、その者を上記135条所定の安全な場所へと引致することができる。
> (2) 本条により安全な場所へと引致された者については、登録医師の診察を受けさせ、かつ公認の精神衛生の専門家と面談させたうえで、その処遇又はケアに必要な手配をするために、72時間を越えない限度でこれを留置することができる。
> (3) 以下、略。

このように、1983年精神衛生法136条に基づいて留置される場合とは、精神障害者等が公共の場所で発見された場合に、いわば一時保護のようなかたちで警察署に留置される場合を指すものとして理解することができよう。そしてその場合、1983年精神衛生法によれば、被留置者の処遇又はケアに必要な手配をするために、登録医師と公認の精神衛生の専門家（同法が近時改正される前は公認のソーシャル・ワーカー）の両者が警察署に呼ばれなければならず、そのことが運用規程C 3.16でも承認されていると理解できるのである。

(3) 類型ごとの運用状況 ── 知的障害者等との関係

では、両者の類型は実際にはどのように運用されているのであろうか。

ここでは、AAの対象となる知的障害者等との関係でみてみると、たとえばある実証研究によれば、対象となったサンプル事例において知的障害者等と判定された者のうち、上記（2）の1983年精神衛生法136条に基づき留置されていた事例が約33％、犯罪の嫌疑で逮捕・留置されていた場合が約66％であった（したがってこの場合、上記〔1〕に基づき医師が呼ばれたものと考えてよいであろう）[93]。

そもそもAA制度も犯罪で逮捕・留置された者を対象としているのであるから[94]、AAとの関係で問題となるのは後者、すなわち、基本的に上記(1)に基づき留置されている場合（したがって、1983年精神衛生法により留置されている場合は除くもの）と考えてよいのではなかろうか[95]。

4 医師の診断内容とその背景

(1) 医師の診断内容

ある実証研究によれば、知的障害者等の場合のAAの出頭率は、少年の場合（91％）と異なり、66％とかなり低かった。そして、その主な理由として挙げられているのが、多くの場合で医師（おそらく警察医であろう）が、AAは必要ない又は留置を継続のうえ取調べをしても差し支えないと勧告したことによるものであるというである[96]。その勧告内容の内訳を多い

順にまとめると、以下のようになる。[97]

AA 必要	37%
AA 不要	30%
留置継続可能（Fit to be kept in custody）	30%
取調べ可能（Fit to be interviewed）	13%
病院での診察が必要（Hospital attention required）	9%
投薬許可（Medication allowed）	6%
留置中の定期的チェックが必要（Regular checks required）	4%

原注1：合計は100％ではない（医師から与えられた勧告をすべてカウントしている）。
同2：全190件（医師が関与した事例）

　この表で何よりも注目されるのが、医師の診断の中心を占めるのがAAの必要性判断だということである。もっとも、そのようなAAの必要性判断は、より大局的に見れば、留置継続の適合性及び取調べの適否をそれぞれ判断するに際して、投薬や病院への移送などと並んで付加される判断の一つと評価することも可能であろう（そのような意味で、上記・表の合計も100％ではないものと考えられる）[98]。
　なお、とくに警察医との関係では、取調べの適否の判断に際してロンドンとそれ以外の地方都市の警察署との間では、医師によるAAの必要性判断には大きな違いがあったことを指摘するものもある。その内訳は以下のとおりである。[99]

	ロンドン	それ以外の警察署
取調べ不適	1%	13%
AA 必要	23%	1%
記録なし又は取調べ適	76%	87%

　「記録なし又は取調べ適」との判断にはそれほど大きな違いはないが、それに該当しない場合に、「取調べ不適」とするか、「AA必要」とするかで判断が分かれるようである。その理由は調査者自身にも明らかでなく、また上記データも必ずしも一般化しうるものでないことも承認されている

が、少なくとも調査対象となったロンドン以外の警察署においては、医師が「AA 必要」と判断することには消極的な傾向が見られたことは否定できないであろう[100]。

(2) 医師による必要性判断の背景

しかしながら、このような運用に対しては、運用規程上は直ちに AA が呼ばれるべきものとされている以上、運用規程に反するとの批判も強い。そもそも運用規程上、AA の要請は医師の診断とは別個独立の要求であり、留置管理官が被留置者の精神的な状況に疑問を持てば、医師の判断を待つまでもなく、AA が直ちに呼ばれるべきものだからである[101]。このような実務の取扱いを図式的に示すと以下のようになる。

```
法規上：警察→ AA への出頭要請
運用上：警察→（医師）→ AA への出頭要請
```

では、なぜこのように医師を中間に介在させ、しかもスクリーニングするような方法がとられるのだろうか。ある実証研究によれば、このように留置管理官が直接 AA を呼ばないで、医師を介在させていわば間接的に（halfway house）AA の必要性を判断するという方法は、AA を呼ぶまでに要する多くの手間と時間を回避するのに役立っているとされる[102]。上述のように、少年の場合と異なり、知的障害者等の場合は、AA の担い手にも専門的スキルを持つ者が望ましいとされ、ただでさえ時間を要するソーシャル・ワーカー等の手配を、さらに困難なものとしてしまいがちだからである。そこからは、捜査の迅速性という利益が優先されているとの実態を容易に推測することができよう。

他方で、このような運用の背景として、精神的な障害の判定をするための研修が留置管理官には欠けているとも指摘されている[103]。警察官にとっての判定の困難さは AA が創設される以前から指摘されてきた問題ではあるが、しかし、そもそも被留置者の精神的な問題に気がついて医師を呼んでいるのは警察自身なのであるから、そのことは、多くの場合において

AAの必要性判断も警察自身がなしうることを示唆していると見る余地もある[104]。だからこそ、警察にとってのガイドラインの必要性が叫ばれてきたのである[105]。

このように、運用規程の文言に忠実であるならば、設けられるべきガイドラインの内容も、基本的に「警察（留置管理官）」を判断主体とし、その警察がAAの必要性を判断するための具体的事情が列挙されるべきものであったが、その後運用規程の中に付則として設けられたガイドライン（後掲【参考資料2】運用規程C付則G「取調べの適否」）は、「警察官及び医療の専門家（health care professionals）」の両者を名宛人とし、実質的には医療の専門家による判断・助言を踏まえて警察が判断すべきことを公的に承認する結果となった（とくに【参考資料2】の4、5、8などを参照）。それは、それ自体批判の強かった従前の実務・運用を追認するものにほかならない。学会の動向も含め、今後の展開を慎重に見守る必要があろう。

5　小括

本節では、知的障害者等に固有の運用上の問題として、知的障害者等に該当するかどうかの判定の問題を取り上げ、運用規程の文言とは異なり、運用上警察は医師による判断を介在させ、その助言・勧告を踏まえたうえでAAの必要性を最終的に判断していること、そしてそのような運用の背景には、現場の警察官にはそのような専門的な判断が困難な場合が多いこと、さらに実質的には、AAを呼ぶまでに要する多くの手間と時間を省略するという捜査の迅速性への傾斜をも看取しうることを明らかにした。

このように、イギリスは現在もなお、知的障害者等の判定という困難な問題を解決しえていないように思われる。しかも、医師の介在というかたちで、結果的にはAAの必要性自体をもスクリーニングする運用が公的に承認されるに至ったことにも留意すべきであろう。その分、潜在的に必要とされていたはずのAAへのニーズ自体がスクリーニングされ、結果的に虚偽自白をもたらす危険もまた解消されないことになってしまうから

である。

　もっとも、見方を変えれば、そのような本来的なニーズへの対応も含めた AA 制度の充実は、起訴前手続での制度論だけでは不十分であり（どうしても捜査の利益への譲歩の幅が広がらざるをえない）、さらに公判での証拠法上の取り扱いも含めた総合的・体系的な取り組みが必要であることを示唆しているようにも思われる。この点については、さいごに本章末尾のほか、本書・第 6 章及び第 III 部においてあらためて検討することとし、以下では、知的障害者等の判定も含めた AA の運用上の諸問題に対するイギリスの取り組みを紹介することにより、まずは起訴前手続における制度設計のあり方についてさらに検討を深めることにしたい。

第 4 節　運用上の諸問題に対するイギリスの取組み

1　AA 制度全体の運用をめぐる問題状況

　AA をめぐる運用上の問題点は、AA の迅速な供給（出頭）の確保と、取調べでの AA による実効的な援助の実現という二つに大別できる。もっとも、上述のように、知的障害者等の場合には、そもそもそれに該当するかどうかの判定が困難であることとも関わって、後者よりもむしろ前者の問題に重点があるように見受けられる。そこで、本節では主に前者の問題に焦点を当てながら、AA 制度の運用上の諸問題に対するイギリスの取組みについてみていくことにしたい。[106]

2　実際に AA として出頭した者の内訳

　まずは、被留置者が警察により知的障害者等と判定され（しかも実際には「AA が必要」と医師により勧告された後で）、AA として実際に出頭したのがどのような人物であったのかを、少年の場合と対比させながら確認しておこう。

上述のとおり（第2節4）、知的障害者等の場合と少年の場合とでは、AAの主たる担い手には文言上も違いがある。そしてその違いは、実際にAAとして出頭した者の内訳にも反映されているようである。ある実証研究で示された結果を、知的障害者等の場合を基準として多かった順に並べると以下のようになる。[107]

	知的障害者等	少年
ソーシャル・ワーカー	60%	23%
友人・隣人	16%	―（ただし「その他の責任ある大人」が8%）
親又は後見人	13%	59%
その他の親族	7%	8%
AAパネル	2%	1%
身元不明	2%	4%

少年の場合には親等の保護者が約6割を占め、ソーシャル・ワーカーは2割強にとどまっているのに対し、知的障害者等の場合には、逆にソーシャル・ワーカーが6割を占め、親その他の親族等は合わせて2割にとどまっている。[108]その理由はやはり、知的障害者等の場合には、そのような人々のケアへの習熟や訓練を有する者がAAとして要請されるべきとする、運用規程・運用注記1Dの規定が警察実務にも浸透するに至ったからであろう。そのこと自体は、もともとAAには、法的援助とは別個の（心理的・福祉的）援助が期待されていることに照らせば、[109]積極的に評価されるべきであろう。

もっとも、以下でも触れるように、そのような習熟や経験を有する専門家は必ずしも多くなく、したがって、運用規程が求めるような理想的な担い手の確保は、現実的には困難な面があることにも注意が必要である。そして、そのことが捜査の迅速性にとって一つの障害となり、ひいては知的障害者等の判定の問題にも影響を及ぼしていることは否定できないように思われる。

このように、知的障害者等の場合には、取調べにおける援助以前に、すでにAAの供給段階に大きな問題があり、その主たる原因として、警察

官にとって知的障害者等に該当するかどうかの判断が困難な場合が多いことと、知的障害者等に該当したとしてもその適切な担い手として専門的スキルのある者を確保するのが困難であるという二つの事情を挙げることができるであろう。

3 1993年王立委員会報告書

　AAをめぐるこれらの運用上の諸問題（取調べにおける援助も含む）に対しイギリスの公的組織として初めて正面から取り組んだのが、上記「刑事司法に関する王立委員会」であり、その成果として発表されたのが、1993年に発表された『報告書』であった[110]。もとより、その報告書自体はイギリス刑事司法の運用全体を全面的に再検討しようとするものであり、AAに割かれた箇所は全体からみればわずかにすぎないが[111]、それでも、その後の改革の方向性を示し、大きな影響を与えたという点では、なお重要な意義を有するものというべきであろう。

　その報告書の中では、王立委員会の委嘱により作成・提出された報告書での結果などを踏まえ[112]、現在の法規や実務の状況は、警察に留置されている間特にそこでの圧力の影響を受けやすい人々に対し、必要な助言や保護を十分に提供しえているとは言えないとし、AAとして要請されるに適した人々は誰か、そしてそれらの人々はどのような訓練を受けるべきかについて、より体系的なアプローチが必要であると指摘した[113]。そこでは、ビデオ上映によるAAの訓練や、AAの役割について書かれた冊子を警察署に到着後すぐに配布すること、さらにはAAの供給源として、AAにふさわしい人々から構成される地域パネルを設立することも示唆されている。

　かくして、内務省主催の学際的な特別調査委員会（working party）により、AAの役割、機能、資格、訓練及びその有用性について、包括的な検討がなされるべきであると勧告したのである[114]。なお、被疑者からAAに情報（典型的には自白）が伝えられる場合、その情報にはソリシターと同様の秘匿特権が得られるのかどうかについても、ルールの定立が必要である旨の勧告も出されている[115]。これら二つの勧告の要旨を訳出すると、以

下のとおりである。[116]

勧告72：AAの役割、機能、資格、訓練及びその有用性について、包括的な検討がなされるべきである。それに際しては、AAを必要とする人々のカテゴリが適切に運用規程Cに規定されているかどうか、および、AAの必要性を判断するに際して警察がより明確なガイドラインを必要としているかどうかが検討されるべきである。

勧告73：これらの問題を検討する委員会は、被疑者からAAに伝えられる情報の取扱いについてルールを提案すべきである。

4　AA検討委員会による勧告

　これらの王立委員会の勧告などを受け、18名よりなるAA検討委員会が内務省主導で1994年に設けられ、同委員会は1995年に報告書を発表した。[117]

　その報告書では、まず、中心的な検討事項であるAAの役割、機能、資格、訓練及びその有用性を検討する前提として、AAの役割を次のように確認している。すなわち、AAの本質的な役割とは、要支援被疑者が警察署に留置されている間、彼らの心理的特性（vulnerability）に起因する不合理な圧力に服さないよう援助することであるとし、実際にはAAは、要支援被疑者が他の被疑者と同じようにその状況に対処するのを援助することによって、彼らに公正さ（equity）を確保するよう援助すべきであるとしたのである（para.15）。[118]

　そのうえで委員会は13の勧告を行ったが、少年の場合も含め本稿との関係で重要なもの（文言の技術的な修正などを除く）を訳出すると、以下のようになる。[119]

- 勧告1：　PACEの適用範囲を17歳の少年も含めるよう改正すること。
- 勧告2：　被疑者とAAとの会話には、法的助言者と同等の特権が

- 勧告4： 特定の被疑者には誰が AA とされるべきかについてのガイダンスを設け、それを運用規程にも反映させるべきである。[120]
- 勧告5： 上記のような AA の役割が、簡潔かつ明確に運用規程に規定されること。
- 勧告8： 留置記録には、AA を呼ぶかどうかが検討されたかも記録すべきである。[121]
- 勧告9： 逮捕の状況が留置記録に記録されるべきである。[122]
- 勧告10： 被疑者が AA を必要とする場合には、常にソリシターも呼ばれるべきである。
- 勧告11： AA 自身だけでなく、警察のためにも、AA の役割・資格等についてガイダンスが設けられるべきである。
- 勧告12： 当該ガイダンスは、冊子やポスターを通じて警察署で AA に提供されるほか、警察官の訓練過程や、ソーシャル・ワーカーその他の専門家にも提供されるべきである。
- 勧告13： 内務省は、ボランティアを含めた地域の AA 供給パネルの設立に主導的な役割を果たすべきである。

　これらの勧告の中には、すぐに実現されたものもあったが（たとえば、上には訳出されていないが、運用規程の文言の技術的な改正〔勧告3及び6〕など）、その一方で、実現までに時間を要したものや（たとえば、勧告11、12、13）、いまだ実現されていないものもある（たとえば、勧告1、2、4、5、10など）[123]。勧告9についても、少なくとも運用規程の文言上は必ずしも実現されたとはいえないであろう。
　もっとも、勧告8については、既存の規定（運用規程 C 3.24）により運用上は一部実現されてきたと見る余地もないわけではないし[124]、とくに知的障害者等との関係では、付則 H（後掲・【参考資料2】）が設けられたことも、その内容の当否は別にしても、勧告内容の一部が実現されたものとして位置づけることが可能であろう。[125]

5 その後の展開

　AA制度全体としてみたとき、その大部分を占める少年との関係では、とくに効率化を基調とする一連の少年司法改革により、AAの供給体制は整備されつつあった[126]。しかしその一方で、知的障害者等の場合には、必ずしも十分な検討が進んでいなかったようである。たとえば、2002年に内務省と内閣本府（Cabinet Office）は、PACEに関する共同報告書を発表したが、その中でもAAに関しては、知的障害者等との関係でAAの供給の仕組みが立ち遅れていることが批判されていた[127]。

　もっとも、その後、上記・AA委員会の勧告13を踏まえ、内務省と「全国AAネットワーク（NAAN）」との協働により、少年の場合も含めて有用性のあるAA制度の実践が模索されており[128]、そのような流れの中ではとくに、AAの担い手としてボランティアの活用が広がっている点が注目される[129]。ボランティアの活用と取調べにおける実効的な援助の両立という問題も含め、今後の展開に注目する必要があろう[130]。

6 小括

　本稿では、AAをめぐる運用上の問題点を、AAの迅速な供給の確保と、取調べでのAAによる実効的な援助の実現という二つに大別したうえで、主に前者との関係で知的障害者等の運用状況及びそれに対するイギリスの取組みを概観した。前節でもみたように、イギリスが、AA制度創設以前から一貫して抱えてきた知的障害者等に該当するかどうかの判定の問題、そして仮にそれに該当するとしてもその後、適切な援助者として専門的スキルのある者を確保できるかどうかという問題は、とくに知的障害者等との関係でAAのような第三者立会いの制度の導入を検討するうえでは避けて通れない問題というべきであろう[131]。そこで、以下ではさいごに、日本法への示唆も含めAA制度導入に向けた課題と展望について述べることにしたい。

おわりに

1 総括

　本稿は、AA制度の沿革及び制度の概要に対する検討を通じて、AAが被疑者取調べに立ち会う目的は、直接的ないし第一次的には知的障害者等の供述の信用性を担保し、虚偽自白を防止することにあるが、究極的には、虚偽自白による冤罪を防止することによって手続の公正さを担保しようとする点にあることを明らかにした。
　しかしながらその一方で、知的障害者等の場合には、その固有の運用上の問題点として、そもそも知的障害者等に該当するかどうかの判定に困難があること[132]、そのような問題はAA制度創設以前から指摘されながら、現在のイギリスにおいても必ずしもその問題を解決するには至っておらず、むしろ医師の判断を介在させることによってAAの必要性自体をスクリーニングする運用がなされてきたこと、そして、そのような運用の背景には、警察官による判定の困難さもさることながら、実質的には捜査の迅速性への配慮も看取しうること、しかも、そのような運用が現在では公的に承認されるに至ったことを明らかにした。
　もっとも、そのような状況にありながら、イギリスではそれらの運用上の諸問題の解決に向けた不断の取組みが公私の機関の協働のもとでなされ、現在ではボランティアの活用も含めたAA制度活性化の兆しを看取しうることについても明らかにした。
　以上の検討結果を踏まえ、以下ではAA制度が知的障害者等との関係で有する日本法への示唆と、AA制度導入に向けた課題と展望について述べる。

2 日本法への示唆

　本章冒頭でも指摘したとおり、日本でも刑事手続における知的障害者等

の供述の任意性・信用性については、事実認定に際しての一つの注意則として、そのような供述者の属性への配慮が問題とされてきた。しかしながら、冤罪事件として顕在化する数が必ずしも多くないこともあり、そのような知的障害者等の心理的な特性への配慮が法的な準則として明文化されるには至っていない[133]。そのことは、同様に要支援被擬者として類型化されているにも関わらず、少年の場合にはたとえ警察の内部規範という法形式にせよ、そのような供述者の属性への配慮が一応は明文化されていること[134]と比べると、著しく立ち遅れた面があることは否定できない。

さらに、平成 16 年（2004 年）の刑訴法改正により、裁判官の職権による被疑者への国選弁護人の選任の要件として、「精神上の障害その他の事由により弁護人を必要とするかどうかを判断することが困難である疑いがある被疑者」（刑訴法 37 条の 4）という要件が承認されるに至った今日、知的障害者等の弁護権を実質的に保障するうえでも、AA 制度の導入を検討する必要性は格段に高まっているのではないだろうか。精神障害等の事情は、被疑者の親族などから行われる職権発動の申し出によって覚知することも十分にありうるからである[135]。

このように AA 制度を契機として被疑者の近親者による権利行使の援助という視点に立って考えてみると、実は要支援被疑者の虚偽自白を防止し、供述の自由を実質的に保障するには、それらの者に対する心理的・福祉的援助もまた重要であることが分かる。もともと自己の意見を他者に対して表明すること自体に困難がある者の場合には、自分の信頼する者、少なくとも自分と既知の人物の付添いを得ることによって、その供述の自由を妨げる心理的な圧力はかなりの程度解消されるとも期待できるからである。この点に関し 1981 年の王立委員会報告書において、少年の場合についてではあるが、次のように指摘されていた点が示唆的である。

　　（取調べに立会う第三者に関して）重要なのは、当該大人が少年と既知の人物であるということである。本質的なのは、少年が警察官以外の大人の立会いを得るということであって、その場合に当該大人は、親や後見人のように少年が信頼している誰かであること、あるいは

SWや学校の教員のように少年が知っている人物であることが大変望ましい。少年は、すぐには自分に質問されていることの意味や自分自身が話していることの意味を理解しないかもしれないし、大人よりも暗示にかかりやすい。少年は大人による援助を、つまり、味方になってくれて、助言し、意思決定を助けてくれる誰かを必要としているのである[136]。

　少年の場合にせよ、知的障害者等の場合にせよ、その知的・精神的な能力の故に被疑者取調べにおいては一般的・類型的に迎合性・被暗示性が強く、従って虚偽自白をしやすいという心理的特性は共通している。そうだとすれば、王立委員会が指摘する、（弁護人以外にも）自己の信頼する人物、少なくとも既知の人物による援助を受けるという点は、それらの要支援被疑者の供述の自由（換言すれば、その手続主体性）を保障するうえで、本質的な要素の一つと位置づけることができるのではないだろうか。しかも、上記・引用の末尾でも言及されているように、そのような援助が、あくまで要支援被疑者の側のエンパワメントとして想定されていた点も重要であろう。これらの点は、弁護人が（多くの場合保護者の分まで）福祉的な援助をも担わざるをえない日本において、法的援助と心理的・福祉的援助との機能分化の重要性をも気づかせてくれる。

　その一方で、AA制度のような第三者立会い制度の存在は、要支援被疑者が冤罪に陥るのを防止するためには、いわゆる取調べの可視化だけではその供述の任意性・信用性の確保にも限界がありうることをも示唆しているのではないだろうか[137]。その意味では、AA制度の導入の検討は、今日の日本の刑事手続法において喫緊の課題と言っても過言ではないように思われる。なお、この点に関し、近時の日本でも試行的に弁護人以外の第三者の立会いも試行されてきているが、この点の評価については後述する（本書・第7章）。

3 AA制度導入に際しての法的根拠

では、AA制度を日本にも導入するとした場合、その法的根拠をどこに求めるべきか。

まずはイギリスでの制度趣旨をあらためて確認しておくと、上述のように、直接的には知的障害者等の供述の信用性を確保（換言すれば、虚偽自白を防止）することだが、さらにその上位の目的として、冤罪の防止による手続の公正さの確保という点も志向されていた。手続の公正さの内実については、被疑者・被告人の利益というよりも、むしろ各当事者の利害を超えた高次の利益として、[138]とりわけ公正な司法の運営という利益として理解することも不可能ではないであろう。[139] しかし他方で、現在のAA制度には、内務省自身によっても、被疑者の権利行使（弁護権や黙秘権など、成人の健常者一般に保障される権利）を実質的に援助するという役割が期待されてもいる。[140] その関係を整理するなら、被疑者自身の権利行使を積極的に支援することによってその供述の信用性が確保（虚偽自白が防止）され、そのことがひいては手続の公正さの担保（冤罪の防止）にもつながると、さしあたり理解できるのではないだろうか。

ひるがえって、日本へ導入する場合の法的根拠を考えた場合、どのように解すべきか。まず、精神障害や知的障害などの供述者の属性に着目した規定という点では、被疑者国選弁護制度に関する上記・刑訴法37条の4が想起される。しかも、そのような規定を創設する契機となった『司法制度改革審議会意見書』（平成13年6月）においても、「刑事司法の公正さの確保という点からは、被疑者・被告人の権利を適切に保護することが肝要であるが、そのために格別重要な意味を持つのが、弁護人の援助を受ける権利を実効的に担保することである」として、被疑者の権利保障を通じた公正な手続の実現が志向されているという点で制度趣旨にも相当程度の親和性が認められよう。[141]

もっとも、AA制度は弁護権保障のみを目的とする制度ではなく、むしろ黙秘権を含めた防御権全般の補完を目指すものである。しかも、AA制度が「逮捕後」の「必要的」な関与を「警察官」に対して要求するものである点で、「勾留請求時」の「裁判官」に対して「職権的」（したがって裁

量的）な「弁護人」の選任を認めるにとどまる現行刑訴法37条の4とは、制度の内容としてはいまだ大きな差異があることは否定できない[142]。また、AA制度の趣旨に即して考えるならば、刑訴法37条の4の対象には少年も含まれてよいはずであるが、その点でもなお検討の余地を残している。いずれにせよ、手続の公正さの確保という根本的な趣旨に立ち返ったうえで、法規根拠の検討と制度の構築を模索し続けていくことが必要であろう。

ところで、そもそも手続の公正さと一口に言っても、イギリスにおいてもそれが個別・具体的な実定法上の根拠を有するかどうかは必ずしも明らかでない面もある。ただし、現在のイギリスでは、すでに「1998年人権法(Human Rights Act 1998)」により国内法にも受容されたヨーロッパ人権条約の6条（公正な裁判を受ける権利〔Right to a fair trial〕）を重要な実定法上の根拠の一つとして挙げることができよう[143]。そして、同条項がイギリス刑事証拠法においても憲法規範的な性格を持ち[144]、また内容的にも「いわゆるデュー・プロセスの法理を規定したもの」であるとするなら[145]、日本の場合には憲法31条の問題として位置づけるのがイギリスでの議論と最も親和性を有するのではあるまいか[146]。さらに、適正手続の理念のもと、「基本的人権の尊重によって貫かれる公正・適正な手続」という観点が刑訴法解釈の指針として主張されてきたことに鑑みても[147]、憲法31条以下及び刑訴法で保障された個々の権利（換言すれば、被疑者の主体性）を実質的に保障するものとして、AA制度の導入を図ることは十分に可能であるように思われる[148]。なお、この点については、本書・第8章でもあらためて検討する。

4　AA制度導入に向けた実際上の課題と展望

第4節及び第5説でみてきたように、知的障害者等との関係でイギリスが現在も抱える最大の課題は、知的障害者等に該当するかどうかの判定をめぐる問題であった。AAを日本にも導入するとなれば、この問題が運用上の最大の問題となることは容易に想像しうる。そこで、さいごにこの点を中心に今後の課題と展望について述べてみたい。

そもそもイギリスでも、この判定の問題をめぐっては様々な取り組みが

なされてきたものと考えられる。しかしながらその結果は、これまでたびたび触れてきたように、被疑者自身の利益というよりは警察側の利益を優先させるようなかたちで収束しつつあるように思われる。そして、制度論として見た場合、その原因は、知的障害者等と判定するかどうか、そしてAAを呼ぶかどうかの判断が最終的には警察の裁量に委ねられている点に求められるであろう。

　この点に関し、すでに1970年代にフィッシャー・リポートにおいて、第三者の立ち会いがないまま取調べが行われた場合にそこで得られた証拠上の取り扱いについて、絶対的（少なくとも裁量的）な証拠排除の必要性が提案されていた点が示唆的である[149]。そして、その実質的な根拠としてフィッシャー自身は、「子ども・少年及び精神的なハンディキャップを持つ人々の保護は、警察官に精神的なハンディキャップを判断する能力があるかどうかや、親その他の独立した第三者を立ち会わせることが可能だったかどうかといった点には依存すべきでない」と提言したのであった[150]。

　このようなフィッシャーの提言がその後のイギリスにおいてどの程度実現されているのかは、別途慎重な検討を要する課題ではある。しかし、フィッシャーの指摘は、制度本来の趣旨に後退を迫るような運用に陥らないためには、それに違反した場合の証拠法上の取り扱いについて、事前に十分に配慮しておく必要があることを我々に示唆しているのではないだろうか。そして、このようなフィッシャーの指摘は、AA制度の日本への導入可能性について考えた場合、より一層深刻な重みを持つ。イギリスよりも起訴前の身体拘束期間がかなり長く、かつまた被疑者取調べへの依存度も高い日本にAA制度を導入した場合には[151]、イギリス同様に、あるいはそれ以上に捜査機関側の利益（とりわけ捜査の迅速性）を優先させる運用に陥る可能性が高いからである。

　そうだとすれば、日本におけるAA制度の設計に十全を期するためには、制度やその運用の紹介・検討に終始するだけではなく、さらに、運用規程に違反した場合の証拠法上の取り扱い（端的には、その場合の自白の取り扱い）について詳細な検討を加えることが不可欠である。次章（本書・第6章）は、その課題に取り組むものにほかならない。

第5章　知的障害者等の取調べと AA 制度

【参考資料1】運用規程 C 付則 E「精神障害者及びその他の精神的な支援を要する者に関する規定の要約」

1. 留置管理官は、被留置者が（その年齢に関わらず）精神障害者若しくはその他の精神的な支援を要する者であること又は自己に対する質問若しくは自己の解答の意義を精神的に理解することができない者であるとの疑いをもったとき、又は善意でその旨知らされたときは、当該被留置者は、本規範においては精神障害者又は精神的な支援を要する者として扱われる。パラグラフ 1.4 参照。

2. 被留置者が精神障害者又はその他の精神的な支援を要する者であるときは、「AA」とは、以下の者をいう：
   (i) 親戚、後見人、その他その者のケア若しくは監護に責任を負う者。
   (ii) 精神障害者又は精神的な支援を要する人々の扱いに習熟 (experienced) している者。ただし、警察官又は警察に雇用されている者を除く。
   (iii) そのいずれをも欠くときは、警察官又は警察に雇用されている者を除く 18 歳以上の責任ある大人 (responsible adult)。
   パラグラフ 1.7 (b) 及びノート 1D[152] 参照。

3. 留置管理官が、精神的な支援を要する者又は精神病に罹患していると思料される者の留置を許可したときは、当該留置管理官は、実行可能な限り速やかに、AA に対し、当該留置の理由及び被留置者の所在を通知し、警察署に出頭して被留置者と面会するよう求めなければならない。もし AA が：
   - すでに警察署に出頭しているとき、パラグラフ 3.1 から 3.5 所定の権利告知（弁護権等：訳者注）は、その立会いの下で行われなければならない。
   - まだ警察署に出頭していないときは、パラグラフ 3.1 から 3.5 所定の権利告知は、AA が到着次第、もう一度その立会いの下で行われなければならない。
   - パラグラフ 3.15 から 3.17 参照。

4. 法的助言の権利を告知されたあとで、AA が、法的助言が必要であると思料するときは、当該精神障害者又は精神的な支援を要する者が法的助言を求めたものとみなして、セクション 6 の規定を適用する。パラグラフ 3.19 及びノート E1 参照。

5. 被留置者が精神病に罹患していると思料されるとき、留置管理官は、合

理的に実行可能な限りで速やかに当該被留置者が適切な診療が受けられるよう手配し、緊急の場合には直ちに直近の専門医又は救急車を呼ばなければならない。ただし、これらの措置は、1983年精神衛生法136条が適用可能な場合に、同条項に基づく被留置者の安全な場所への移送を遅らせるものであってはならない。同法に基づく判定（assessment）が警察署で行われるとき、留置管理官は、被留置者に対する最初の医療チェックを行うために適切な専門医を呼ぶべきかどうかを検討しなければならない。パラグラフ9.5及び9.6参照。

6. 〔訳注：本条についてはまだ、本則である運用規程C 3.16の改正が反映されていないようである〕。1983年精神衛生法136条に基づいて精神障害者又はその他の精神的な支援を要する者が留置されたときは、遅滞なく判定（assess）が行われなければならない。当該判定が警察署で行われるときは、公認のソーシャル・ワーカー（an approved social worker）及び登録医師（registered medical practitioner）が遅滞なく警察署に呼ばれ、被留置者と面接及び診断するものとする。被留置者と面接及び診断のうえ、その処遇又はケアが適切に手配されたときは、被留置者は同法に基づいて留置されてはならない。登録専門医が診断して、当該被留置者は同法が対象とする精神障害者ではないと判定したときは、被留置者は直ちに釈放されなければならない。パラグラフ3.16参照。

7. 精神障害者又はその他の精神的な支援を要する者が、AAの立会いのないところで取調べ前の警告を告知されたときは、当該警告はAAの立会いのもとで繰り返されなければならない。パラグラフ10.12参照。

8. 精神障害者又はその他の精神的な支援を要する者は、パラグラフ11.1又は11.18から11.20が適用される場合を除き、AAの立会いがないところで取調べを受け又は供述書面に署名若しくはその提出を求められてはならない。パラグラフ11.1又は11.18から11.20が適用される場合の取調べも、危険を回避するのに十分な情報が得られたときは、以後AAの立会いがないまま続けられてはならない。パラグラフ11.1又は11.18から11.20に基づいて取調べが行われるときは、その理由を記録に残さなければならない。パラグラフ11.1、11.15又は11.18から11.20参照。

9. AAが取調べに立ち会っているとき、AAには、単に傍観者として立ち会っているのではないこと、その立会いの目的は以下の点にあることを告げなければならない。

- 取調べを受けている者に助言すること
- 取調べが適切かつ公正に行われているかを観察すること
- 取調べを受けている者とのコミュニケーションを促進すること

パラグラフ 11.17 参照。

10. 精神障害者又はその他の精神的な支援を要する者の留置に関し、留置審査官（a review officer）又は警視（superintendent）による審査が行われるとき、すでに AA がついている場合には、これらの審査官は、留置継続の必要性について AA から意見を聴取する機会を設けなければならない。パラグラフ 15.3 参照。
11. 留置管理官が、精神障害者又はその他の精神的な支援を要する者を犯罪で訴追（charge）するとき、又は訴追するための十分な証拠が存在している場合に他の適切な措置をとるときは、AA の立会いのもとでこれを行わなければならない。訴追の内容を明らかにする書面は、AA に対して渡さなければならない。パラグラフ 16.1 から参照。
12. 精神障害者又はその他の精神的な支援を要する者に対する身体の秘部への捜索又は着衣を脱がしての捜索は、同性の AA の立会いの下でのみ行うことができる。ただし、当該被留置者が特定の異性の立会いを求めたときは、この限りでない。着衣を脱がしての捜索は、当該被留置者本人にとって又は他者に対する深刻な危害の危険が存在する緊急の場合に限り、AA の立会いがなくとも行うことができる。付則 A、パラグラフ 5 及び 11（c）参照。
13. 留置房にいる精神障害者又はその他の精神的な支援を要する者に対して拘束器具を課すかどうかを決定するに際しては、慎重な考慮を払わなければならない。パラグラフ 8.2 参照。

指導注記（Notes for guidance）

E1.「パラグラフ 3.19 の目的は、精神障害者又はその他の精神的な支援を要する被留置者の権利を守ることにある。それらの者は、自己に対して言われていることの重要性を理解しないからである。それらの被留置者が法的助言の権利の行使を望むときは、しかるべき措置がとられなければならず、AA が到着するまで遅延されてはならない。精神障害者又はその他の精神的な支援を要する被留置者が望むときは、AA が警察署に呼ばれている場合であっても、AA のいないところでソリシターから内密に助言を受ける機会が常に与えられなければならない。」

E2.「精神障害者又はその他の精神的な支援を要する人々は、しばしば信用性のある証拠を提供することもできるが、一定の状況下では、その意味を知らず又はそうすることを望まないのに、信用性がなく、誤解を招きやすく、又は自己負罪的な情報を提供する傾向が顕著である。そのような人物に質問する場合には、常に特別な配慮が払われるべきであり、相手方の精神の状態又は能力に疑義がある場合には、AAが関与すべきである。信用性を欠く証拠を提供する危険があるため、可能な限り、承認を得た事実に関する補強証拠を得ることも重要である。」

E3.「上記ノートE2のような危険（「信用性を欠く証拠を提供する危険」：訳者注）があるため――その危険を最小限にするのがAAが立ち会うことの目的であるが――、警視以上の階級の警察官が、重大な緊急の危害を避けるのに必要となる例外的な場合にのみ、その裁量により、AAを立ち会わせないで取調べを開始する権限を行使しなければならない。」

【参考資料2】運用規程C付則G「取調べの適否」

1. 本付則は、被留置者が取調べにおいて保護を要する状態（be at risk in an interview）にあるかどうかについて、警察官及び医療の専門家（healthcare professionals）が判定するのに資するため、一般的なガイダンスを設けるものである。

2. 次の各号のいずれかに該当すると思料するとき、被留置者は取調べにおいて保護を要する状態にあるものとして扱ってよい：
   (a) 取調べにより、当該被留置者の身体又は精神の状態が著しく害されるおそれがあるとき；
   (b) 取調べの対象となった犯罪への関与又はその嫌疑についてした供述が、当該被留置者の身体又は精神の状態を理由に、後の公判において信用性を欠くと判断される可能性があるとき。

3. 取調べの適否を判定するに際しては、次の各号が検討されなければならない：
   (a) 被留置者の身体又は精神の状態が、当該取調べの性格（nature）及び目的を理解する能力にどれくらい影響を及ぼす可能性があるか、問われていることを理解する能力にどれくらい影響を及ぼす可能性があるか、並びにそれに対する答えの意味を理解し、供述するかどうかの理性的な意思決定をする能力にどれくらい影響を

及ぼす可能性があるか；
　　（b）当該犯罪への関与について合理的で正確な説明ができるかどうかよりも、被留置者の返答が、その身体又は精神の状態の影響をどの程度受けているかどうか；
　　（c）当該取調べの性格（特に確認的な質問（probing questions）など）が、被留置者にどれくらい影響を与えるか。
4. 肝要なのは、相談を受けた医療の専門家が、単に医療的な診断に依拠するだけでなく、上記のような被留置者の能力（例えば、精神病に罹患している者の取調べへの適否）について判断するということである。
5. 医療の専門家は、次の事項について助言しなければならない。すなわち、AA が立ち会う必要があるかどうか、取調べが所定の時間を越える場合に、相手方の取調べへの適否を再判定する必要があるかどうか、及び他の専門家の意見を求める必要があるかどうか。
6. 医療の専門家により要保護状態にあると判定されたとき、当該専門家には当該状態についての詳しい説明が求められなければならない。その際、留置管理官に対しては以下の点について説明しなければならない。
（ア）当該被留置者の状態が：
　① 快方に向かう可能性があるかどうか；
　② 処置を必要とし又はそれに応ずるかどうか；及び
（イ）快方に向かうまでにどれぐらいの時間を要するかどうか。
7. 医療の専門家の役割は、要保護状態について判断し、その判断結果を留置管理官に知らせることである。医療の専門家の判断及びその助言若しくは勧告は、書面で残し、留置記録に編てつされなければならない。
8. 医療の専門家の判断が示された後、取調べの開始を許可するかどうか、取調べの継続を認めるかどうか、どのような保護措置が必要かどうかを判断するのは、留置管理官である。本規程所定の措置に加えて、さらに保護措置を提供しても差し支えない。たとえば、被留置者の状態及び取調べによる影響を継続的に観察するためには、AA に加えて適切な医療の専門家を取調べに立ち会わせることも可能である。

〈注〉

1　精神保健及び精神障害者福祉に関する法律第5条では、「精神障害者」の中に「知的障害」も含めて定義されているが、本書では、手続上の問題が顕在化しやすい類型として、知的障害者で代表させることとした。なお、近年裁判例でしばしば問題となっている発達障害なども、ここでの知的障害者「等」に含めて考えるべきであろう（この点の詳細については、本書・第3章も参照）。

2　静岡地判平1・1・31判時1316号21頁、判タ700号114頁、LEX/DB: 27921119（確定した再審無罪判決）。被告人は「軽度の精神薄弱者」であったとされる。

3　これは知的障害者が犯人とされ有罪判決が確定した事件であるが、関係者によって冤罪であることが強く訴え続けられている。たとえば、浜田寿美男『ほんとうは僕殺したんじゃねえもの——野田事件・青山正の真実』（筑摩書房、1991年）、同『取調室の心理学』（平凡社新書、2004年）133頁以下ほか参照。

4　精神発達遅滞と判定された被告人の自白の任意性・信用性が問題となった比較的近時の事例として、たとえば、仙台高秋田支判平9・12・2季刊刑事弁護16号（1998年）126頁ほか参照。なお、知的障害者等の心理的特性については、たとえば共犯者供述の信用性に関する指摘ではあるが、司法研修所編『共犯者供述の信用性』（法曹会、1996年）51頁以下参照。また、最判昭43・10・25刑集22巻11号961頁（いわゆる八海事件第3次上告審判決）も、一般論としてではあるが、「供述証拠は、物的証拠と異なり、まずその信用性について、供述者の属性（事件と無関係で供述者に本来的なもの、例えば能力、性格）及び供述者の立場…の全般にわたり充分な検討を加え、もつて信用性の存否を判断した上、その供述の採否を決しなければならない」と指摘する（977頁）。

5　浜田・前掲注（3）『取調室の心理学』136頁は、「わが国の法曹界は知的障害の問題を、ほとんどといっていいほど理解していない」と指摘する。なお、聴覚障害者の問題については、松本昌行ほか『聴覚障害者と刑事手続』（ぎょうせい、1992年）が刊行されている。

6　その好例として、大阪弁護士会（編）『知的障害者刑事弁護マニュアル』（Sプランニング、2006年）がある。なお、民事事件については、（旧）名古屋弁護士会「知的障害者民事弁護実務マニュアル」（2002年）があり、これについては愛知県弁護士会のホームページ内で参照可能である。
（http://www.aiben.jp/page/frombars/katudou/k-09aiz/titeki/titeki-top.html）

7　宇都宮地判平17・3・20 LEX/DB 28 105419（公訴事実の一部〔強盗事件〕について真犯人が現れたため、無罪論告のうえ無罪判決が言渡され、確定した事件）。この事件の内容については、山本譲司『累犯障害者』（新潮社、2006年）61頁以下が詳しい。なお、この事件については、後に被告人側から県と国などに対して本件誤認逮捕・起訴をめぐって国賠訴訟が提起され、平成20年（2008年）2月28日、宇都宮地裁は県と国に対して慰謝料100万円を命じる判決を出

8 たとえば、山本譲司『獄窓記』（ポプラ社、2003年）173頁以下及び同・前注『累犯障害者』のほか、研究者の論考として、浜井浩一『刑務所の風景』（日本評論社、2006年）第1章、第4章ほか参照。
9 平成22年（2010年）の矯正統計（法務省のホームページで入手可能）によれば、平成22年中の新受刑者（総数27,079人）のうち、知的障害、人格障害、神経症性障害、その他の精神障害の診断を受けた者は計2,243人で約8.6％にとどまるものの（それでも漸増傾向にあるが）、知能指数（IQ）の観点から見ると、知的障害の一つの目安とされるIQ70未満の者は22.6％（6,123人）おり、これにテスト不能者1,173人を加えれば、約27％（7,296人）にも及ぶ。従って、テスト不能者も含めて考えてよいとすれば、新受刑者の3割弱が知的障害者として認定されるレベルの者ということになる。この点については、山本・前掲注(7)『累犯障害者』13頁も参照。なお、知的障害の定義および知能指数に基づく分類等については、たとえば、鴨下ほか編『改訂矯正用語辞典』（東京法令出版、2009年）244頁ほか参照。
10 前掲注(6)『知的障害者刑事弁護マニュアル』8頁。
11 同条約1条2項参照。なお、日本政府も2007年9月に同条約に署名しており、条文（原文及び政府仮訳版）については、下記の外務省のホームページで参照することが可能である。もっとも、2012年8月現在、いまだ同条約の批准には至っていない。
http://www.mofa.go.jp/mofaj/gaiko/treaty/shomei_32.html
12 たとえば、日本弁護士連合会人権擁護委員会編『障害のある人の人権と差別禁止法』（明石書店、2002年）特に298頁以下のほか、近時のものとしては、内田扶喜子ほか『罪を犯した知的障がいのある人の弁護と支援』（現代人文社、2011年）、内田扶喜子（編）『障害者弁護ガイドブック』（現代人文社、2012年）など参照。
13 同意見書については、たとえば、以下のURLでも参照が可能である。
http://www.kantei.go.jp/jp/sihouseido/report/ikensyo/index.html
14 本章においても、従前同様イングランド及びウェールズを指す。以下、同じ。
15 この制度は、心理学の領域からも注目されている。たとえば、村山満明「『傷つきやすい人々』の供述とその被暗示性」法と心理学会・目撃ガイドライン作成委員会（編）『目撃供述・識別手続に関するガイドライン』（現代人文社、2005年）234頁以下参照。
16 上述の「意見書」でも、「刑事司法の公正さの確保という点からは、被疑者・被告人の権利を適切に保護することが肝要である」とする（Ⅱ．第二の2(1)ア）。
17 1984年の制定当初の邦訳として、三井誠＝井上正仁（編）『イギリス警察・刑事証拠法／イギリス犯罪訴追法』（法曹会、1988年）があるほか、同法に関する代表的な研究として、ジュリスト937号（1989年）から連載がはじまったイ

ギリス刑事司法研究会「イギリス刑事司法の改革」がある。
18 制定当初の運用規程の邦訳として、渥美東洋「イギリスの警察および刑事証拠法の『運用規程』（一）〜（四・完）」判例タイムズ 595-599 号（1986 年）があるほか、比較的近時の運用規程の一部を訳出したものとして、渡辺修・山田直子監修『取調べ可視化――密室への挑戦』（成文堂、2004 年）35 頁以下及び 84 頁以下がある。
19 Royal Commission on Criminal Procedure, *REPORT*（Cmnd.8092, 1981）（以下、REPORT で引用）。この報告書に関する日本での紹介として、井上正仁・長沼範良「イギリスにおける刑事手続改革の動向（一）〜（四）」ジュリスト 765-770 号（1982 年）がある。
20 Michael Zander, *The Police and Criminal Evidence Act 1984*（5th Ed., Sweet & Maxwell, 2005), at viii. 日本での紹介として、例えば、三井誠「イギリス刑事司法の改革（1）改革の概要」ジュリスト 937 号 63 頁（1989 年）ほか参照。
21 David Brown, Tom Ellis and Kare Larcombe, *Changing the Code: Police detention under the revised PACE codes of practice*（Home Office Research Study No. 129, 1992), at 70.
22 *See, Report of an Inquiry by the Hon. Sir Henry Fisher into the circumstances leading to the trial of three persons on charges arising out of the death of Maxwell Confait and the fire at 27 Doggett Road, London SE6*（HMSO, 1977)（以下、Fisher Report で引用）。なお、18 歳の青年の外見上（apparent）の精神年齢は 14 歳であるが、医師の診断では 8 歳であったとされる（Fisher Report, para.15.6)。
23 REPORT, *supra* note [19], para.1.5.
24 Home Office Circular No.31/1964（reproduced in [1964] 1 All E.R. 237; [1964] 1 W.L.R. 152), Appendix B 'Administrative Directions on Interrogation and the Taking of Statements', para.4.
25 児童（child）が 14 歳未満の者を指し、少年（young person）が 17 歳未満の者を指すことについては、Children and Young Persons Act 1933, s.107（1）参照。このような 17 歳による区別は、PACE でも維持されている（PACE, s.37 (15)、COP C, para.1.5)。
26 Fisher Report, *supra* note [22], para.16.1（1968 年通達の原典については、残念ながら入手しえなかった）。その後さらに 1978 年の内務省訓令では、かかる立会い規定は 17 歳未満の者全て（children and young persons under the age of 17）に及ぶことが条文上明記されるに至っている（Home Office Circular No.89/1978, Appendix B, para.4. In detail, *see infra* note [38])。
27 Fisher Report, *supra* note [22], paras. 2.11, 15.9 and so on.
28 Fisher Report, *supra* note [22], para.16.4.
29 Fisher Report, *supra* note [22], para.15.9.
30 少なくとも、本稿が参照した 1964 年の内務省通達（判例集への再掲版：前掲・

注〔24〕参照）では文言上確認することができなかった。
31　Home Office Circular No.89/1978. In detail, *see infra* note (38).
32　たとえば、内務省訓令（Home Office Circular No.31/1964, *supra* note [24]）「1. 手続一般」(d) は次のように規定する。「言ったことはすべて不利に用いられる可能性があるというような示唆を与えることがないよう、注意すべきである。そのような示唆は、<u>無実の者</u>が自分への疑いを晴らす供述をすることを妨げる可能性があるからである」（下線は引用者）。ここにも、無辜の不処罰への配慮を看取できる。なお、「明らかに不公正な質問（the question of apparent unfairness）」という文言を用いる条文として、同訓令「5. 外国人の尋問」参照。
33　Fisher Report, *supra* note [22], para.15.9. なお、裁判官準則（1964年以降のもの）の邦訳として、パトリック・デヴリン（兒島武雄訳）『警察・検察と人権：イギリスの刑事訴追』（岩波書店、第4刷、1969年）188頁以下、団藤重光＝田宮裕（編著）『ケースブック刑事訴訟法』（有信堂、1968年）61頁以下ほか参照。
34　Fisher Report, *supra* note [22], para.2.17, chap.15 and 16.
35　例えばマーフィールドも、後掲の規定4A（1976年の通達をふまえて発せられた1978年の通達中の規定）が、コンフェイト事件の影響により新設されたものであることを示唆している。See, Peter Mirfield, *Confessions* (Sweet & Maxwell, 1985), at 164.
36　Home Office circular No.109/1976, cited in the Fisher Report, *supra* note [22], para.16.4.（原典については、残念ながら入手しえなかった）
37　The Royal Commission on Criminal Procedure, *The Investigation and Prosecution of Criminal Offenses in England and Wales: the Law and Procedure* (Cmnd: 8092-1, 1981), para.93.
38　Home Office Circular No.89/1978: Judges' Rules and Administrative Directions to the Police, Appendix B: Administrative Directions on Interrogation and the Taking of Statements, para.4A. なお、このような（一部修正を含む）通達の再発行は、フィッシャー・リポートでの提言に基づくものであろう（*See*, Fisher Report, *supra* note [22], para.2.18）。
39　この「ソーシャル・ワーカー」という文言は、文字通り例示列挙であって、それに限定するのではなく、精神的なハンディキャップを持つ者に対して専門的な関心を有する者すべてを指すものとして解釈すべき旨の注釈が、本訓令の序文に付されている（*See*, the preface of the Circular No.89/1978 *supra* note〔38〕, at 3 [iii]）。
40　REPORT, *supra* note [19], para.4.105.
41　REPORT, *supra* note [19], para.4.107.
42　詳しくは、前章・95頁参照。
43　そもそも取調べ（interview）の定義自体が、「刑法上の犯罪又はその他の犯罪への関与若しくはその嫌疑について、パラグラフ10.1に基づき警告〔黙秘権

告知〕したうえで行う質問をいう」として、被疑者に限定されている（COP C 11.1A：〔　〕内は引用者）。なお、被疑者取調べを行うには合理的・客観的な嫌疑の存在が必要であることについて、COP C, Notes for Guidance 10A 参照。また、このような被疑者取調べをめぐる解釈上の問題点については、たとえば、Zander, *supra* note（20）para.6-51 参照。

44　録音・録画等に象徴される取調べへの法的規制の導入（PACE 60条、COP E & F）や、弁護権保障の強化（PACE 58条及び59条，COP C 6）なども、AA 同様に、身体拘束された被疑者の取調べに対象を限定し、かつその範囲では制度の実施に万全を期したものと評価できるのではなかろうか。そのことは、上記のように PACE 法体系下においては被疑者取調べ自体、身体拘束されその後警察署で取調べが行われる場合を中心に規定されていることからも伺い知ることができるように思われる（なお、警察署への任意出頭・同行に関する規定として PACE 29条参照）。他方で、イギリスでも証拠収集の手段として、運用規程に基づく正規の取調べとしては行われない、いわゆるインフォーマルな取調べ（informal questioning）が問題となっているが、ここでは立ち入らない。この問題については、たとえば、Andrew Sanders & Richard Young, *Criminal Justice* (4th ed., Oxford Univ. Press, 2010), para.5.5.3 参照。

45　ちなみに、イギリスには、日本でいう起訴前勾留のような制度は存在しないと考えてよいであろう。しかも、逮捕による留置期間は、原則として24時間以内であり（PACE 41条）、その時間内に裁判所に対して訴追（charge）がなされない場合には、被疑者は釈放されなければならないのである。もっとも、日本とは対照的に、イギリスでは無令状逮捕が一般的といってよく、その際の逮捕の可否の判断は現場の警察官の判断に委ねられている（PACE 24条及び25条）。その場合の中心的な判断基準は、犯罪がある（あった）と疑われる「合理的な理由（reasonable grounds）」の存否である。PACE 法体系下での逮捕・留置制度について、立法過程も含め詳細に紹介した文献として、たとえば、酒巻匡「イギリス刑事司法の改革：逮捕および留置（一）～（三）」ジュリスト950、951、953号（1990年）参照。また、イギリスにおける「逮捕の大多数は、警察・刑事証拠法24条、同25条に基づき行われる無令状逮捕である」ことを指摘する文献として、葛野尋之『刑事手続と刑事拘禁』〔現代人文社、2007年〕89頁参照。

46　逮捕された者の留置について責任を負うのは、留置管理官である（PACE 34条）。留置管理官は、巡査部長以上の階級の警察官から選ばれ（PACE 36条）、留置理由の有無を定期的に審査（PACE 40条）するほか、被逮捕者を告発するに足りる十分な証拠があるか否かについても判断（PACE 37条）するなど、重要な役割を担っている。捜査部門から独立したその地位は、いわゆる捜査と拘禁の分離を実現するうえでも重要な役割が期待されている点にも留意しておく必要があろう（*See, e.g.*, Zander, *supra* note〔20〕, para.4-09. 留置管理官の権限と義務について論じた日本の文献として、たとえば、葛野・前注『刑事手続

47 そこでは、次のように規定されている。「本法において、『精神障害(mental disorder)』とは、精神病(mental illness)、精神の発達遅滞(arrested or incomplete development of mind)、精神病質(psychopathic disorder)、その他の精神の障害又は無能力(any other disorder or disability of mind)をいう。『精神障害者(mentally disordered)』も、これにしたがって解釈されるものとする。…(以下、省略)」。

48 Grethe Hansen, 'Mental Health Problems: Recognition and Risk'; in Brian Littlechild (ed.), *Appropriate Adults and Appropriate Adult Schemes: service user, provider and police perspectives* (Venture Press, 2001) 43-73, at 48.

49 *Ibid*, at 50-57.

50 Zander, *supra* note (20), para.6-54.

51 学習障害については、たとえば「文部科学省の定義では、全般的な知的発達に遅れはないが、聞く、話す、読む、書く、計算する及び推論する能力について特定のものの習得と使用に著しい困難を示す様々な障害…」を意味するものとされる(『改訂矯正用語辞典』・前掲注〔9〕25頁〔小柳浩子〕)。したがってこの場合には、黙秘権告知に対する理解をはじめとして、取調べにおける供述の信用性の確保という点で、知的障害者などの場合と同様の問題が生ずる可能性が一般的・類型的に高いというべきであろう。なお、学習障害のあった少年にAAがついた事例を紹介する文献として、Debra Fearns, 'Learning Disabilities: One person's Use', in; *Appropriate Adults and Appropriate Adult Schemes, supra* note (48) 61-73 (AAの対応が必ずしも援助的とは言えなかった事例)。

52 Brian Littlechild, 'Introduction', in; Brian Littlechild and Debra Fearns (eds.), *Mental Disorder and Criminal Justice* (Russell House Publishing, 2005) 1-13, at 11-13.

53 日本でも、たとえば広汎性発達障害(とりわけアスペルガー症候群)は少年・刑事司法において大きな問題となってきている。この点については、本書・第3章のほか、主に少年に関するものではあるが、十一元三「司法領域における広汎性発達障害の問題」家庭裁判月報58巻12号(2006年)1頁以下参照。

54 成人の場合には、知的障害者等の場合も含め、この通知は本人の請求によるが、少年の場合には必要的である(PACE 57, COP C 3.13)。この点の詳細については、前章(特に97頁)参照。

55 本文で述べるほかは、たとえば、人の身体の秘部の捜索(intimate searches)や着衣を脱がす捜索(strip searches)への立会い(COP C Annex A,【参考資料1】規定12)、人物識別手続への立会い(COP D、Annex B)、正式告発(charge)がなされる際の立会い(COP C 16.1、16.6,【参考資料1】規定11)などに留意しておく必要があろう。

56 Home Office, *Guide for Appropriate adults, available at:* http://www.homeoffice.gov.uk/publications/police/operational-policing/

appropriate-adults-guide
なお、この文書は 2011 年 2 月付けで発行されており、従前のガイドラインよりもコンパクトになり、より見やすいものになっている。

57　この但書が適用されるのは、(a) 罪証の隠滅・他者への危害・財物への損害の可能性がある場合、(b) まだ逮捕されていない共犯者を警戒させるおそれがある場合、(c) 犯罪の結果として得られた財産の回復を妨げるおそれがある場合など、緊急の場合である。これらの要件が、先の王立委員会の勧告に基づくものであることは明らかであろう。

58　Home Office, *supra* note (56), *Guide for Appropriate adults*, at 'Interviews'.

59　*Ibid*, at 'Interviews'.

60　*Ibid*, at 'Your role as an appropriate adult' and 'Interviews'. *See also*, B. Littlechild, *The Police and Criminal Evidence Act 1984: The Role of the Appropriate Adult* (BASW, 1996), at 5.

61　*Ibid*, at 'Your role as an appropriate adult'. その冒頭の次のような一文が象徴的である。「AA は、被留置者〔要支援被疑者〕に独立の支援を提供する、重要な擁護者 (safeguard) として警察署に呼ばれる」(〔　〕内は引用者)。

62　E.g., *R. v. Morse and others*, [1991] Crim.L.R. 195. (AA の立会い自体はあったが、AA〔親〕の知能指数が低いためにその子どもである被疑者に助言することができず、したがって AA としては不適当であり、その立会いの下で得られた自白が PACE 76 条に基づき排除された事例)。なお、PACE 76 条に関する日本の文献として、たとえば、稲田隆司『イギリスの自白排除法則』(成文堂、2011 年) 第 2 章参照。

63　E.g., *R. v. Delroy Fogah*, [1989] Crim.L.R. 141. (路上で AA の立会いなしに行われた取調べにおいてした少年の供述が、運用規程 C 13.1〔当時〕に違反するものとして PACE 78 条に基づきすべて排除された事例)。なお、PACE 78 条に関する日本の文献として、井上正仁『刑事訴訟における証拠排除』(弘文堂、1985 年) とくに 502 頁以下、稲田・前注『イギリスの自白排除法則』第 3 章ほか参照。

64　J. Hodgson, 'Vulnerable Suspects and the Appropriate Adult', [1997] Crim.L.R. 785, at 792.

65　*See, e.g.*, Zander, *supra* note (20), paras. 8-65 and 8-66.

66　Zander, *supra* note (20), paras.6-60 and 6-61.

67　Hodgson, *supra* note (64), at 793 は、むしろ近時の裁判例は、証拠排除にかなり消極的であることを示唆している。さらに、Sanders & Young, *supra* note (44), at 249 は、裁判官が「不公正」であると認定することは宝くじにあたるようなものである (控訴院の介入はそれほど稀である) とすら指摘する。

68　そもそも 1981 年王立委員会報告書でも、「公正さ(fairness)」は、「公開性(openness)」及び「実行可能性 (workability)」と並ぶ三つの評価基準の一つとされていた。*See*,

REPORT, paras.2.18 ff. and 6.7 ff.
69 後述のように（第4節）、1995年のAA検討委員会報告書でも、AAの役割として要支援被疑者への援助が公正さ（equity）を確保するためであることを示唆している（para.15）。
70 運用規程での文言の改正（＝精神的な支援を要する者：mentally vulnerable）は、PACE自体にはまだ反映されていない。*See also*, Zander, *supra* note（20）, at 360 Note 37.
71 Zander, *supra* note（20）, para.8-48. もっとも、同条が問題となった希少な事例においても、控訴院は、同条の警告は「公正な説示に不可欠な部分」であるなどとして、かかる説示を怠った原審の有罪判決を破棄している（*Lamont*, [1989] Crim.L.R. 813, CA.）。知的障害者等の自白に対する証拠評価と手続の公正さとの関係を示唆するものとして興味深い。
72 Home Office Statistical Bulletin, *Police Powers and Procedures England and Wales 2009/10*（2nd Edition：以下、STATISTICSで引用）, at 11 ff. この文書は、そのタイトルが示すとおり、イギリス内務省のホームページ内でPDF形式で参照可能である。*Available at:* http://www.homeoffice.gov.uk/publications/science-research-statistics/research-statistics/police-research/hosb0711/

　ちなみに、2009年度～2010年度の被逮捕者数は、前回（2008年度～2009年度）よりも5%減少していたとされ、また、2012年4月の速報によると、2010年度～2011年度の被逮捕者については約136万人とされ、さらに2%減少しているようである。この速報についても、以下のイギリス内務省のホームページ参照。*Available at:*
http://www.homeoffice.gov.uk/publications/science-research-statistics/research-statistics/police-research/police-powers-procedures-201011/

　なお、イギリスにおける認知犯罪若しくは報告犯罪の概念については、浜井浩一編『犯罪統計入門』（日本評論社、2006年）134頁以下〔浜井〕ほか参照。
73 ここには、PACE法体系とは異なり、17歳の者も含まれている。それは、イギリスにおける成人年齢が18歳であることに合わせたものであろう（*See, e.g.*, Children Act 1989 s.105 [1]；「少年」概念について詳しくは、前掲・注〔25〕も参照）。これに対し、下限の10歳はイギリスにおける刑事責任年齢である（Children and Young Persons Act 1933, s.50, substituted by Children and Young Persons Act 1963, s.16 [1]）。

　なお、かつては10歳から14歳の少年については、訴追側がその刑事責任の存在を立証しない限り刑罰を受けることはないという、いわゆる相対的刑事責任が承認されていたが、1998年犯罪及び秩序違反法（Crime and Disorder Act 1998）34条により廃止されている。この法律の邦訳として、横山潔「1998年犯罪及び秩序違反法解説」外国の立法205号（2000年）134頁以下がある。
74 STATISTICS, *supra* note（72）, at 11, 14 and 15. この少年層に関しては、前回

(2008 年度～2009 年度) よりも 12% の減少である。ちなみに、この少年層に 18 歳から 20 歳までの被逮捕者 (約 20 万 8 千人) を加えれば、被逮捕者のうち約 32.5%(約 45 万人) が青少年であったということになる。

75　Zander, *supra* note (20), para.6-56.
76　たとえば、C. Phillips and D. Brown, *Entry into the criminal Justice system: a survey of police arrests and their outcomes* (Home Office Research Study 185, 1998) によれば、少年の事案の 97%において AA がついていたとされる (at 53)。同様に、T. Bucke and D. Brown, *In police custody: police powers and suspects' rights under the revised PACE codes of practice* (Home Office Research Study 174, 1997) でも、少年の事案の 91%に AA がついていたとされる (at 6)。
77　ただし、精神障害者による犯罪で最終的に病院に収容された者を示す統計は存在する。最新のものとして、*Offender Management Caseload Statistics 2009* (Ministry of Justice Statistical Bulletin, 2010) 参照 (以下のギリス司法省のホームページ内で PDF 形式で参照可能)。 *Available at*: http://www.justice.gov.uk/statistics/prisons-and-probation/omcs-annual
　これによれば、2009 年末の時点で病院に収容されていた者は 4,258 人であった (at 6 and 160 ff.)。なお、収容人数は漸次的に増加傾向にある (2009 年に関して言えば、2008 年 [3,937 人] よりも 8% の増加)。
78　その目的は、一連の誤判事件を契機として、イギリス刑事司法が有罪・無罪の者の選別という点で効果的に機能しているかどうかを、手続のほぼ全過程にわたって全面的に再検討することにあった (REPORT, *infra* note [110], at i ff.)。なお、かかる一連の誤判事件に関する日本の文献として、たとえば、鯰越溢弘「イギリスにおける『誤判』とその救済」浅田和茂ほか編『転換期の刑事法学──井戸田侃先生古稀祝賀論文集』617 頁以下、G. グッドジョンソン (庭山英雄ほか訳)『取調べ・自白・証言の心理学』(酒井書店、1994 年) 353 頁以下参照。
79　Gisli Gudjonsson et al., *Persons at Risk During Interviews in Police Custody: The Identification of Vulnerabilities* (HMSO: Royal Commission on Criminal Justice Research Study No.12, 1993), at 16. したがって、2009 年度～2010 年度も 4%程度だったと仮定すれば、同年度においては約 5 万 5 千人の者が知的障害者等と判定しうる者であったことになる。
80　Phillips and Brown, *supra* note (76), at 24; Bucke and Brown, *supra* note (76), at 7. なお、この場合も同様に仮定すると、約 2 万 8 千人となる。
81　Brown, Ellis and Larcombe, *supra* note (21), at 70. なお、この場合も同様に仮定すると、約 1 万 4 千人となる。
82　Gudjonsson et al., *supra* note (79), at 15-16 and 25.
83　Phillips and Brown, *supra* note (76), at 25 [そこで引用されたブラウン及びディクソンの指摘]。さらに、最近の実証研究によれば、地域間でのばらつきも大きいことが指摘されている。*See*, National Appropriate Adult Network (NAAN),

第5章　知的障害者等の取調べとAA制度　189

Appropriate Adult Provision in England and Wales（November 2010）*at* 4, *available at:* http://www.appropriateadult.org.uk/aa-report-2010

84　Bucke and Brown, *supra* note（76）, at 69 note 1. 具体的には、精神障害者の事案については3分の2（66％）の出頭状況であったとされる（at 8）。

85　代表的なものとして、Phillips and Brown, *supra* note（76）, at 55. 同様の結果を指摘するものとして、Brown, Ellis and Larcombe, *supra* note（21）, at 79. さらに、警察医の役割に関する代表的な実証研究として、Graham Robertson, *The Role of Police Surgeons*（HMSO: The Royal Commoission on Criminal Justice Research Study No.6, 1992）も参照。とくに39頁では、AAの必要性判断は究極的には警察の権限であることを承認しつつも、その判断は常に医師の判断をふまえたものでありうることを示唆している。

86　*Ibid.*

87　Bucke and Brown, *supra* note（76）, at 9.

88　呼びかけに対しても応答がない（意識がない）ときや、基本的な確認事項（名前等）にも反応がないとき、その他、てんかんや薬物の影響が疑われるときなどが列挙されている。

89　薬物の影響や外見からは分からない頭部の損傷等が疑われる場合への対応についての注意書きである。

90　日本でも2006年に「刑事収容施設及び被収容者等の処遇に関する法律」が成立・施行されたところであり、未決被収容者への医療の提供（同法199条以下）との関係でも、イギリスの制度及び運用は参考になりうるであろう。

91　Bucke and Brown, *supra* note（76）, at 9. ただし、AAの必要性判断との関係での指摘であり、そこでは後述の精神衛生法により医師が呼ばれる場合も含めて評価がなされているようであるから、この指摘を一般化してよいかは疑問の余地もあるが、一つの研究結果としてはなお参考に値しよう。

92　Robertson, *supra* note（85）, at 6 ff.（特に7頁の図2及び9頁の表1参照）

93　Phillips and Brown, *supra* note（76）, at 55. なお、その他1％とされた事例は、令状によって留置されていた事例であった。前掲・注（45）でも述べたように、イギリスでは無令状逮捕が一般的といえるから、その1％事例とは、治安判事裁判所が令状の発布によって例外的に留置の延長を許可した事例と考えられる（PACE 43, 44条）。

94　取調べの定義自体も、犯罪への関与若しくはその嫌疑を内容とし、被疑者を対象としていることについては、前掲・注（43）参照。

95　この点については、実証研究の間でも必ずしも明確に区別されて叙述されているわけではないように見受けられる。なお、留置の理由が1983年精神衛生法の場合であっても、留置記録中には軽微事犯（an offence of the public order type）も併記されている場合があることを指摘するものとしてRobertson, *supra* note（85）, at 19.

96 Bucke and Brown, *supra* note (76), at 8.
97 *Ibid*, at 9.
98 実際に、Robertson, *supra* note (85), at 20 ff. では、留置継続の適合性・取調べの適否それぞれとの関係で、どれくらい AA に関する助言がなされていたかが示されている。
99 *Ibid*, at 24.
100 *Ibid*. その要因の一つとして、ロンドン以外の地域における AA の供給体制の立ち遅れがあるのかもしれない。
101 *Ibidl*, at 9; Phillips and Brown, *supra* note (76), at 55; *See also,* John Williams, 'The inappropriate adult', *Journal of Social Welfare and Family Law* 22 (1) 2000:43-57. もっとも、医師の助言を求めることは、1981 年の王立委員会報告書（前掲・注〔19〕）によって示唆されていたことでもあった (para.4.107)。
102 Phillips and Brown, *supra* note (76), at 25.
103 *Ibid. See also,* Gudjonsson et al., *supra* note (79), at 27.〔留置管理官のオーバーワークも指摘されている〕
104 Gudjonsson et al., *supra* note (79), at 16.
105 *Ibid*, at 27 及びその調査結果を踏まえて作成された REPORT, *infra* note (110), paras.84-86.
106 後者の取調べにおける実効的な援助の問題については、少年の場合とも共通する面が多いため、その詳細については、本書・第 4 章（特に 110 頁以下）を参照されたい。
107 Bucke and Brown, *supra* note (76), at 6-8.
108 その内訳は、当番のソーシャル・ワーカー（duty social workers）、専門性のあるソーシャル・ワーカー（specialist social workers）、地位の不明なソーシャル・ワーカーがそれぞれ等分の割合を占めていたとする (Bucke and Brown, *supra* note〔76〕, at 8)。
109 この点については、少年の場合に関する本書・第 4 章（特に 100 頁）も参照。
110 Royal Commission on Criminal Justice, *REPORT* (HMSO: Cm 2263, 1993：本節では特に断らない限り、以下これを REPORT と略す）.
111 ページ数は 2 頁程度で（REPORT, Chap.3, paras.81-87)、勧告も二つにとどまる (Recommendation 72 and 73)。
112 少年の場合には、Roger Evans, *The Conduct of Police Interviews with Juveniles,* (HMSO: Royal Commission on Criminal Justice Research Study No.8, 1993)、知的障害者等の場合には Gudjonsson et al., *supra* note (79) がある。
113 REPORT, Chap.3, paras.85-86.
114 REPORT, Chap.3, para.86.
115 REPORT, Chap.3, para.87.
116 REPORT, Chap.12 Summary of Recommendations.

117 Appropriate Adults Review Group, *Appropriate Adults: Report of Review Group* (Home Office, 1995).
118 それに続いて、そのような役割を果たす上で重要な原則として、AA は警察から独立した人物であること、AA は被疑者に対し、その権利及び警察署で自らに起こっていることについて助言し、説明する立場にあること、AA は被疑者が権利を行使するのを援助する立場にあること、そして AA は、被疑者が留置されている間適切に扱われるのを確保する立場にあること、の四点を指摘している。
119 *Ibid*, Annex D: Summary of Recommendations.
120 被留置者の拒否権の保障や、専門的なスキル持つ者を AA として推奨すべきことなどを含む（*Ibid*, para.21）。
121 さらに、AA の手配が遅れた理由や、AA が出頭しなかった理由なども含む（*Ibid*, para.25）。
122 逮捕時の異常な行動等から、精神的な問題を認知しうるからである（*Ibid*, para.26）。
123 なお、勧告 2 の秘匿特権については、AA には保障されないことが、その後の運用規程の改正により明らかにされた（COP C, Notes for guidance 1E）。
124 現に実証研究は留置記録を主な素材として行われている。
125 たとえば、医師の判断と助言は留置記録に編てつされる（【参考資料 2】第 7 条参照）。
126 その詳細については、本書・第 4 章参照（特に 100 頁以下及び 115 頁以下）。
127 Home Office and Cabinet Office, *PACE Review: Report of the Joint Home Office/Cabinet Office Review of the Police and Criminal Evidence Act 1984* (2002), para.41.
128 なお、NAAN のホームページでは、AA に関するかなり詳細な全国スタンダードが公開されている（*available on:*, http://www.appropriateadult.org.uk/national-standards）。
129 *See*, e.g., T. Nemitz and P. Bean, 'The Effectiveness of a Volunteer Appropriate Adult Scheme', 251 Med.Sci.Law (1998) Vol.38, No1.3; Andrew Strong, 'Appropriate Adult Schemes for Vulnerable Adults'; in Brian Littlechild (ed.), *Appropriate Adults and Appropriate Adult Schemes: Service User, Provider and Police Perspectives* (Venture Press, 2001) 113.
130 この点に関する近時のイギリスの調査報告として、NAAN による 2006 年の報告書がある。いずれも NAAN のホームページからダウンロード可能である。*See*, NAAN, *Appropriate Adult Provision in England and Wales* (March 2006), *available at:* http://www.appropriateadult.org.uk/naan-aa-report-2006
131 なお、スコットランドの AA 制度にならった改善を主張するものとして、Williams, *supra* note (101) がある。ちなみに、スコットランドの AA 制度は知的障害者等

のみを対象とし（少年は含まれない）、その一方で被疑者となった場合に限らず、被害者、証人として事情を聞かれる場合も含まれているようである。スコットランドの AA 制度に関する最近の文献として、see, e.g., Lindsay Thomson et al., *An Evaluation of Appropriate Adult Schemes in Scotland* (Scottish Executive Social Research Findings No.78/ 2004), *available at*:
http://www.scotland.gov.uk/Publications/2004/11/20253/46679

132 いわゆる学習障害を含めた要支援性の判定の困難さという問題と、取調べにおける AA の実効的な援助の困難さという問題は、プリズン・リフォーム・トラストによる近時の調査研究においても、あらためて指摘されている。*See*, Jessica Jacobson, *No One Knows: police responses to suspects learning disabilities and learning difficulties* (2008 Prison Reform Trust) at 27 ff., *available at*: http://www.prisonreformtrust.org.uk/Publications
　なお、同旨の指摘は、刑事司法における精神障害や学習障害の取り扱いについて包括的な検討を行ったブラッドリー卿の報告書（いわゆる Bradley Report）においても繰り返されている。*See, The Bradley Report: Lord Bradley's review of people with mental health problems or learning disabilities in the criminal justice system* (April 2009) at 42 ff., *available at*:
http://www.dh.gov.uk/en/Publicationsandstatistics/Publications/PublicationsPolicyAndGuidance/DH_098694

133 取調べへの第三者立会いとの関係では、犯罪捜査規範 180 条 2 項を挙げることもできるが、知的障害者等をとくに名宛人としたものとは言えないであろう。

134 その詳細については、本書・第 1 章参照。

135 辻裕教「刑事訴訟法等の一部を改正する法律について（3）」法曹時報 58 巻 7 号（2006 年）66 頁参照。

136 Royal Commission on Criminal Procedure, *REPORT, supra* note (19), para.4.103. 詳細については、本書・第 4 章（94 頁）も参照。

137 もっとも、可視化の導入にせよ AA の導入にせよ、問題の根底には、日本の被疑者取調べ（とくに身体拘束された者のそれ）が、英米諸国に比べてかなり長期間に及ぶという点がある。いずれの制度を導入するにしても、取調べ実務の抜本的な変更が伴わなければ、被疑者の権利行使の促進にはつながらない可能性があることに注意すべきではなかろうか。

138 PACE 制定に当たっては、そのような観点も含意されていたようにも思われる。例えば、REPORT (1981), *supra* note [19], paras.2.18 ff. においても、犯罪捜査が市民から信頼を得るための基本的な条件として、公正さ (fairness)、透明性 (openness)、そして実効性 (workability) が挙げられており、特に「公正さ」については、被疑者の権利行使を保障・促進するだけでなく、被疑者と警察双方にとっての明確なルールとして機能することが期待されていた (para.2.19)。

139 このような観点からイギリスの「公正」概念を理解した場合、日本の刑訴法と

第 5 章　知的障害者等の取調べと AA 制度　193

の関係では、「正義」（411 条柱書、397 条 2 項）といった概念との親和性が強まるようにも思われる。なお、411 条のいわゆる著反正義の趣旨が「司法の公正維持」にあることを指摘するものとして伊藤栄樹ほか『注釈刑事訴訟法〔新版〕第 6 巻』（立花書房、1998 年）451 頁〔柴田孝夫〕参照。

　他方、公正概念と正義概念との親和性を示唆する判例として、退去強制と検察官面前調書に関する最判平 7・6・20 刑集 49 巻 6 号 741 頁（「手続的正義の観点から公正さを欠くと認められるとき」）があるほか、「公正な刑事手続の観点からの当否」なども考慮して証拠能力判断を行ったものとして、いわゆるロッキード事件に関する最大判平 7・2・22 刑集 49 巻 2 号 1 頁がある。

　さらに、これら二つの最高裁判決に対する検討を通じて不公正手続証拠排除法則の内容について検討したものとして、中谷雄二郎「手続の公正と証拠の許容性」原田國男ほか編著『刑事裁判の理論と実務』（成文堂、1998 年）211 頁参照（そこでは、不公正手続証拠排除法則は、「被告人の具体的権利ないし利益の侵害を根拠とするものではなく、理念としての刑事手続の公正さの維持を目的とする」ものと位置づけられている〔226 頁〕）。

　なお、同じく「正義」という言葉を用いながらも、その意義を刑訴法の基本理念（同 1 条）の文脈で述べるものとして、小野清一郎『刑事訴訟法概論』（法文社、1954 年）3 頁以下がある。その基調は、公正な司法運営に重点があるというよりは、むしろ基本的人権尊重（適正手続）との調和を志向するものであるように思われる。この点については、後掲・注（146）及び（147）も参照。

140　Home Office, *supra* note （56）, *Guide for Appropriate adults*, 及び前掲・注（118）参照。

141　同意見書・Ⅱ第 2 の 2（1）ア参照。もっともそこでは、「これに加え、充実しかつ迅速な刑事裁判の実現を可能にする上でも、刑事弁護体制の整備が重要になる」として、司法の利益も同時に考慮されている。

142　もっとも、見方を変えれば、部分的にではあれ、知的障害者等の場合について日本にも AA を導入する法的な契機は、すでに存在していると評価することも不可能ではないであろう。

143　*See*, e.g., P. Roberts & A. Zuckerman, *Criminal Evidence* （2nd Ed., Oxford Univ. Pr., 2010） at 176. なお、1998 年人権法の翻訳・解説として、たとえば、田島裕『イギリス憲法典』（信山社、2001 年）がある。

144　Roberts & Zuckerman, *ibid*, at 35 及び田島・同前 57 頁。

145　田島・同前 70 頁（注 15）。

146　田宮裕『刑事訴訟とデュー・プロセス』（有斐閣、1972 年）202 頁も、「手続の公正の要求をデュー・プロセス（適正手続）という」として、手続の公正とデュー・プロセスとの同義性を承認する。

147　高田卓爾『刑事訴訟法〔二訂版〕』（青林書院、1984 年）29 頁。そこではさらに、「実体的真実の追求も公正な手続という軌道の上で、それを踏みはずさぬ限りに

おいて許される」と指摘している。また、このような観点から刑訴規則1条1項も援用されている。なお、同条項の「憲法の初期する裁判の迅速と公正とを図るようにこれを解釈し、運用しなければならない」との文言につき、「憲法の初期する」とは主に37条1項を指すが、「しかし、実際の解釈・運用にあたって問題になるのは憲法31条の定める『法の適正手続』(due process of law) の遵守である」ことを指摘するものとして、小野清一郎ほか『ポケット注釈全書刑事訴訟法(上)〔新版〕』(有斐閣、1986年) 10頁参照。

他方、『司法制度改革審議会意見書』(平成13年6月) も、「刑事司法の目的は、公共の福祉の維持と個人の基本的人権の保障を全うしつつ、的確に犯罪を認知・検挙し、公正な手続を通じて、事案の真相を明らかにし、適正かつ迅速に刑罰権の実現を図ることにより、社会の秩序を維持し、国民の安全な生活を確保することにある」として (Ⅱ第2の冒頭：下線は引用者)、公正な手続の観念が刑訴法の目的規定 (同1条) に内在していることを示唆する。それは適正手続の理念とほぼ同義に解釈しうるものであろう。

148 少年の場合には、少年法の健全育成理念(同法1条)との関係で、AA制度のような福祉的援助は法の基本理念からの要請としての意義を有するが(詳しくは、本書・第1章〔25頁以下〕参照)、その場合でも手続の公正さの要求という前提自体は、知的障害者等の場合と共有されているはずである。なお、保護の前提としての適正手続保障の重要性については、最決昭58・10・26刑集37巻8号1260頁(いわゆる流山事件)、とくに団藤重光裁判官の補足意見参照。
149 Fisher Report, *supra* note (22), para.2.26.
150 *Ibid*, para.2.27.
151 イギリスにおける取調べの実際については、たとえば、Brown, Ellis and Larcombe, *supra* note (21), at 89-90; Bucke and Brown, *supra* note (76), at 31のほか、日本の文献として、渡辺・山田・前掲注 (18)『取調べ可視化──密室への挑戦』参照。
152 精神障害者又は精神的な支援を要する人々の事案において、AAは、そのような人々のケアへの習熟や訓練を欠く親戚よりも、そのような習熟や訓練について資格を有する者である方が望ましい。ただし、当該被留置者が、資格のある第三者よりも親戚を望むとき、又は特定の人物がAAとなるのに反対の意思を示したときは、その実現が可能であるときは、その意思を尊重しなければならない。

第6章

AA 制度とイギリス刑事証拠法
AA の立会いなしに得られた自白の証拠能力

はじめに

　前2章で検討したように、イギリス（イングランド・ウェールズ、以下同じ）では、少年が逮捕・留置された場合、又は精神的な支援を要する（mentally vulnerable）者が逮捕・留置された場合には、弁護権が保障されるのはもちろんのこと、それに加えてさらに、それらの被疑者を心理的・福祉的に援助する第三者が手続に必要的に関与する制度、すなわち「適切な大人（Appropriate Adult：以下、AA という）」制度が設けられている。
　前2章において筆者が検討したのは、かかる AA が特に被疑者取調べにおいて果たすべき役割、その場に立会うことの目的及び現実の運用状況等についてであった。しかし、そこで積み残された課題は、そのような立会いの要請が遵守されなかった場合の証拠法上の効果（すなわち、立会いなくして得られた自白の証拠能力）であった。仮に AA のような制度を日本に導入しようとする場合でも、その制度趣旨（すなわち、虚偽自白の防止を通じた手続の公正さの確保）を実現するには、かかる要請に反した場合の証拠法上の効果についても予め検討しておくことが、将来の立法提案へと発展させていくための基礎的・理論的な作業の一環として不可欠というべきであろう。
　そこで本章では、いくつかの前提的考察をふまえた上で、主に AA をめぐる裁判例の検討を通じて、AA をめぐる刑事証拠法上の問題点を明らかにすることにしたい。かかる裁判例は、イギリスでもある程度事案の集

積が見られるところであり、それに対する分析も着々と進められている[1]。これらの成果を日本にも紹介することは、AA制度の導入を検討する上ではもちろんのこと、他方で、日本における要支援被疑者の供述の任意性・信用性評価を再検討する上でも有益というべきであろう[2]。

第1節　PACE下でのAAの位置づけとPACE以前の状況

1　PACE下でのAAの位置づけ

　証拠排除の基礎となる違法の実質を検討する前提として、まず、AAの制定法上の位置づけを確認することから始めよう。

　AAとは、「1984年警察・刑事証拠法（The Police and Criminal Evidence Act 1984）」（以下、PACEと略す）[3]の法体系の下で創設された制度である。法体系下とはすなわち、PACEそれ自体に規定されているのではなく、PACE第60条第1項（a）、第60条のA第1項および第66条第1項によって設けられた「運用規程（Code of Practice）」、とくにその中でも「警察官による人の留置、取扱い及び質問に関する運用規程」（Code C: Code of Practice for the Detention, Treatment and Questioning of Persons by Police Officers. 以下、運用規程C又はCOP Cとしても引用する）[4]に法的根拠を有する制度だからである。

　このように、運用規程それ自体は、厳密には制定法とはいえない[5]。しかし、PACE 67条11項において、「運用規程はすべての刑事手続又は民事手続において、証拠として許容することができる。手続を主宰する裁判所又は法廷は、運用規程の定めが当該手続において生じた争点に関連性を有すると認めるときは、その争点について判断するに当たり当該規範を考慮しなければならない」とされ、運用規程の違反の程度が証拠の許容性にも影響を及ぼしうることが承認されており、実際にも多くの事案において、証拠排除の根拠としてあるいは（上訴審で）有罪判決を破棄する根拠として、運用規程は援用されている[6]。そのことは、まさに運用規程が裁判規範

として機能していることを如実に物語っている。同様のことが、AAとの関係でも当てはまることは言うまでもない。

もっとも、PACE下でのAAをめぐる裁判例を検討し、評価するにあたっては、やはりPACE以前の状況を踏まえておくのが必要かつ有益であろう。というのも、かかる第三者立会いの制度は、すでにPACEが制定される以前から存在しており、AAもまた、それを前提として制度化されたものだからである。したがって、そこでの裁判所の態度を予め踏まえておくことは、PACE後の裁判所の態度と比較・検討するうえでも有益であろう。

2 PACE以前の状況

PACE以前に、AAの原型となった第三者立会いを定めていたのは、裁判官準則（Judges' Rules）に付属して発せられた内務省訓令（Administrative Directions to the Police）においてであった。裁判官準則の歴史的沿革については、本稿では紙幅の関係で立ち入ることはできないが[7]、少なくとも1964年に全面改定され[8]、さらに1978年にも若干の修正のうえ再発行されたものを対象としていえば[9]、裁判官準則とは、警察による被疑者取調べを規律する一つのフレームワークを提供することを目的として[10]、従来のコモン・ローを前提としつつ、女王座部の裁判官によって編纂（formulate）されたものと定義することができるであろう[11]。そして、警察による被疑者取調べを規制するという目的論的な観点からすれば、厳密な意味での裁判官準則（RULES）それ自体だけでなく、その注記（NOTE）や付属の訓令（Administrative Directions）なども包括して「裁判官準則」と呼んで差し支えないであろう[12]。

もっとも、かかる裁判官準則は、必ずしも制定法としての法規範性を承認されているわけではなかった[13]。そのため、裁判官準則は、しばしば警察によって軽視され、その違反も裁判所からは一般に黙殺されていたともされる[14]。また、当の裁判官準則自体、その前文において、本準則に違反して得られた供述は後の刑事手続において証拠排除される可能性があることを

示唆するにとどまっていたこともあって、裁判官準則に反して得られた自白も、それが不任意と認定される場合を除いて、必ずしも証拠として排除され、また上訴審において有罪判決を破棄する根拠とされていたわけではなかった[16]。

　実際、PACE の制定に大きな影響を及ぼしたコンフェイト（Confait）事件[17]においても、少年の取調べに関する第三者立会いの規定はもちろん、ソリシターの助言等に関する権利告知が行われていなかったなど、裁判官準則に違反する取調べが行われていた[18]。それどころか、そもそもこれらの規定は警察官や弁護人に知られていないことが多く、また、誤って理解されてもいたのである[19]。このような状況下で得られた自白が、他に目ぼしい（補強）証拠もない中で、第１審の有罪判決（後に誤判であることが確定）の基礎となったことは容易に伺われるところである[20]。

　他方で、上記の裁判官準則でも規定されていたとおり、裁判官には、裁判官準則に違反して得られた証拠を排除する裁量自体はたしかに留保されていた[22]。この点に関し、当時としては、警察に対して同準則を遵守すべくその注意を喚起するという点では、そのような排除の可能性が存在すること自体に大きな意義があるとも期待されていたようである[23]。しかし、上記のような事情に鑑みるかぎり、結果的には、取調べの適正さの確保という面でも、また実際の証拠排除という面でも、共に所期の目的が果たされたと評価することは難しい。見方を変えれば、だからこそ、コンフェイト事件を含むいくつかの著名な冤罪事件の発生を通じて、裁判官準則下での法状況への反省が促され、PACE の制定へとつながっていったと見ることもできよう[24]。

第 2 節　PACE 下での自白の証拠排除の類型

　では、そのような経緯を経て制定された PACE 下において、どのような場合に自白が証拠から排除されるか確認しておこう。

1　自白法則（PACE 76条）

まず、当然のことではあるが、自白法則がある。この点に関し、PACE 76条は、その1項と2項において次のように規定している[25]。

(1) いかなる手続においても、被告人の自白は、当該手続で争点とされる事項に関連性を有するときは、裁判所が本条の規定に従い排除しない限り、被告人に不利益な証拠とすることができる。
(2) いかなる手続においても、訴追側が被告人の自白を証拠として提出しようとする場合において、その自白が、(a) 被告人に対する強制により、又は、(b) その当時の状況により自白の信用性を失わせると認められる言動の結果として、獲得され又は獲得された疑いがあることが主張されたときは、裁判所は、訴追側においてその自白（真実である可能性のいかんを問わない。）が前各号の方法により獲得されたものでないことを合理的な疑いを超えて証明しない限り、これを被告人に不利益な証拠として許容してはならない。

ここで現在のイギリスの自白法則について定めているのが、2項であることは言うまでもない。とりわけ、当該自白が「(b) その当時の状況により自白の信用性を失わせると認められる言動の結果として、獲得され又は獲得された疑いがある」場合の解釈が重要である。もっとも、イギリスの自白法則に関しては、すでに日本でも先行研究があり[26]、また紙幅の関係もあって本稿では深くは立ち入ることができないのだが、ここでは次の点に留意しておくべきであろう。

すなわち、上記2項所定の「信用性」とは、あくまでも、特定の状況下で特定の被告人に対してなされた特定の言動が自白の信用性に影響を及ぼす「可能性」を問題にするものであり、自白の現実の信用性の有無・程度を検討対象とするものではない[27]という点である。換言すれば、ここで問題とされている信用性とは、日本のように証拠能力判断を前提とした証明力判断ではなく、あくまでも証拠能力レベルの問題（文字通り、証拠の許容

性判断）として、自白の信用性評価に影響を及ぼし得る一般的・類型的事情（つまり、一般的・類型的に虚偽自白をもたらすおそれのある事情）の存否が検討対象とされていると位置づけることもできるであろう[28]。そして、AAの立会いの存否又はAAによる実効的な援助の存否は、このような一般的・類型事情の一つとして証拠法上位置づけることができる。たとえば、イギリス公訴局（Crown Prosecution Service：以下、CPSとも略す）のガイドラインでも、AAの立会いの欠如や、立会いがあってもAAが適切な行動をとらなかったことなどは、自白法則による排除の要因となりうることが明記されている点にも留意すべきであろう[29]。

2 精神障害者の自白の信用性評価（PACE 77条）

なお、PACEには、日本法と同様の意味での自白の「信用性」（証明力）評価に関する特則として、その自白が精神障害者（mentally handicapped persons[30]）によってなされ、かつ、その自白が第三者の立会いなくして得られた場合には、その自白を信用して当該被告人を有罪とするには特に慎重を要する旨の規定も存在している（PACE 77条）。しかしながら、本条をめぐる問題は、上記のPACE 76条又は次に述べる78条の問題として、すなわち証拠の許容性の問題に吸収される場合もあるため、本条の解釈が直接争われる事例はごく少数にとどまるものとされており[31]、本稿でもこれ以上立ち入らない[32]。

3 不公正証拠の裁量的排除法則（PACE 78条）

他方、イギリス刑事証拠法において、自白法則と並んで自白の証拠排除に大きな役割を果たしているのは、いわゆる不公正証拠の裁量的排除法則（以下、便宜上「裁量的排除法則」という）である。これに関して、PACE 78条は次のように規定している[33]。

 (1) いかなる手続においても、裁判所は、訴追側が立証の基礎として

申請する証拠につき、その証拠が獲得された状況を含むすべての事情を考慮して、その証拠を許容することが当該手続の公正に有害な影響を及ぼすためこれを許容すべきでないと認めるときは、その証拠を許容することを拒むことができる。
(2) 本条の規定は、裁判所が証拠を排除しなければならないものとする他の法則に影響を及ぼさない。

かかる裁量的排除法則についても、日本でもすでに詳細な先行研究があり[34]、本稿もまた屋上屋を重ねるものではないが、本稿のテーマとの関係で言えば、次の点に留意しておくのが重要であろう。すなわち、かかる裁量的排除法則は、供述証拠、非供述証拠の両方を対象とするものであるが、前者（とりわけ自白）との関係でいえば、それが自白法則（上記のような信用性原則）の射程から外れる領域をカバーするものである、という点である[36]。換言すれば、自白の信用性に影響を及ぼす客観的な事情（これは絶対的な排除の対象である）はクリアされたとしても、なお手続の公正さに影響を及ぼし得る捜査手法が、本条の対象となるともいえよう。その意味で、自白法則（PACE 76 条）に基づく排除の主張と、本条に基づく排除の主張とは別個独立に成立しうるものである[37]。

この点についても、上記・CPS のガイドラインによれば、本条により証拠排除が争われる類型として以下の三つが挙げられている[38]。

- ヨーロッパ人権条約の違反があった場合
- PACE 運用規程の違反があった場合
- 警察の側に悪意（bad faith）があった場合

このうち、特に PACE 運用規程との関係では、単に違反があっただけで証拠排除につながるわけではなく、重大な違反（significant and substantial breach）が裁判所により考慮される点が指摘されている。日本における違法収集証拠排除法則に関し、いわゆる相対的排除論が採用されていること[39]との親和性を感じさせるものとして興味深い。

ところで、この点を AA との関係でみた場合、その立会い及び援助が運用規程に基づくものであり、さらに、裁判例でもその違反については、本条との関係で手続全体を不公正なものとするかどうかが問題とされてきている[40]。そうだとすれば、CPS ガイドラインでいう重大な違反とは、手続全体を不公正なものとしうるほどの違反と言い換えることが可能であろう。もっとも、その場合でも、いまだ具体的内容は必ずしも明らかでなく、また、そもそも本条の適用範囲と自白法則の適用範囲とをどのように区別しうるかという問題は、なお残されていることにも注意が必要であろう[41]。この後者の点については、後述する（第4節6）。

以上を踏まえたうえで、AA 制度をめぐる裁判例の検討に移ることにしたい。以下に見るように、証拠排除に対する裁判所の態度には、PACE 制定直後の時期とその後のいわば安定期とでは、濃淡が見られるが、まずは証拠排除された事例について、PACE 76 条と 78 条のそれぞれについて紹介・検討し、さらに証拠排除されなかった事例についても紹介・検討したうえで、さいごに、そこからどのような示唆が得られるかを探る。

第3節　自白法則（PACE 76 条）により排除された裁判例

AA を立ち会わせなかったこと等が自白の信用性を疑わせる事情に当たるとして、PACE 76 条に基づき排除した代表的な公刊判例としては、以下のようなものがある。以下、時系列順に紹介する。

1　エヴェレット事件（Everett:1988, CA）[42]

被告人は、警察に対してした供述が証拠として許容された後で強制猥褻（indecent assault）の訴因に対し有罪答弁をし、有罪判決を受けたが、実は公判に先立って被告人の精神年齢は 8 歳であることが判明していた（実年齢は 42 歳）。それにもかかわらず、警察では AA 等を立会わせないまま取調べが行われ、そこでなされた自白は後に第 1 審裁判所でも排除され

第 6 章　AA 制度とイギリス刑事証拠法　203

なかった。

　これに対し控訴院は、自白した際の「状況」とは、捜査官の主観ではなく、当時実際に存在した客観的な事情により判断されるべきものとし、医師による鑑定で被告人の精神年齢が客観的に明らかになっている以上、当該自白には運用規程の違反（すなわち AA の立会いの欠如）が認められることになり、それらの事情を全く考慮せず、もっぱら取調べのテープ録音のみを考慮して当該自白を証拠として許容した第 1 審裁判所には誤りがあるとして、上訴を容れ有罪判決を破棄した。

2　ブレイク事件（Blake: 1988, CA）[43]

　被告人は 16 歳の（女子）少年で、父親及び継母とは別居し、ホステルで暮らしていた。当該ホステルの器物に火をつけ損壊したことで逮捕され、警察署に引致された被告人は、警察から父親の名前と住所を尋ねられたが、断固回答を拒否し、ソーシャル・ワーカーの立会いを求めた。他方、ソーシャル・ワーカーの側では、当時の方針に従い、親に連絡がつかない場合でない限り出頭しないと警察に回答した。そこで警察は被告人に対し、父親に関する回答の拒否は自分の留置期間を長引かせるだけだと告げたため、被告人は必要な情報を伝えたところ、父親が出頭した。しかし、被告人の側では父親を無視していた。

　その後、被告人は警察に対して自白し、器物損壊の罪で訴追されたが、公判では当該自白の証拠能力が争点となった。第 1 審の裁判官は、別居中だった本件父親は AA とは言えないこと、逮捕後に身体捜索を受けた際を除き、取調べを含め終始男性（異性）の警察官に取り囲まれていたこと、そして、特別な休憩もなく 4 時間以上にわたって留置されていたことに鑑みると、その間に得られた自白は、PACE 76 条 2 項（b）の下では証拠として許容できないとした。そのうえで、他に被告人の有罪を証明するに十分な証拠はないとして本件公訴を棄却したため、訴追側が上訴した。

　これに対し控訴院は、以下のように判示して第 1 審裁判官の判断を是認し、上訴を容れなかった。すなわち、AA の義務は、少年に助言し援助す

ること、及び取調べが公正に行われているか監視することにある以上、単に運用規程の規定に形式的に合致しただけで、少年が全く信頼を置いていない者が立ち会ったとしても、AA立会いの目的を果たしたことにはならないとしたのである[44]。

このような控訴院の判断からは、少なくとも要支援者たる被告人（被疑者）に対して自白法則を適用するうえでは、やはりAAの立会いとその実効的な援助の有無が本質的な要素だったことを看取しうる[45]。

3　モス事件（Moss:1990, CA）[46]

精神遅滞（あるいはほとんどそれに近い精神状態）があった被告人は、複数の児童に対する性犯罪で逮捕され、9日間留置された。その間、取調べは9回にわたって行われた。被告人はソリシターを求めたが、アクセスは36時間にわたって拒否され、その後共犯者と同じソリシターが指定されたものの、利益相反を理由に辞退されてしまった。そのため、取調べには研修中のクラークが一度立会ったきりで、ソリシターが立会うことは結局なかった。被告人は5回目の取調べで事実を認める供述をするようになり、留置6日目に行われた8回目の取調べで決定的な供述をするに至った。そこには、やはりソリシターは立会っていなかった。被告人に不利益な証拠は自白だけで、補強証拠も得られていなかった。

第1審の証拠採否手続（voire dire）において裁判官は、最初の36時間にわたって弁護人へのアクセスが妨げられたのはPACE58条（法的助言を受ける権利）違反であるとし、9回目の取調べで得られた供述は排除したが、8回目での決定的な供述などについては排除しなかった。陪審への説示に際し、裁判官は、被告人には精神遅滞があるものとして扱い、PACE77条に基づく警告（精神障害者の自白の証明力判断に際しての注意則）を行ったが、被告人は4件の強制猥褻について有罪判決を受けた。これに対して、PACE76条2項及び78条1項に基づく証拠排除を求めて上訴がなされた。

控訴院は、当該供述がその信用性を疑わせるような状況で得られたかど

うかを判断するのは容易でないとしながらも、留置期間の長さ、多数回に及ぶ被疑者取調べ、上訴人（被告人）の精神状態、5回目の取調べまでは全く認めていなかったという事実、及び認める供述はすべてソリシター又はその他の独立の第三者のいないところでなされたことなどを総合的に判断すると、第1審の裁判官は、これらの証拠を許容して陪審にさらすべきでなかったと判示した。また、PACE 77条の警告がなされているものの、同条は短期間の留置における1回の取調べ（その意味ではイギリスでは通常の取調べ）に関するものであって、本件は明らかにその射程を超えているとし、本件評決は誤判の危険をなお免れていないとして、上訴を容れ、有罪判決を破棄した。

4　モース事件（Morse:1990, Crown Ct）[47]

　被告人は放火で訴追されたが、逮捕当時は16歳の少年であったため、警察では父親の立会いの下に取調べを受けていた。しかし、少年・父親共に法的助言を求めることはなく、少年は自白した。当該自白の証拠採否手続において、心理学者は、本件父親のIQは60〜70程度で、実質的に読み書きもできず、息子の置かれている状況の重大性を認識する能力はなかったこと、また、息子自身のIQも、精神遅滞とまではいかないが平均以下であると証言した。さらに、取調べにあたった警察官も、父親は息子に全く助言しなかったと証言した。

　裁判所は、上記・エヴェレット事件やブレイク事件を引用したうえで、AAの精神状態は、捜査官の主観に関わらず客観的に判断されなければならないとし、被疑者に助言できる能力がなければAAとは言えない（共感だけでは不十分）と判示した。そして、父親の精神状態が客観的証拠によって証明され、他方で訴追側も76条（2）項（b）で要求される証明を果たしていないとして本件自白を証拠から排除した。[48]

5 コックス事件（Cox:1990, CA）[49]

　不法目的侵入（burglary）で訴追された被告人にはIQ 58の精神遅滞（mentally handicapped）があり、文字を読むこともできなかったが、取調べはAAの立会いなしに行われ、被告人は当該犯罪に関与する旨の自白をしたため、調書を読み上げたうえで署名させた。

　第1審の裁判官は当該取調べでの自白を、公判廷での自白と同旨であり、真実である可能性が高いとして証拠能力を認めたが、控訴院は、被告人のIQが全人口の大部分（99.6％）よりも低く、被暗示性に富むことが証明されている以上、被告人はPACE及び運用規程上は（AAを必要とする）精神遅滞者として扱われるべきであり、そうであるならば、当該自白の証拠能力判断（PACE 76条）に際しても、本質的なのは、内容の真実性ではなく、本件実務違反（AAの立会いなしの取調べ）という状況が自白の信用性を失わせるに足りるものかどうかであって、その点を考慮せずに証拠能力を認めた原審には誤りがあるとして、上訴を容れ有罪判決を破棄した。

6 グレイヴス事件（Glaves:1993, CA）[50]

　この事件は、いわゆる反復自白の証拠能力との関係でも興味深い。

　故殺（manslaughter）で有罪判決を受けた被告人（上訴人）は、逮捕当時は16歳の少年であった。第1回目の取調べには代表のソリシター（a representative from his solicitors）が立会っていたが、AAは立会っていなかった。その取調べにおいて、少年は不法目的侵入への関与について否認していたが、それにも関わらず捜査官は何度も返答を求め、少なくとも9回はそのようなやり取りが続いた。もっとも、ソリシターがそのようなやり取りに介入したり、抗議することはなかった。その結果、少年は本件犯行全体を間接的に認めるような供述をするに至った（以下、第1自白という）。ほどなく2回目の取調べが行われたが、そのときは少年の父親がAAとして立ち会っている。なお、これらの取調べで得られた少年の第1

自白その他の供述に関し、第1審裁判所はPACE 76条2項に基づき証拠から排除している。

　さらにその約1週間後、今度は別の捜査官によって再度取調べが行われ、そこにも法的助言者（a legal representative）は立会ったが、AAは立会っていなかった。[51] しかし今度は、少年は任意に自白した（以下、第2自白という）。公判廷で少年側は、第2自白が第1回目の取調べの影響を受けていることを理由に証拠排除を求めたが、第1審裁判所は、今回（第2自白）の取調べに際しては（権利告知等の）警告がなされていたこと、第1回目の取調べと今回までの間に法的助言を受ける機会があったこと、今回の取調べのテープ録音からは、第1回目の際の有害な影響が残存しているとは評価しえないことを理由に、第2自白は、強制又はその当時の状況により自白の信用性を失わせると認められる言動の結果として獲得されたものではない旨判示した。

　これに対し控訴院は、第1自白の証拠能力が否定されたからといって必ずしも第2自白の証拠能力が否定されるわけではないとの裁判所の立場を明らかにしたうえで、[52] 第1回目の取調べの際に法的助言を受けたかどうかが重要であるとし（それによって裁判所の立場を知ることができるとする）、実際にそれがなかった以上、たとえ第2自白の取調べに際して捜査官の交代や権利告知があったとしても、第1回目の際の影響は遮断されないとした。さらに、第1回目の際に立ち会ったソリシターも、取調べの行き過ぎに介入する第三者の立会いを保障すべきだったのにそれをしなかったとして、[53] 上訴を認め有罪判決を破棄した。

　文言上は排除の根拠条文は必ずしも判然としないが、第1自白の影響が残存していることを根拠とする以上、いわゆる反復自白の証拠能力の問題としてPACE 76条2項により排除されたと考えてよいであろう。[54] また、ソリシターが立会っていても証拠排除された[55]という点は、後の裁判例との関係を考えておくうえでも興味深い。

7 ケニー事件（Kenny : 1993, CA）[56]

　被告人は不法目的侵入で有罪判決を受けたが、上訴の根拠となった事実関係は以下のとおりである。すなわち、被告人が逮捕された際、不法目的侵入への関与を否定するとともに、逮捕した警察官に対し、自分は読み書きができないと伝えたが、その事実は他の捜査官には伝えられなかった。その後、ソリシターの立会いもないまま取調べを受けたが、被告人は不法目的侵入への関与を認めるに至った。他方、公判では、被告人の精神遅滞が争われ、被告人の精神年齢は9～10歳であるとの鑑定も得られた。しかし、第1審の裁判官は、AAの立会いなしに取調べが行われたという運用規程の違反があることは認めたが、本件捜査段階での自認は合理的疑いなく信用できるとし、証拠として許容したため、被告人は有罪答弁に転じたのであった。

　これに対し控訴院は、PACE 76条2項（b）の下で裁判官が判断すべきは、当該自白が実際に真実であるかどうかではなく、当該自白がその信用性を失わせるような状況で得られたものであるかどうか、そして、訴追側がそうでないことを合理的疑いを超えて証明しているかどうかであるとしたうえで、本件でAAの立会いのない状況で自白に至ったことは、当該自白が実際に真実であるかどうかに関わらず、当該自白の信用性を疑わせる事情にあたるとして証拠から排除し、本件では他に被告人に不利な証拠はないとして、有罪判決を破棄した。

8 小括

　以上のような自白法則に関する裁判例からは、裁判所（とりわけ控訴院）は、自白の内容の信用性（換言すればその証明力）ではなく、PACE 76条の文言に忠実に、当該自白が得られた際の客観的な状況に基づいて自白の許容性判断を行っていることが分かる（特にエヴェレット事件、ケニー事件）。そのことは、イギリスの自白法則に関する、上述のような全般的な方向性とも合致する。

問題は、そのような客観的な状況におけるAAの立会い（換言すれば運用規程違反）の位置づけである。この点ついては、少なくとも上記の判例の流れの中では、かなり大きな比重が与えられていることが分かる。例えば、AAの立会いがなかったこと自体を直接の根拠として証拠排除し有罪判決を破棄した場合はもちろん（エヴェレット事件）、立会い自体はあっても実効的な援助が保障されない限りはAA制度の趣旨が没却されるとして証拠排除・有罪破棄した事例（ブレイク事件、モース事件）からは、PACE及びその運用規程が制定されたことの意義とその尊重の態度が色濃く伺われる[57]。こういった態度は、PACE施行後間もない、その意味で比較的初期の裁判例ついて特に顕著である。

　他方、判例の中には、AAの立会い（の欠如）それ自体を排除の直接の根拠にするのではなく、取調べをめぐる客観的な事情の一つとして考慮しているものもある。上記ではモス事件がそれであるが、そのような総合的な判断手法は、場合によっては、AAの立会いの意義を相対化する可能性も秘めていよう。そして、まさにその後の判例の展開は、後述のように相対的な位置づけへと変化していったようにも思われる。そのことは、上記のような自白法則に基づく排除事例が、1993年のケニー事件以降、少なくとも公刊判例では管見の限り見当たらないといった点からも伺われる。

　もっとも、イギリスにおける自白の証拠排除は、次第にその重点を自白法則から、次に見るような裁量的証拠排除へと移していったと見ることもできる。そこで、次にその点に関する裁判例を検討していくことにする。

第4節　裁量的排除法則（PACE 78条）又は自白法則（PACE 76条）との択一的適用により排除された裁判例

　裁量的排除法則との関係で代表的な公刊判例としては、以下のものを挙げることができる[58]。ここでも、時系列順に紹介する。

1　ダットン事件（Dutton:1988, CA）[59]

　本件は、PACE 76条との択一的適用により排除された事例である。ここでも問題となったのは、やはり被告人が逮捕され、取調べを受けた際の状況であるが、その詳細は以下のとおりである。

　被告人（上訴人）は、自分の娘に対する強姦と自分の息子に対する強制猥褻の訴因について、陪審により有罪判決を受けた。逮捕時被告人は40代であったが、軽度の精神遅滞が認められ、青少年のころ（20年以上前）には精神病院に入院していたこともあった。そこで、逮捕後、警察署に引致されたとき、被告人は自分のソーシャル・ワーカーとの面会を求めたものの、当該ソーシャル・ワーカー（女性）は、被告人だけでなく本件被害者である娘のソーシャル・ワーカーとしても被告人の家庭に以前から関与しており、しかも本件については、すでに被害者たる娘の側（したがって訴追側）の立場から関与していたため、当然、被告人との面会のために出頭することには消極的だった。結局取調べには、別のソーシャル・ワーカーやソリシターが呼ばれることはなかった。

　その間、被告人は単独で留置されていたが、逮捕後10時間経ったとき、2人の捜査官により取調べが行われた。いずれの取調官も、被告人が幼少時養護学校に通っていたこと、大人になってからも精神衛生法に基づく入院命令を受けていたこと、社会への適応能力に問題があること、そして、今回ソーシャル・ワーカーへ逮捕されたことの通知を求めたものの、誰も被告人を支援しには来なかったことを認識していた。

　取調べを行うに際し、被告人には黙秘権を告知したうえで被疑事実を告げたところ、被告人は本件訴因についてはいずれも認める供述をした。1時間半にわたる取調べが録音のもとで行われたが、その終了時（午後8時半）に被告人は、自分は取調記録（interview notes）を全く読むことができないと述べた。そこで、被告人に調書の読み聞かせを行うため、当番のソーシャル・ワーカー（duty social worker）に出頭要請したが、その返事はまたしても消極的だった。そのため、書面上は読み聞かせを受けたとの署名はあるが、実際にそれが行われたことを示す明確な証拠は存在して

いない。

　第1審公判では、被害者である娘（当時10代前半）が訴追側証人として尋問を受けたが、その供述は反対尋問を受けて大きく変遷し、結局、ほとんど信用できないこと（worthless）が明らかとなった。娘の供述の信用性について、裁判官は直ちに（少なくとも被告人との関係で）そのような判断を示したわけではなく、それどころか、相被告人の弁護人の要望により、法廷での娘の尋問調書も陪審に渡されることとなった。とはいえ、その後陪審への説示に際しては、本件娘の供述を考慮してはならない旨説明し、その結果、被告人の有罪を証明する唯一の証拠は、上記・取調べでの自白のみとなった。他方で、弁護人は（相被告人の弁護人も）、当該自白を証拠とすることに異議を述べたりはしなかったが、本件取調べは運用規程に違反してAAの立会いなくして行われた以上、そこで得られた供述もPACE 76条又は78条に基づき排除されるべきであるなどと主張した。

　しかし、第1審の裁判官は、本件取調べに運用規程違反があることは確かだが、その他の面では適正に行われており、当該運用規程の違反自体も、事後的に警察懲戒手続でも対応可能であるだけでなく、その違反の程度も証拠から排除するほど重大ではないなどとして、当該自白を証拠として許容したため、陪審により有罪判断が示されることとなった。これに対し、当該運用規程の違反を重大でないとした判断には誤りがあるなどとして被告人側が上訴した。

　控訴院は、かかる上訴理由を認め、本件はまさに運用規程がAAの立会いを想定している事案にほかならず、したがって虚偽自白のおそれが高い類型に属するから、かかる違反を重大でないとした第1審裁判官の判断には誤りがあること、また、娘の公判廷供述の信用性を直ちに否定せず、その尋問調書を陪審に渡した点にも（陪審の判断を誤らせるおそれという点で）誤りがあるとした。したがって、娘の公判廷供述を除外したうえで、本件運用規程違反の実質を正しく評価すれば、本件自白の信用性（証拠の許容性）には疑いが生じ、あるいは本件自白を証拠として許容することはPACE 78条の下で不公正と考えられるうえ、娘の尋問調書を読んだ上でなされた陪審の有罪判断にも、なお誤判の疑いを免れていないなどと

して、上訴を容れ、有罪判決を破棄した。

2 フォガー事件 (Fogah:1988, Crown Ct)[60]

　強盗で訴追された被告人は、逮捕時16歳であった。被告人に不利な証拠には被告人の警察段階での自白もあったが、その自白が得られた取調べとは、事前の権利告知等はなされたものの、逮捕後に路上で、したがってAAの立会いもなく得られたものであった。

　証拠採否手続では、当然、このように路上で行われた取調べの適否が争点となった。弁護人は、取調べの定義に関する先例[61]を引用しつつ、路上で行われた一連の受け答えはPACE所定の「取調べ (interview)」に当たるものであり、その際AAの立会いがなかった以上、運用規程の違反が認められること、そして、AAの立会いは必要的であって、警察署での取調べに限定されないとして、PACE 78条による自白の証拠排除を求めた。

　これに対し裁判官も、本件路上での一連の受け答えが取調べに該当することを前提として、本件取調べにはAAが立会っておらず、運用規程違反は明白であるとして、本件取調べにより得られた供述をPACE 78条に基づきすべて証拠から排除した。その結果、被告人は、陪審の全員一致の評決により無罪となった。

3 ウィークス事件 (Weekes:1992, CA)[62]

　強盗の共謀で訴追された被告人は、逮捕時16歳であった。逮捕後、警察車両内で質問を受けた被告人は、当初は否認しながらも、犯行をほのめかす供述をするに至った。もちろん、そのようなやり取りが行われた際、AAは立会っていない。第1審で弁護人は、AAの立会いがない以上、運用規程の違反があるとしてPACE 76条または78条に基づく当該供述の排除を求めたが、第1審の裁判官は、本件警察車両内でのやり取りはいまだPACE所定の「取調べ」の域に達していない（したがって、AA立会いの保障も必要ない）とし、取調べの定義に関する前例[63]に依拠しつつ、当

該供述を証拠として許容したため、被告人は上訴した。

　これに対し控訴院は、取調べの定義を線引きすることは難しいとしつつ、しかし路上又は警察車両内での会話も取調べに該当しうる場合があるとした。そして、少なくとも本件で被告人が犯罪を自認し始めた段階で、捜査官は被告人から説明を得ているのであるから、そこからはAAの立会いが必要だったのであり、結局、本件警察車両内での会話を全体として評価すれば取調べに該当するから、運用規程違反は免れないとした。そのうえで、他に被告人の関与を示唆する証拠もなかったことからすれば、第1審裁判官は、本件会話をPACE 78条に基づき証拠から排除すべきであったとして、有罪判決を破棄した。なお、PACE 76条との関係では判断は示されていない。

4　ハム事件 (Ham:1995)[64]

　被告人（上訴人）は、不法目的侵入で有罪判決を受けた者である。

　被告人は、逮捕及びそれに続く取調べ時においてすでに18歳に達しており[65]、また本人がソリシターを求めなかったこともあって、取調べはソリシターその他の第三者の立会いのないまま行われ、結局2回にわたる取調べ（合計1時間半程度）により被告人は自白するに至っていた。しかしその後第1審では一転して無罪答弁に転じ、証拠採否手続において、自らのIQや精神病歴に鑑み、AAの立会いを必要とする「精神的ハンディキャップのある者（mentally handicapped）」[66]に該当していたこと、そうだとすると、AAの立会いなくして得られた自白（運用規程違反）はPACE 76条又は78条により排除されるべきであると主張して、本件自白の証拠能力を争った。

　証拠採否手続において、被告側からは精神科医が被告人のIQや病歴・病状等について証言（鑑定書も提出）したうえで、取調べ時の被告人の心身は迎合性・被暗示性に富む状態にあったこと、IQも70から80（知的レベルは11歳程度）で「精神的ハンディキャップ」のボーダーライン上にあることからすれば、被告人は要支援者（vulnerable）として、PACE

に従い AA の立会いの下で取調べが行われるべきだったのであり、そのような立会いなくして得られた自白には虚偽のおそれが非常に強いと述べた。他方、訴追側からは取調べにあたった警察官らが当時の被告人の様子や取調べの状況等について証言した。なお、被告人の成育歴をよく知る警察官については、弁護人の要求にも関わらず、結局証人尋問が実施されなかった。

　第 1 審の裁判官は、上記のような専門家の証言にも関わらず、被告人の「精神的ハンディキャップ」の問題については特に明確な判断を示すことはなく、他方で、取調べが可能だったかどうか（fit to be interviewed）という観点から、警察官の証言に照らせば自白の信用性を疑わせる事情は認められないとして、本件自白を証拠として許容する判断を示した。これを受けて被告人も、再度のアレインメントで有罪答弁をせざるを得ず、有罪判決を受けることとなった。そのため、被告人がかかる証拠の採否の判断には誤りがあるなどと主張して、上訴したのが本件である。

　控訴院は、かかる上訴理由を認め、上記・エヴェレット事件などの先例に依拠しつつ、被告人に精神的ハンディキャップがあるかどうか、そして自白が得られた際の状況がその信用性を疑わせるものであったかどうかは、医学的証拠によりつつ「客観的」に行われなければならないこと、それにもかかわらず第 1 審の裁判官は、専門家でもない警察官の証言に基づいて、しかも取調べの可否についてしか判断しないまま証拠として許容したという点で、その瑕疵は重大であるとした。また、PACE 78 条についても審理が十分尽くされていないなどと判示した。そのうえで、当該自白以外に被告人の有罪を証明する証拠はない以上、もはや有罪を維持することはできないとして、上訴を容れ、有罪判決を破棄した。

5　アスピナル事件（Aspinall : 1999, CA）[67]

　被告人（上訴人）は、ヘロイン譲渡の共謀で有罪判決を受けた者であるが、警察段階で取調べを受ける際、警察官に対し自分が統合失調症であることを伝えていた。そこで、警察医（police surgeon）の診察を受けるこ

第 6 章　AA 制度とイギリス刑事証拠法　　215

とになったのだが、最初に診察した警察医は、被告人が投薬治療中の統合失調症にかかっており、不安には感じているものの、現在の意識は明瞭で、時間と空間の認識もはっきりしていると診断した。2 番目に診察した警察医も、先の診断に間違いないことを確認し、薬をしっかり服用しており、これ以上の治療を必要としないこと、そして取調べにも応対可能であると診断した。被告人は、逮捕後 13 時間は取調べを受けていなかったが、法的助言を希望するかと尋ねられた際も、特に希望せず、ただ「家に帰りたい」と述べるにとどまったため、AA もソリシターの立会いもないまま取調べが行われた。

　その後、証拠採否の手続において、被告人の診察医を数年来つとめてきた精神科医が、被告人のこれまでの病状について証言したうえで、被告人は取調べの際、ストレスによる疲労、不安、及び抑圧を感じていた可能性があること、そして、統合失調症に起因する一定程度の受動性及び自己主張力の乏しさがあったと証言した。しかしながら、第 1 審の裁判官は、AA の立会いを欠いたことによる PACE 78 条に基づく証拠排除については、これを認めなかった。

　これに対し、控訴院は、本件で取調べを行うには AA の立会いが必要であった以上、明らかな運用規程の違反があるとして、上訴を容れ、(判文上は明示されていないが PACE 78 条に基づき) 本件供述を証拠から排除し、有罪判決を破棄した。控訴院によれば、本件で生ずる不公正さは、ソリシターの関与がなかったことによるものとされる。また、法的助言へのアクセスが遅れたという点では、ヨーロッパ人権条約 6 条違反も認められるとする。[68]とりわけ、要支援被疑者のように、AA の立会いという利益を受けるべき者の場合には、かかる権利侵害が顕著であるとした。[69]しかるに、第 1 審裁判官は、AA の立会いが必要とされる目的、AA の義務等を考慮せず、AA を立ち会わせないことで手続の公正さがどれほど害されるか判断しなかった点に、誤りがあるとしたのである。

　なお、控訴院は、本件で手続の公正さが害される一つの側面として、本件供述を許容することは、陪審に対し被告人が健常であることを示す可能性がある点を指摘している。従前の先例によれば、裁判官が PACE 78 条

の裁量を行使するには、当該(不公正に得られた)証拠を用いることによって、当該裁判（手続）の公正さが害される程度に達することを要する旨、判示されていたことから、[70]捜査段階でのAAの立会いの欠如は、それによる弁護権侵害、ひいては（陪審）公判での証拠評価への誤り等も含めた、その意味で、虚偽自白のおそれに対する総合的な判断のもとに不公正手続の認定とそれに基づく証拠排除がなされたと評価できよう。

6 小括

本条に関する裁判例から伺われるのは、証拠排除の根拠条文は、PACE 76条と78条のいずれかが用いられ、後者が予備的に主張されることが多いものの、そのいずれに依拠するかは、事実関係を比較してみても必ずしも判然としないと言わざるを得ないという点である。その意味で、PACE 76条と78条の適用を分ける基準を明確に論じることは難しい。そのことは裁判例、例えばダットン事件などでも、両者を截然と分けていないことから伺われる。

この点については、そもそもPACE 78条を適用するにあたり明確かつ一般的な指針は存在せず、また、裁判例の動向に照らしても、本条の下での裁判官の裁量行使に一般的な指針を与えることは、裁判所自身が差し控えているとも指摘されている。[71]今後もこの点に留意しつつ、イギリスの裁判例の動向を注視していく必要があろう。

第5節　証拠排除されなかった裁判例

排除が認められなかった事例については、PACE 76条違反と同78条違反の両方が上訴理由として主張され、その結果、その両者について判断が示されることが多いため、ここでまとめて紹介する。

1 Wほか事件（W and another:1993, CA）[72]

被告人は13歳の（女子）少年で、強盗で逮捕された。被告人は、警察の取調べでは母親の立会いのもとで事実を認めていたが、上訴理由の中で主張されたのは、当該母親は精神病に罹患しており、もはやAAとは評価し得なかった以上、それらの供述はAAの立会いなしに得られたものとして証拠から排除されるべきという点であった。

この点に関し第1審の裁判官は、母親が精神病であることは認めつつも、取調べに際して娘に助言することは可能であったと認定し[73]、仮にそのような能力に問題があったとしても、取調べ自体も全く公正かつ適正に行われたとして、被告人の供述した際の状況には、その信用性を疑わせる事情は存在せず、また、取調べの公正さを害するような事情も存在しないと判示した。そして、控訴院もまた、取調べの記録を精査したうえで、取調べは公正かつ適正に行われているとして、基本的に第1審裁判官の判断を是認し、上訴を認めなかった。

なお、このような判断手法については、初期の判例（例えば、上記・モース事件など）では、AAの客観的な精神的能力自体に着目し、そこから（実際の取調べの状況いかんに関わらず）一般的・抽象的に運用規程違反を認定していたのに対し、本件では、AAの能力は実際に取調べの場で具体的に助言出来ていたかどうか、そして取調べ自体が公正に行われていたかどうかを判断する上での事情の一つとして考慮されているにすぎないとして、批判的に捉える見解もある[74]。日本法との関係でも示唆的というべきであるが、このような裁判所の方向性については後述する（221頁以下）。

2 キャンベル事件（Campbell:1994, CA）[75]

被告人（上訴人）は、強盗の共謀及び謀殺で有罪判決を受けた者である。本件ではいくつかの上訴理由が主張されたが、本章との関係では、以下の点が問題とされた。すなわち、逮捕後の取調べの当初、被告人はソリシターの立会いなしで取調べを受けることに同意した。その際、被告人自

身が、犯行現場に行ったことがあること、そこで犯行当日に（犯人が被っていたのと似た）帽子を落としたこと、現場で銃撃が起きたが、自分はそれをしていないこと、自分の連れが銃を持っていたことなど、本件犯行に間接的につながる事実等について供述した。その後被告人が医師の診察を受けたところ、医師は被告人に精神遅滞がある（IQがボーダーラインをぎりぎり下回る程度）との診断を下したため、以後の取調べではAAの立会いの下で取調べが行われた。

以上の事実に関し、弁護人は上訴理由の中で、AAが立合う前の供述はPACE 78に基づいて排除されるべきと主張したが、控訴院は、本件取調べがPACEによる保護の対象となることは認めた上で、弁護人は76条違反を主張しておらず、第1審裁判官も76条違反を認定していない以上、その裁量行使がさらに78条違反となるような明白な誤りを犯しているとはいえない（また、その他の上訴理由にも理由がない）として、上訴を認めなかった。

3 ルイス事件（Lewis:1995, CA）[76]

本件では、捜査段階でも第1審でも被告人の精神遅滞は争点とされず、上訴の段階で初めてそれが主張され、原審での証拠の採否の当否が問われたものである。すなわち、被告人は第1審において強盗で有罪判決を受けたが、上訴審では被告人側より、被告人のIQは69で、それは脳の損傷を強く示唆することを内容とする鑑定（臨床心理医によるもの）が、1968年刑事上訴法23条1項又は2項に基づいて証拠申請された。もし当該鑑定が採用されれば、被告人はPACE 69条（ママ）の保護の対象として、ソーシャル・ワーカー等の第三者（すなわちAA）の立会いのもとで取調べが行われるべきだったのであり、そうだとすれば、かかる立会いなくして得られた供述は、その信用性を疑わせるものとして証拠から排除されるべきというのが、弁護側の主張であった。

これに対して控訴院は、第1審及び捜査段階でも被告人の精神面での問題を知りうる状況はあったにも関わらず、第1審でかような鑑定証拠が提

出されなかったことについて合理的な説明はされていないとして、上記1968年刑事上訴法23条2項は充足しないとしつつ、他方で、同条1項については、正義の観点から当該鑑定証拠の採用も可能であるとした。しかしながら、AA立会いとの関係については以下のように判示して、上訴を容れなかった。

　すなわち、本件鑑定が第1審で提出されていたら、裁判官が証拠採否手続において、そのようなAAの立会いなくして得られた供述の許容性を判断しなければならなかったことは確かである。また、AAの立会いの趣旨とソリシターの立ち会いの趣旨、そして、精神遅滞者への理解度という点で両者に違いはあることも確かである。しかしながら、他方で、本件取調べで得られたのは単純な自白ないし自認ではなく、弁解供述なども含まれていたこと、しかもそれらの供述は、予めソリシターと相談したうえで、かつ一貫してソリシターの立会いのもとになされたこと、そして、そもそも立会いの趣旨に違いがあるとはいえ、本人の権利行使を助け、取調べの公正さを担保する等の点でAAとソリシターの役割はほとんど同じであること、これらの事情に鑑みると、仮にこのような証拠能力の問題が第1審で提起されていたとしても、裁判官にとっては、かかる供述がその信用性を失わせるような言動の結果として得られたのでないと判断したであろうことは疑いない。なお、PACE78条は本件のような事情のもとではほとんど論ずる余地はなく、また、同77条についても、被告人に不利益な訴追側の主張の全部または一部が本件自白に依拠しているわけではなく、しかも、同条との関係ではソリシターが独立の第三者と言いうる[77]、などとして、上訴を認めなかったのであった。

　なお、このように、ソリシターの立会いと助言があったことを重視し、あたかもそれがAAの立会いと助言に代替しうるかのような判断を示したことについては、AAとソリシターとは援助の性格が違うこと、そのこととも関連して運用規程上ソリシターはAAの担い手から明文上除外されていること[78]などに鑑み、批判的に捉える見解もある[79]。法的援助と、心理的・福祉的援助との機能分化という点に鑑みれば[80]、説得的というべきであろう。

4 ロウ・トンプソン事件（Law-Thompson:1997, CA）[81]

　被告人（上訴人）は、知能は高かったが、アスペルガー症候群にり患していた。その障害の影響により母親の殺害を決意するようになった被告人は、実際に母親に包丁で切りかかろうとして、母親に対する謀殺未遂で有罪判決を受けた。そして、それに対する上訴理由の一つに、被疑者取調べにAAの立会いがなく、それゆえそこで得られた供述は証拠排除されるべきことが主張されていた。具体的には、被告人は（逮捕後）警察署で精神科医の診察を受けたところ、当該精神科医が取調べは十分に可能との診断を下したため、警察はAAの手配に入った。しかし、ソーシャル・ワーカーから、AAの立会いは必要的でないとの助言を得たため、AAは立会わせず、しかしソリシターの立会いのもとに取調べが行われ、そこで被告人は母親を殺す意思がある旨はっきりと供述したのであった（以下、本件供述という）。さらに、第1審公判でも、当該精神科医は、被告人には（他者加害の危険を持つ）人格障害はあるが、精神病ではないとし、被告人は自分の行っていることは理解できるがその違法性を理解できないとして、心神喪失（insanity）に基づく無罪答弁が適当であると証言した。しかし、被告人自身は、かかる答弁を拒否したため、陪審により有罪の判断が下されたのである。

　控訴院は上訴を許容しなかったが、AAの立会いの欠如とそれに基づく本件供述の証拠排除については、自白法則との関係も踏まえて、次のような判断を示した。すなわち、当該自白がAAの立会いがなかったことの結果として得られたものであるか、あるいはかかる立会いの欠如自体が当該自白に対する信用性を疑わせるものであるかを示す証拠がない以上、本件に対してPACE 76条2項を適用することは容易でない。そこで問題は、PACE 78条1項の適用の可否であるが、本件上訴審の弁護人はヨーロッパ人権条約6条等も援用しているが、ヨーロッパ人権裁判所の先例及び貴族院の先例に照らせば、同6条は証拠能力についてまで規定したものでなく、証拠能力についてはもっぱら国内法の問題となること、もちろん同6条違反はそれによって得られた証拠の許容性にも影響を及ぼしうる

が、必要的な証拠排除まで帰結するものではないこと、そして、本件供述についても、それを用いることによって当該裁判自体の公正さが害されるとまでは言えないこと[82]を理由に、上訴を認めなかったのである。

5 小括

少なくとも公判され又はオンライン上で入手しうる裁判例に関する限り、証拠排除されなかった事例は、管見の限り必ずしも多くはない。そのこと自体は、AA制度、ひいてはPACE自体に対する裁判所の好意的な態度を示唆しうるものではある。もっとも、そのように限られた事例とはいえ、証拠排除に消極的な判示からは、特に積極的に排除に傾いたPACE施行直後の時期に比べると、自白の証拠能力判断におけるAA立会いの意義・位置づけにも微妙な変化を看取しうるようにも思われる。もっとも、その点についての詳細は、証拠排除を認めた裁判例とも比較しながら以下述べることにしたい。

おわりに

1 裁判例の展開から得られる示唆

本章では、AAの立会いなしに得られた自白の証拠能力について、公刊され又はオンライン上で入手しうる裁判例を対象に検討を加えてきた。そして、上記のような裁判例の展開からは、さしあたり、以下の3点について示唆が得られるであろう。

第一に、控訴院での破棄事例が続出したことから伺われるとおり、PACEが制定された後もしばらくは、AAの立会いに関する運用規程は、従前の裁判官準則同様、現場の捜査官からは無視されることが多く、また第1審の裁判官からもそのような実務が黙認される事態が続いていたと考えられる。そのことは、PACEの制定も、少なくともAAとの関係でい

えば、それだけでは直ちに捜査実務を変革するインパクトを持ちえなかったことを示唆している。

しかしながら、第二に、まさにPACEの重要性を捜査実務にも知らしめ、それを浸透させるのに大きな役割を果たしたのが、控訴院であったということもできよう。[83] PACE 76条に基づいてであれ、同78条に基づいてであれ、控訴院が驚くほどの大胆さで証拠排除に踏み切り、捜査実務に「制裁」を加えたことは、学会にも大きな衝撃を与えたようである。[84] そのことは、被疑者取調べの法的規制を実効性あるものとするためには、裁判所（特に上級審裁判所）が、とりわけ証拠採否の判断という点で大きな役割（啓蒙的役割）を担っていることを示唆している。

他方、解釈論上の問題として、PACE 76条と78条の適用をめぐる区別基準については、上述（第4節6）のように一般的な指針が存在していない面があるものの、その問題をひとまず措くことができるとすれば、これまでの裁判例の展開からは、第三点として、証拠能力判断におけるAA立会いの比重の変化を読み取ることもできよう。すなわち、ドラスティックに証拠排除した初期の判例（例えば、エヴェレット事件やモース事件など）では、AAの立会いの有無は、それ自体が自白の信用性に一般的・抽象的に影響を及ぼす事情として位置づけられていたのに対し、その後の判例（Wほか事件やルイス事件など）が必ずしも証拠排除に積極的ではなくなったように見えるのは、判例相互が矛盾しているというよりも、むしろ、AAの立会いの位置づけが、自白の信用性（又は裁判の公正）への影響を個別・具体的に判断するための一事情へと比重が変化した結果と理解することも可能である。[85]

その背景にあるのは、裁判所が当該自白を証拠として採用することを容易にしたいという意図であり、したがってまた、被告人の有罪の確保と運用規程の遵守とのバランスを図ろうとする意図であろう。そして、近時の裁判例は証拠排除にますます消極的になっているとの見解や、特にPACE 78条との関係では、裁判官が「不公正」であると認定することは宝くじにあたるようなものである（控訴院の介入はそれほど稀である）と指摘する見解[86]すらあることに鑑みれば、有罪の確保、従って、治安維持へのバラ[87]

ンスの傾斜は進んでいると言わざるを得ないようにも思われる。

　他方で、被疑者・被告人側へのバランスをもたらしうる事情もないわけではない。その有力な動向の一つがヨーロッパ人権条約（特に6条）の援用であろう[88]。もちろん、上記の判例の中には、同条約に留意しつつも証拠排除を認めなかったものも存在するが（ロウ・トンプソン事件）、時系列的にはその後の裁判例であるアスピナル事件では、逆に同条約も援用しつつ不公正証拠として排除しており、同条約が今後イギリス刑事証拠法にどのような影響を及ぼしていくかが注目される[89]。

2　日本法への示唆

　最後に日本法への示唆として挙げられるのは、上記第三点とも関わるが、AAの立会いの位置づけに変化が見られるとはいっても、それはあくまで「証拠能力」レベルの問題であることには変わりないという点である。すなわち、従来、少年の場合にせよ、知的障害者等の場合にせよ、日本ではそのような被疑者の特性、つまり、被暗示性、迎合性の強さなどは、基本的には自白の任意性ではなく、信用性の評価の一事情として位置づけられてきた[90]。換言すれば、要支援被疑者にはそのような特性が一般的・類型的に認められていながら、他方で、その証拠法上の評価は全く裁量的なものにとどまっていたため、かかる被疑者の虚偽自白、したがってその冤罪を防ぐうえでは、それらの特性には必ずしも十分な考慮が払われてこなかったと言わざるをえない面がある。

　しかし、本章で検討したイギリス法の状況からは、日本の自白法則を活性化するための一つの方向性が得られるのではなかろうか。周知のように、日本では自白法則の実質的根拠として、①虚偽排除説、②人権擁護説、③違法排除説が主張されているところ、少なくとも判例の流れの中では、どれか一説を排他的に主張・適用するというよりは、むしろ①及び②は競合的・重畳的に適用される一方（いわゆる任意性説）、そのような伝統的な自白法則によって対処できない問題類型については、いわば補完的に③によって解決される傾向にある[91]。

224　第Ⅱ部　イギリスの「適切な大人（Appropriate Adult）」制度の生成と展開

　他方、上述のようにAAをめぐるイギリスの判例の展開においては、AAの立会いの有無又は実効的な援助の有無は、一般的・類型的に虚偽自白をもたらしうる事情の一つと位置づけられ、予備的に裁判の公正さをも害しうる事情として位置づけられている。そうだとすれば、このようなイギリスの法状況からは、運用規程違反という手続的な違法に基づく自白の証拠排除という点で③違法排除説を活性化しうることはもちろん、少なくとも要支援被疑者の場合には、AAのような援助者の有無が虚偽自白の一般的・類型的な誘因となりうるという点では、任意性説をも活性化しうる面すらあると考えられる。[92][93]

　もちろん、このような示唆を具体的な解釈論として洗練させていくには、要支援被疑者の場合のみならず、イギリスにおける自白の証拠排除全般に関する理論的検討を深めると同時に、判例の展開をさらにフォローしていくことが必要となろう。それらの点については今後さらに研究を深めていくほかないが、次章以下では、本書の現時点での到達点として、政策論的観点と権利論観点の二つの観点から、日本法への導入可能性について検討してみたい。

〈注〉

1　代表的な研究として、例えば、Peter Mirfield, *Silence, Confessions and Improperly Obtained Evidence*（Oxford Univ. Pr., 1997）ほか参照。
2　この点に関する日本の現状と課題については、本書・序章及び第3章参照。
3　PACEの制定当初の邦訳として、三井誠＝井上正仁（編）『イギリス警察・刑事証拠法／イギリス犯罪訴追法』（法曹会、1988年）があるほか、同法に関する代表的な研究として、ジュリスト937号から連載がはじまったイギリス刑事司法研究会「イギリス刑事司法の改革」がある。本稿でも、PACEの訳出にあたっては、基本的に上記の先行研究に依拠している。
4　制定当初の運用規程の邦訳として、渥美東洋「イギリスの警察および刑事証拠法の『実務規範』（一）〜（四・完）」判例タイムズ595-599号（1986年）があるほか、比較的最近の運用規程の一部を訳出したものとして、渡辺修・山田直子監修『取調べ可視化――密室への挑戦』（成文堂、2004年）35頁以下及び84

頁以下などがある。
5 もっとも、PACE の基礎となった 1981 年の王立委員会報告書では、法律（statutory）という法形式によるべきものと勧告されていた。See, The Royal Commission on Criminal Procedure, *REPORT* (Cmnd. 8092, 1981：以下、REPORT で引用), para.4.116. 内務省が、運用規程の草案を作成するに際してかかる勧告に従わなかった理由について、本稿では紙幅の関係上立ち入ることはできないが、以下の文献に詳しく論じられている。Michael Zander, *The Police and Criminal Evidence Act 1984* (5th Ed., Sweet & Maxwell, 2005), para.6-04. 他方、要支援被疑者の取扱いが PACE の立法史においても重要なテーマであったにも関わらず、PACE が AA を運用規程の中に、いわば2次的に（その意味で実効性が不明確なままに）位置づけていることは皮肉に他ならないことを指摘する文献として、John Pearse, 'The Problems Associated with Implementing the Appropriate Adult Safeguard', in; Brian Littlechild (ed.), *Appropriate Adults and Appropriate Adult Schemes: Service User, Provider and Police Perspectives* (Venture Press, 2001) 19, at 29.
6 Zander, *ibid*, para.6-06.
7 この点については、日本でもすでに紹介されている。例えば、パトリック・デヴリン（兒島武雄訳）『警察・検察と人権――イギリスの刑事訴追』（岩波書店、第4刷、1969年）52頁以下、田宮裕「イギリスにおける『裁判官準則』の改正」同『捜査の構造』（有斐閣、1971年）346頁以下所収、児島武雄「自白と『裁判官準則』」佐伯千仭博士還暦祝賀『犯罪と刑罰（下）』（有斐閣、1968年）322頁以下ほか参照。*See also*, the introductory note to the JUDGES' RULES (by LORD PARKER C.J), *infra* note (8), [1964] 1 WLR 152, or NOTE to the Judges' Rules, infra note (9), at 5.
8 Home Office Circular No. 31/1964: Judges' Rules and Administrative Directions to the Police (*see*, [1964] 1 All ER 237, [1964] 1 WLR 152). その邦訳として、前注・デヴリン（兒島訳）『警察・検察と人権――イギリスの刑事訴追』188頁以下、団藤重光＝田宮裕（編著）『ケースブック刑事訴訟法』（有信堂、1968年）61頁以下などがある。
9 Home Office Circular No. 89/1978: Judges' Rules and Administrative Directions to the Police. 裁判官準則の改正の経緯については、The Royal Commission on Criminal Procedure, *THE INVESTIGATION AND PROSECUTION OF CRIMINAL OFFENCES IN ENGLAND AND WALES: THE LAW AND PROCEDURE* (Cmnd. 8092-1, 1981：以下、LAW AND PROCEDURE で引用), paras. 68-72 も参照。なお、1978年の改正は、知的障害者等の取調べとの関係でも重要である（この点については、第5章〔138頁以下〕参照）。
10 REPORT, *supra* note (5), para. 4.68.
11 Michael Zander, *Cases and Materials on the English Legal System* (10th Ed., Cambridge University Press, 2007), at 159.

12　LAW AND PROCEDURE, para.73.
13　*See, e.g.*, Zander, *supra* note（11）, at 159-160; LAW AND PROCEDURE, para. 73.
14　Zander, *supra* note（11）, at 160.
15　The introductory note to the Rule states: "Non-conformity with these Rules may render answers and statements liable to be excluded from evidence in subsequent criminal proceeding."「JUDGES' RULES」の項目に規定された最後の文言である。
16　Zander, *supra* note（11）, at 159; LAW AND PROCEDURE, para. 73; Zander, supra note（5）, para.6-05.
17　その詳細については、本書・第4章（90頁）及び第5章（134頁）ほか参照。
18　*See, Report of an Inquiry by the Hon. Sir Henry Fisher into the circumstances leading to the trial of three persons on charges arising out of the death of Maxwell Confait and the fire at 27 Doggett Road, London SE6*（HMSO, 1977：以下、Fisher Reportで引用）, paras. 2.11, 15.9 and so on.
19　Fisher Report, para.2.17, chap.15 and 16.
20　Fisher Report, APPENDIX C: EXTRACTS FROM THE JUDGEMENTS OF THE COURT OF APPEAL ON THE REFERENCE DELIVERED 17 OCTOBER 1975.
21　前掲・注（15）参照。
22　LAW AND PROCEDURE, para. 73. *See also, R v Prager*［1972］1 WLR 260, at 266（そこでも、結論的には裁判官準則違反の証拠を許容しつつも、排除の可能性とそのような運用が存在すること自体は承認されている）.

　　なお、立法史的には、かかる裁量的な証拠排除の権限は、裁判官準則が設けられる以前から、コモン・ロー上承認されていたようである。参照、デブリン〔児島訳〕・前掲注（7）『警察・検察と人権――イギリスの刑事訴追』56頁以下のほか、自白の裁量的排除については、稲田隆司『イギリスの自白排除法則』（成文堂、2011年）第4章ほか参照。
23　参照、井上正仁『刑事訴訟における証拠排除』（弘文堂、1985年）336-337頁及びそこで参照されている Celia Hampton, *Criminal Procedure and Evidence*（Sweet & Maxwell, 1973）, at 409-410.
24　例えば、上記・1981年王立委員会報告書でも、取調べにおける被疑者の権利が実質的に保障されるよう、また、警察にとっても明確で実効的なガイドラインが提供されるよう、裁判官準則に代えて新たな法的枠組みが必要である旨の勧告がなされている。*See*, REPORT, *supra* note（5）, para. 4.109.
25　訳文については、三井＝井上（編）・前掲注（3）によった。なお、PACE 76第4項以下には、（その全部又は一部が排除対象となった）自白に由来する派生的証拠の証拠能力に関する規定もあるが、ここでは立ち入らない。

26 稲田・前掲注（22）『イギリスの自白排除法則』第2章参照。なお、裁判官準則以前のイギリスの自白法則（いわゆる任意性の原則）については、裁判官準則の前文（e）参照。

27 稲田・前掲注（22）『イギリスの自白排除法則』38頁以下参照。そのことは、そもそも文言上も（PACE 76条2項のカッコ内で）、当該自白が「真実である可能性のいかんを問わない」と規定されていることからも伺われるところであるし、陪審裁判における裁判官と陪審員との役割分担を想起すればさらに理解しやすいであろう。さらに、AAに関する裁判例でも、この点を明言したものがある。後掲・第3節7のケニー事件（*R. v. Kenny*）参照。

28 Zander, *supra* note (5), para. 8-35. これによれば、裁判官に要求される判断とは、被疑者個人の事情を考慮しつつも、捜査官個人の主観ではなく「客観的」な状況を前提とし、そのような状況下で虚偽自白をする可能性があるかどうか（実際にその内容が真実であるかは考慮しない）という意味で「仮定的」な判断であるとする。なお、ザンダー自身もこれに続けて紹介しているように、立法史の観点からは、以下の報告書が重要である。*See also*, Criminal Law Revision Committee, *ELEVENTH REPORT: Evidence*（*General*）（Cmnd. 4991, 1972）. ここでの問題に関しては、特に para. 65 参照。

29 The Crown Prosecution Service, *Confessions, Unfairly Obtained Evidence and Breaches of PACE*, at 'Unreliable Confessions', *available at:* http://www.cps.gov.uk/legal/a_to_c/confession_and_breaches_of_police_and_criminal_evidence_act/index.html（なお、このガイドラインのアップロードの日付は不明である）

30 運用規程では、当該文言（mentally handicapped）は、すでに時代の変化に対応して「精神的な支援を要する者（mentally vulnerable）」に改正されている。その間の経緯については、前章（145頁）参照。しかし、かかる改正は、親規定である PACE 自体にはいまだ反映されていない（*See also*, Zander, *supra* note [5], at 360, footnote [37]）。

31 Zander, *supra* note (5), para.8-48.

32 もっとも、本条が問題となった希少な事例において、控訴院は、同条の警告は「公正な説示に不可欠な部分」であるなどとして、かかる説示を怠った原審の有罪判決を破棄しており（*R. v. Lamont*, [1989] Crim.L.R. 813, CA.）、知的障害者等の自白に対する証拠評価と手続の公正さとの関係を示唆するものとして興味深い。

33 なお、PACE にはさらに、「裁判所が裁量により証拠を排除する権限」一般を規定した条文（PACE 82条3項）も存在しており、現在の一般的な見解によれば、これもコモン・ローを継受したものと解されているようである（Zander, *supra* note [5], para. 8-95）。そして、それによれば、PACE 82条3項が問題となるのはもっぱら非供述証拠とされ、その限りで78条の適用と競合しうるが、他方

で、供述証拠（自白）について問題となるのは、やはり PACE 76 条又は 78 条とされることから（Zander, *ibid*)、本稿では PACE 82 条 3 項の問題にはこれ以上立ち入らない。なお、PACE78 条 82 条 3 項と同 78 条との関係については、稲田・前掲注 (22)『イギリスの自白排除法則』38 頁以下も参照。

34 コモン・ロー下での裁量的排除法則の展開とそれを踏まえた本条の成立過程に関して、井上・前掲注 (23)『刑事訴訟における証拠排除』とくに 328 頁以下及び 502 頁以下、PACE 施行以降の運用状況に関し、稲田・前掲注 (22)『イギリスの自白排除法則』第 3 章ほか参照。

35 PACE 78 条が自白にも適用されることを判示したものとして、たとえば、*R. v. Mason* [1988] 1 W.L.R. 139, CA.（被疑者及びソリシターを騙して得た自白が、控訴審において PACE 78 条に基づいて排除され、有罪判決が破棄された事例）参照。なお、この判例が、従前のコモン・ローの流れに照らして、いかに画期的であったかを指摘する文献として、たとえば、P. Roberts & A. Zuckerman, *Criminal Evidence* (2nd Ed., Oxford. U.Pr., 2010), at 191-193 参照。

36 *See e.g.*, A. Ashworth & M. Redmayne, *The Criminal Process* (4th Ed., Oxford. U. Pr., 2010), at 343. その意味で、裁量的排除法則は、少なくとも自白との関係で言えば、自白法則を補完する機能を果たしてきたと評価することもできよう（稲田・前掲注 (22)『イギリスの自白排除法則』第 4 章参照）。なお、供述証拠・非供述証拠を問わず、証拠の許容性全般との関係で言えば、証拠の許容性に関する一般的ルールが PACE 78 条（裁量的排除法則）で PACE 76 条（自白法則）は自白に関する特則と整理することも可能であろう。*See, e.g.*, Zander, *supra* note (5), para.8-14.

37 Mirfield, *supra* note (1), at 282. 裁判例との関係で後述するように、実務上は 76 条と 78 条とは並列的に（又は 78 条については予備的に）排除の根拠として主張されているようである。

38 CPS, *Confessions, Unfairly Obtained Evidence and Breaches of PACE*, *supra* note (29), at 'Challenges to the Fairness of Evidence'.

　なお、研究者サイドからは、本条の問題として主張される問題類型（違法捜査の類型）として、①被疑者の保護を目的とする法規範に違反した場合（法的助言の否定など）、②一定のアンフェアな捜査が行われた場合（被疑者に嘘をつくなど）、③捜査それ自体が犯罪を構成・誘発しうる（ほどのアンフェアな）捜査が行われた場合（おとり捜査など）、④重大な人権侵害を伴う場合（盗聴など）や、第三者への重大な人権侵害を伴う場合といった類型化も試みられている。*See*, Ashworth & Redmayne, *supra* note (36), at 343-344. ①～④の番号は、便宜上引用者が付したものである。これによれば、AA の問題は、①類型と最も親和性を有するということになろう。

39 最判昭 53・9・7 刑集 32 巻 6 号 1672 頁ほか。

40 *R. v. Walsh* [1989] Crim.L.R. 822, CA.; *R. v. Kha*n [1996] 3 All E.R. 289, HL.

41 例えば、②の問題（日本法の文脈で言えば、いわゆる偽計による自白）は、偽計の程度いかんによっては、自白法則の問題として位置づけることも十分に可能である。See, Zander, supra note (5), paras.8-28 and 8-34. この点に関する日本の文献としては、例えば、稲田・前掲注 (22)『イギリスの自白排除法則』47頁以下ほか参照。
42 *R. v. Everett* [1988] Crim.L.R. 826, CA.
43 *DPP v. Blake* [1989] 1 W.L.R. 432, CA.
44 第1審の記録によると、取調べにおいて被告人と父親との間の会話は、父親が「大丈夫か」と声をかけたときだけで、それについてすら被告人は答えず、以後、当該犯罪や逮捕の理由等についてさえ、何の会話もなされなかったとされる (*ibid*, at 433-434)。なお、本件控訴院判決の末尾には、法廷意見 (*per curiam*) として、ソーシャル・ワーカーには方針転換を求める旨、付言されている。
45 本判決に付されたオウルド裁判官 (Auld J.) の意見も、かかる評価を裏付けるものといえる (*ibid*, at 439-440)。
46 *R. v. Moss* (1990) 91 Cri.App.R. 371, CA.
47 *R. v. Morse & Ors* [1991] Crim.L.R. 195, Crown Ct.
48 本件では自白以外に被告人に実質的に不利益な証拠はなかったとされる以上、少なくとも放火の訴因については無罪の結論が出たものと考えられるが、そこまでは紹介されていない。また、弁護人は、裁量による排除 (PACE 78条) も択一的に主張していたが、それについては判断が示されなかった。
49 *R. v. Cox* [1991] Crim.L.R. 276, CA.
50 *R. v. Glaves* [1993] Crim.L.R. 683, CA.
51 AAの立会いがなかったとの事実は、本判例に付された注釈 (Commentary) による。
52 この点については、例えば、以下の裁判例も参照。*R. v. Gillard and Barrett* [1991] Crim.L.R. 280, CA.
53 もっとも、そこでいう第三者がAAを指すのか、それとも代わりの法的助言者を指すのかは文言上は判然としないが、原語ではsomebodyとされ、必ずしも法的助言者と特定していないことからすれば、前者を指すものと解することができよう。ただし、本判決の注釈でも指摘されているとおり、本件の被疑者取調べが行われた際、いまだソリシターをAAの担い手から除外する旨の運用規程の改正がなされておらず、ソリシターとAAとの役割分化は必ずしも現在のように区別されていなかったおそれもある（この点については、本書・第4章〔100頁〕参照）。ちなみに、本判決の注釈によると、本件でもAAの立会いの欠如が争点とされたのは、ようやく上訴審になってからとのことである。
54 もっとも、解釈上は、第1自白の影響が遮断された後でも、第2自白を用いることで手続の公正さを欠くと考えられる場合は、なおPACE 78条による排除を

想定することが可能である。この点については、本件判決の注釈のほか、前掲・注〔50〕 R. v. Gillard and Barrett 及びそれに付された注釈参照。

55 本件についてこの点を明言する文献として、Zander, *supra* note〔5〕, para.8-34, footnote 98 参照。

56 *R. v. Kenny* 〔1994〕Crim.L.R. 284, CA.

57 ザンダーは、このように裁判所（特に控訴院）が、運用規程違反を根拠として証拠排除し有罪を破棄していったことは、PACE 以前の法状況（すなわち、裁判官準則の時代）に照らせば、法曹界でも驚きをもって迎えられたと述べている（Zander, *supra* note〔5〕, para.6-06）。

58 Zander, *supra* note〔5〕, para.8-65. なお、そこではさらに未公刊判例 2 件などが紹介されている。

59 *R. v. Dutton, The Independent*, December 5, 1988, CA（transcript through LEXIS）.

60 *R. v. Delroy Fogah* 〔1989〕Crim.L.R.141, Crown Ct.

61 *R. v. Absolam* 〔1988〕Crim.L.R.748, CA. なお、取調べの定義に関しては、後掲・注〔63〕のほか、本書・第 5 章（183 頁の注〔43〕）も参照。

62 *R. v. Weekes* 〔1993〕Crim.L.R. 211, CA.

63 *R. v. Maguire* 〔1989〕Crim.L.R. 815, CA. なお、運用規程において「取調べ（interview）」の定義規定が初めて設けられたのは 1991 年の改正によるものであるが、このマグワイア事件はもちろん、本ウィークス事件でも、取調べの定義が争われた以上、かかる定義規定はまだ適用されていなかったのではないかと推測される。なお、現在の定義規定は 1995 年の改正によるものである。定義規定をめぐる経緯と詳細につき、例えば、Zander, supra note〔5〕, para.6-51 参照。

64 *R. v. Ham, The Times*, 12 Dec.1995（transcript through LEXIS）.

65 イギリスで「少年」とは、17 歳未満の者を意味する（PACE 37 条 15 項）。

66 PACE 77 条 3 項によれば、「精神的ハンディキャップのある者」とは、「精神の発達が遅滞し又は不完全である状態（知能及び社会適応能力を著しく欠く場合を含む）」を指すものとされる。なお、現在の運用規程では、「mentally handicapped」という文言は、「mentally vulnerable」に改正されている。その背景については、前章（145 頁）参照。

67 *R. v. Aspinall* 〔1999〕Crim.L.R. 741, CA.

68 ヨーロッパ人権裁判所は、同条約 6 条（公正な裁判を受ける権利）を支える中心的な価値として、弁護権の重要性を指摘してきている。最近の裁判例として、*Salduz v. Turkey*, no. 36391/02, ECHR 2008（特に para.51）参照。なお、この裁判例に関する日本での紹介・検討として、葛野尋之『未決拘禁法と人権』〔現代人文社、2012 年〕187 頁以下参照。

69 本判例に付された注釈によれば、AA がいないことで、本人の権利（弁護権）放

棄の有効性が確認できないという点が、ヨーロッパ人権裁判所の判例（*Murray v. U.K.* [1996] 22 E.H.R.R. 29）を引用しつつ、指摘されている。この判例については、本書・第8章（262頁の注［23］）も参照。

70　*R. v. Walsh* [1989] Crim.L.R. 822, CA.; *R. v. Khan* [1996] 3 All E.R. 289, HL.
71　稲田・前掲注（22）『イギリスの自白排除法則』124-125頁および Zander, *supra* note（5）para.8-73 参照。裁判例については、*R. v. Samuel* [1988] Q.B. 615, CA（特に 630 頁）ほか参照。なお、Zander, *supra* note（5）, para.8-61 は、個別事案の解決という判例の本来的性格に鑑みて、PACE 78 条の裁量行使を一貫性をもって説明し尽くすことには懐疑的な態度を示している。
72　*R. v. W and another* [1994] Crim.L.R. 130, CA.
73　本判例に付された注釈（Commentary）によれば、この点について医師の診断は分かれたが、裁判官は、母親の AA としての能力を肯定する証言を採用したものとされる。
74　Jacqueline Hodgson, 'Vulnerable Suspects and the Appropriate Adult' [1997] Crim.L.R. 785, at 793.
75　*R. v. Campbell* [1995] Crim.L.R. 157, CA.
76　*R. v. Lewis* [1996] Crim.L.R. 260, CA.
77　本判例に付された注釈によれば、運用規程では AA の担い手について積極的な定義がなされているのに対し、PACE 77 条では「第三者」の定義について、警察関係者を除くというかたちで消極的にしか定義されていない以上、本判例のように、運用規程上 AA の担い手としてソリシターを除外することと、PACE 77 条の第三者としてソリシターを含めることに矛盾はないとする。本件では、訴追側証拠が必ずしも自白に依拠するものでなかったという事情があるとはいえ、この点の解釈について、前注同様の観点から批判的に問題とする余地は、なお残されているように思われる。
78　*See*, COP C: Notes for guidance 1F.
79　*See, e.g.*, Hodgson, *supra* note（74）, at 794.
80　本書・第4章（100頁）、第5章（171頁）参照。
81　*R. v. Law-Thompson* [1997] Crim.L.R. 674, CA.
82　*See, R. v. Khan, supra note* [70]。なお、同様に、条約違反と（国内法の問題としての）証拠能力判断は必ずしも連動しないことを指摘する文献として、Zander, *supra* note（5）, para.14-04.
83　実際、上記の破棄事例のほとんどが、PACE 施行後の10年以内に集中している。
84　Zander, *supra* note（5）, para.6-06.
85　そのような観点を示唆する文献として、*See, e.g.*, Hodgson, *supra* note（74）, at 794。なお、そこでは同時に、弁護権に関する判例も同じような動向を示していることが示唆されているが、ここでは紙幅の関係もあり、立ち入ることができない。

86 *See, e.g.*, Hodgson, *supra* note（74）, at 794.

87 A. Sanders & R. Young, *Criminal Justice*（4th ed., Oxford Univ. Press, 2010）, para.5.5.1.2

88 イギリスにおける同条約の国内法的効力（1998 年人権法の翻訳・解説）につき、田島裕『イギリス憲法典──1998 年人権法』（信山社、2001 年）ほか参照。

89 *See, e.g.*, Hodgson, *supra* note（74）, at 794-795; *see generally*, Roberts & Zuckerman, *supra* note（35）, chap.5. なお、アスピナル事件のように、AA の存在意義を弁護権の補完にとどまるものと置づけるべきかどうかについては、現在の AA 制度の位置づけに照らせば（この点については、前掲注〔80〕も参照）、今後も慎重に動向を注視していく必要があろう。

90 その詳細については、本書・序章及び第 3 章参照。

91 三井誠「判例における自白排除の根拠」法学教室 248 号（2001 年）80 頁以下、川上拓一「自白の証拠能力──裁判の立場から」三井誠ほか編『新刑事手続 III』（悠々社、2002 年）189 頁以下ほか参照。なお、③についてはその採用を明言した最高裁判例はいまだ現れてはいないものの、違法収集証拠排除法則に関する枠組み（最判昭 53・9・7 刑集 32 巻 6 号 1672 頁ほか）が、供述証拠の場合にも基本的に適用されることを承認するものとして、石井一正「自白の証拠能力」大阪刑事実務研究会編『刑事公判の諸問題』（判例タイムズ社、1989 年）405 頁以下ほか参照。この点に関する裁判例としては、東京高判平 14・9・4 判時 1808 号 144 頁（いわゆるロザール事件控訴審判決）に注目すべきであろう。

92 例えば、「イギリスにおいても、違法排除説的な考慮の下で自白排除が行われていたこと」を指摘する文献として、稲田・前掲注（22）『イギリスの自白排除法則』28 頁及び同書第 4 章参照。

93 例えば、稲田・前掲注（22）『イギリスの自白排除法則』第 1 章は、そのような試みの一つというべきであろう。

第 III 部

日本法への導入可能性

第7章

政策論的観点から見た AA 制度

第1節　AA 制度の意義・趣旨等の確認

　日本法への導入可能性を検討する前提として、本書・第Ⅱ部でイギリス法について検討した内容を概括的に確認しておきたい。

　AA 制度（Appropriate Adult scheme）とは、少年又は精神障害がある者若しくはその他の精神的な支援を要する（mentally vulnerable）と認められる者が逮捕・留置された場合には、弁護権保障はもちろんのこと、それに加えてさらに、それらの者を心理的・福祉的に援助する第三者（弁護人以外の者）が手続に必要的に関与する制度をいう。このような制度が認められた趣旨は、第一次的にはこれらの類型に属する者の虚偽自白を防止するという点にあるが、最終的ないし究極的には、虚偽自白を防止し、冤罪を防止することによって手続の公正さを担保することを目的とするものと理解できる[1]。

　AA 制度に特徴的な点は、このような趣旨ないし目的を実現するうえで、かなり徹底して被疑者の側のエンパワメントが志向されているということである。被疑者取調べの場面に限ってみても、単に立ち会っていればよいというわけではなく、被疑者に助言し、取調べの中断を求めることもできるうえ、被疑者に代わって法的助言を求めることもできる。もちろん、AA の役割がこれらに限られるわけではないが、AA に期待される中心的な役割が被疑者の権利行使の補完ないし権利保障の実質化にあるという点には留意しておく必要があろう。

第2節　現行刑訴法に AA 制度を導入した場合のイメージ

　このような AA 制度を仮に日本にも導入しようとする場合、現行刑訴法を前提にすると、どのようなイメージで考えたらよいか。

　周知のように、そもそも現行刑訴法上、捜査段階における弁護人以外の者の援助については、弁護人以外の者も含めた勾留の通知（207条1項、79条）及び弁護人以外の者との接見交通（207条1項、80条）を除いては、被疑者の側に立ちこれを支援する者の関与を想定した明文の規定は存在しない。

　これに対し、公判段階に至れば、補佐人制度が用意されている（42条）。補佐人は、「法定代理人、保佐人、配偶者、直系の親族及び兄弟姉妹」という「一定の身分関係に基づき被告人を保護するもの」とされ[2]、近親者が担い手となっている限りで AA の担い手と重複しているものの、ソーシャル・ワーカーや友人、ボランティアなど、被告人と一定の身分関係のない者までは含まれないという点で、AA よりも担い手の範囲は狭いと言わざるを得ない。むしろ、文言上は身分関係による制約がないという点では、少年審判における付添人（少年法10条）の方が、AA の担い手とは親和性があるようにも思える[3]。しかしながら、AA 制度と付添人制度との根本的な違いは、法的援助とそれ以外の心理的・福祉的援助とが、制度上区別されているかどうかという点にある[4]。

　したがって、少なくとも現行法の規定を前提にすれば、補佐人の制度を、その担い手をさらに広げたうえで捜査段階にも拡大するというのが、現行法に即して AA 制度を導入した場合のイメージであろう。また、AA 制度を日本法にも導入するとなれば、その前提として、現在では勾留段階に留まっている通知についても、これを逮捕段階からの通知へと前倒ししていく必要があろう。

第3節　近時の立会いの試行事例に対する評価
——「支援型」と「通訳型」

　ところで、明文の規定がないとはいえ、2012年10月現在、検察レベルでは、知的障害によりコミュニケーション能力に問題がある被疑者等の取調べに際して、その録音・録画に加え、さらに、心理・福祉関係者による取調べへの助言・立会いも試行されているという[5]。これは、検察の在り方検討会議提言「検察の再生に向けて」(2011年3月[6])の提言等を踏まえ、試行に至ったものとされる。なお、助言及び立会いの両方が実施された事例以外にも、助言のみにとどまる事例も多数あるとされているから[7]、少なくとも立会いの要否の判断は捜査官である検察官の判断ないし裁量に委ねられていると考えてよいであろう。

　かかる試行の目的は、このような被疑者の「供述の信用性判断のために有効である」とする点に求められるであろう[8]。もっとも、ここで「信用性」とは、イギリスの場合と異なり、証拠能力があることを前提とした証明力の判断を指している点には注意を要する。つまり、証拠能力の判断とは区別されている点に、イギリス法との違いがある。さらに、立会人の役割にも違いがある。つまり、上記・試行では、基本的に「被疑者と捜査官とのコミュニケーションの補助者、つまり通訳人的な位置付けで」行われているという点である[9]。AA制度が、被疑者の側のエンパワメントを通じてその虚偽自白を防ごうとするという意味で「支援型」と呼ぶことができるとすれば、現在の日本の検察庁による試行は、公正中立なコミュニケーション仲介という意味で「通訳型」と呼ぶこともできるであろう。

第4節　政策論的観点から見たAA制度の導入可能性

1　問題の所在

　上述の通り、要支援被疑者の権利行使を支援するうえでAAには多く

の権限が認められているものの、他方で、このように AA から援助を受けること自体が、要支援被疑者自身にとっての「権利」なのかどうかという点は、実は必ずしも明らかでない。イギリス国内の議論状況としても、管見の限り、AA 制度自体の法的な根拠論は必ずしも十分に議論されていないように見受けられる。とはいえ、日本への導入を検討するうえでは、法的根拠論は十分に検討しておく必要がある。この点に関する議論の方向性としては、政策論的観点と権利論的観点の二つのアプローチに大別しうるが、本章では前者の観点から検討する。

2　政策論的観点から見た AA 制度の法的根拠

　第4章以下でみたとおり、AA 制度は、「1984年警察・刑事証拠法(Police and Criminal Evidence Act 1984)」（以下、PACE と略す）それ自体に根拠規定があるわけではなく、その運用規程（Code of Practice：以下、単に COP ともいう）の中に設けられた制度である。そして、AA への出頭要請や取調べへの立会いを定めた規定の文言によれば[10]、それらの援助を受けるにあたっては、予め被疑者自身の請求ないし意思表示が要求されているわけではない。そこで、AA が必要的に関与することの法的根拠については、被疑者自身の権利というよりは、むしろ国家に対してこれを義務づけたものにとどまるとの理解も、十分成り立ちうる[11]。

　そもそも上記のような AA 制度の趣旨及び目的に照らせば、AA 制度が虚偽自白による事実認定の誤りを防ぐという政策的な背景を強く持っていたことは否定できない[12]。また、AA の立会いなしに得られた自白の証拠能力についても、少なくとも制度の発足当初は自白法則の下で虚偽排除の観点から判断されてきた[13]。これらの事情に鑑みると、AA 制度は虚偽自白を防止するために主として政策的観点から採用されたもので、その法的な根拠についても、AA の必要的な関与を国家に義務づけることにより、いわば制度的に保障したにとどまるとの理解も、十分成り立つであろう。

　さらに、少なくとも少年の場合に関する限り、立法史的にみて、近親者の立会いについては「親の権利」としての性格も考慮されたことを考慮す

れば、AA の関与を義務づける根本的な法的根拠はパターナリズムだと見ることもできよう[14]。知的障害など心理的・精神的な障害を抱える被疑者についても、立法過程においては同様の観点から援助の必要が説かれていたことからすれば、パターナリズムによる支援や権利行使の補完という議論は十分に成り立ちうると思われる[15]。そうだとすると、上記のように、被告人を「保護」する補佐人制度とも親和性が高まることになろう。

3 証拠法的観点からみた導入可能性

他方、証拠法的な観点からは、AA の立会いなしに得られた自白の取り扱いが問題となる。上記・試行では、証拠能力を前提とした信用性(証明力評価)の問題として第三者立会いが検討されていたが、少なくともイギリス法を比較法の対象として制度趣旨に忠実に検討した場合には、やはり証拠能力の問題と位置づけて検討を進めるべきであろう。

周知のように、刑訴法 319 条 1 項により不任意自白の証拠能力が否定される実質的根拠については、①虚偽排除説、②人権擁護説、③違法排除説が主張されてきたところ、少なくとも判例の流れの中では、どれか一説を排他的に主張・適用するというよりは、むしろ①及び②は競合的・重畳的に適用される一方(いわゆる任意性説)、そのような伝統的な自白法則によって対処できない問題類型については、いわば補完的に③によって解決される傾向にあるとされる[16]。このような、いわゆる二元説または総合説と呼ばれる立場は、学説上もかなり浸透しつつあるように思われる[17]。

そこで、ひとまずこのような二元説の立場を前提に考えると、AA の立会いなくして得られた自白の証拠能力については、少なくとも AA 制度について虚偽自白の防止という政策的な観点からの導入を検討する限り、やはり虚偽排除説の中に位置づけるべきであろう。むしろ、もともと要支援被疑者の迎合性や被暗示性の強さは供述者の内面の問題である以上、供述者を心理的・精神的に支援する者の立会いの有無は、供述の任意性の有無と密接に関連するものと評価するのが、自然であるようにも思える。そして、従来、虚偽自白の排除基準として (1) 捜査官側の事情と (2) 被疑

者側の事情が区別され、さらに後者に関して知的障害等の精神的な状況が考慮要素の一つに挙げられてきたことにも鑑みるならば、AA制度の導入にあたって、その立会いの有無をもって一般的・類型的に虚偽自白をもたらすおそれの有無へと直結させる政策的判断も、選択肢としてはありうるのではなかろうか。

4 政策論的アプローチが抱える問題点

　このように、政策論的観点からAA制度を日本法に導入することも十分可能であると考えられるものの、政策論的アプローチ自体にも一定の限界がないではない。その点についても、イギリス法の経験をふまえて検討しておく必要があろう。

　そもそも政策的判断という基準自体の相対性という問題がありうる。たとえ虚偽自白のおそれがあることは否定されないにせよ、イギリスの刑事立法でなされた政策的判断が日本の刑事立法でも同様に採用されるわけでは必ずしもないからである。具体的な制度設計としては、「支援型」を採用するか「通訳型」を採用するかという問題がある。また、関与を「必要的」なものにするか捜査官の「裁量的」な判断に委ねるかという問題もある。さらに、そのこととも関わって、少年の場合にせよ知的障害等の精神的な問題を抱える被疑者にせよ、要支援性をどのような年齢や障害の段階で認めるかという問題も生じうる。成長発達の程度や障害の程度に応じて、迎合性や被暗示性の程度にも違いがありうるからである。この点については、イギリスの経験をふまえ、捜査官の裁量の余地が増えるほど、制度趣旨は形骸化しうることに注意すべきであろう。むしろ、イギリスよりも捜査構造の糾問的性格が強い日本においては、特に警戒しておくべき問題ではあるまいか。

　他方、証拠法上の扱いについても、同様の問題が生じうる。自白法則と裁量的証拠排除法則の間でイギリスの裁判例が動揺を見せており、近時では治安維持的な観点から証拠排除が活発でない傾向が生じていることは、もともと制度趣旨自体に政策的色彩の強かったという点にも由来している

ように思われる。そうだとすると、成長発達や障害の程度によっては虚偽のおそれ（供述者の内面への影響）は必ずしも多くないという点が重視されれば、立会いのないまま得られた自白の証拠能力も許容されやすくなる可能性にも注意しておく必要があろう。

第5節　AA制度が持つ政策論的示唆

　このように、政策論的アプローチを採用する場合には、日本の刑事司法の性格や実態をふまえた詳細な議論が、今後必要になってくるであろう。しかし、立法論としては政策的な判断が不可避であるとしても、AA制度の比較法研究からは次のような示唆が得られる点にも注意すべきである。
　周知のようにイギリスでは、被疑者取調べの録音・録画がすでに導入されている。また、捜査全体における被疑者取調べへの依存度も、日本に比べればはるかに低い。その時間と回数の少なさは、日本に比べれば驚くほどである[22]。しかし、それほど取調べへの依存度が低いイギリスにおいてすら、要支援被疑者の供述の任意性・信用性を確保するためには、AAの立会いが必要的に要求されているのである。そのことは、日本における要支援被疑者の供述の任意性・信用性の確保が、実は非常に危うい基盤の上に立っていることを示唆するものではないだろうか。現在、法制審議会・特別部会において取調べの録音・録画の導入が検討されているが、仮に日本でも録音・録画が導入されたとしても、またその結果として日本における被疑者取調べの比重に変化が生じたとしても、上記のようにAA制度から得られる示唆には変わりがないというべきであろう。

〈注〉

1　本書・第4章（103頁以下）、第5章（151頁以下）参照。
2　松尾浩也（監修）『条解刑事訴訟法〔第4版〕』（2009年、弘文堂）89頁。なお、

補佐人制度については、「実務上殆ど利用されていない」とも指摘されている。河上和雄ほか（編著）『注釈刑事訴訟法〔第3版〕第1巻』（立花書房、2011年）500頁参照。

3 なお、触法少年の場合には、警察の調査段階でも付添人は選任可能であるが、その場合の担い手は弁護士に限定されている（少年法6条の3）。

4 この点の詳細については、本書・第4章（特に100頁及び119頁）参照。なお、付添人との関係では、証人の付添人（刑訴法157条の2）とAAの役割との関係も問題となりうる。しかし、この場合の付添人は「傍らで証人の様子を見守る以上の言動は原則としてとれない」のだとすれば（松尾〔監修〕・前掲注〔2〕『条解刑事訴訟法〔第4版〕』280頁）、取調べの中断も含め積極的な介入が期待されるAAの役割とは乖離が大きく、むしろ後述の通訳人と同様の中立的な役割が期待されるにとどまるとみることもできよう。

5 法制審議会—新時代の刑事司法制度特別部会、第13回配付資料43-3「知的障害によりコミュニケーション能力に問題がある被疑者等に対する取調べの録音・録画の試行について」。この文書は、法務省の下記のURLより入手可能である。http://www.moj.go.jp/keiji1/keiji14_00061.html

　なお、この文書では、立会いを実施した庁としては、東京、横浜、大阪、京都、名古屋の5地検であるとしているが、さらに新聞報道によれば、長崎地検でも地元の地域生活定着支援センターと提携して福祉関係者を立ち会わせる運用を開始したとされる。この点につき、毎日新聞2012年2月7日付朝刊ほか参照。

6 この文書は、法務省の下記のURLより入手可能である。http://www.moj.go.jp/content/000076299.pdf

7 前掲・注（1）法制審・特別部会・第13回配付資料43-3の末尾の表参照。

8 前掲・注（2）「検察の再生に向けて」27頁。

9 前掲・注（4）「知的障害によりコミュニケーション能力に問題がある被疑者等に対する取調べの録音・録画の試行について」23頁。なお、このような通訳人的な位置付けでの立会いが10件のほか、鑑定人的な立場での立会いも2件あったとされる。後者については数も少ない上、立会人の寄与の程度もさらに低まるので、ここでは通訳人的な立会いを対象に検討する。

10 本書・第4章（97頁以下）及び第5章（145頁以下）参照。

11 例えば、Michael Zander, *The Police and Criminal Evidence Act 1984* (5th Ed., Sweet & Maxwell, 2005), at 207 (para.5-29) では、PACE 57条（少年が逮捕された場合の必要的通知制度）の趣旨との関連で、警察に対する「義務」という観点からAAの出頭要請についても言及している。

12 要支援被疑者の供述について直接述べたものではないが、少なくとも虚偽排除説の観点からは、自白の証拠排除が政策的な要請に基づくものであることを示唆する近時の文献として、古江頼隆『事例演習刑事訴訟法』（有斐閣、2011年）

214頁、大澤裕「自白の任意性とその立証」刑事訴訟法の争点（第3版、2002年）170頁以下、171頁参照。さらに、虚偽排除説の政策的な背景を示唆する文献として、平場安治『刑事訴訟法講義』（改訂版、有斐閣、1955年）179頁参照。
13 本書・第6章（202頁以下）。
14 本書・第4章（93頁）。
15 本書・第5章（141頁：ソーシャル・ワーカーの役割について）。
16 三井誠「判例における自白排除の根拠」法学教室248号（2001年）80頁以下、川上拓一「自白の証拠能力――裁判の立場から」三井誠ほか編『新刑事手続Ⅲ』（悠々社、2002年）189頁以下ほか参照。なお、③についてはその採用を明言した最高裁判例はいまだ現れてはいないものの、違法収集証拠排除法則に関する枠組み（最判昭53・9・7刑集32巻6号1672頁ほか）が、供述証拠の場合にも基本的に適用されることを承認するものとして、石井一正「自白の証拠能力」大阪刑事実務研究会編『刑事公判の諸問題』（判例タイムズ社、1989年）405頁以下ほか参照。この点に関する裁判例としては、東京高判平14・9・4判時1808号144頁（いわゆるロザール事件控訴審判決）に注目すべきであろう。
17 例えば、大澤・前掲注（12）「自白の任意性とその立証」172頁、古江・前掲注（12）『事例演習刑事訴訟法』206頁以下、上口裕『刑事訴訟法〔第3版〕』（成文堂、2012年）478頁ほか参照。
18 米山正明「利益誘導と自白の任意性」大阪刑事実務研究会『刑事証拠法上の諸問題（上）』（判例タイムズ社、2001年）283頁、特に300頁参照。
19 そもそも制度の根拠としてパターナリズムの余地を承認すれば、そこには国家もその役割を担う余地（捜査官の後見的な配慮）も生じうることにも、注意しておく必要があろう。
20 本書・第5章（161頁）参照。
21 本書・第6章（222頁）参照。
22 本書・第4章（120頁）参照。

第8章

権利論的観点から見た AA 制度

第1節　問題の所在

　これまで本書では、AA 制度の意義及び趣旨について、もっぱら被疑者取調べの場面を中心に検討してきた。もちろん、そこでの AA の関与と役割が最も重要であるのは確かであるが、しかし、第4章及び第5章でも触れたように、実は AA の役割はそれにとどまるわけではない。要支援被疑者が警察署における捜査手続の意味を理解できるよう、他の場面でも必要的な関与が求められている。

　このように、被疑者取調べから視野を広げて、さらに捜査全体における AA の関与という制度全体の意義と役割に照らすと、実は AA 制度とは、要支援被疑者が手続の意味を理解したうえで、自己の意見を述べ（それには黙秘という消極的な意見表明を含む）、手続に反映させるという積極的な手続参加を実現させる側面も見受けられる。そのことは、もともと自律的な意思決定能力ないしは自己決定能力に欠けるという要支援被疑者の心理的・精神的特徴に鑑みるとき、その人格の尊重、換言すれば手続主体性の保障という側面も看取しうるのではないか。

　前章でも触れたように、イギリス国内でも AA の法的根拠は必ずしも明確に議論されてはいないが、そのことは逆に、政策的判断とは別の根拠を許容する余地をも示唆しうるものであろう。むしろ、近時のイギリスでは、ヨーロッパ人権条約の国内法化等を契機として、手続の公正さの法的性格についても権利性の認識が高まっており、そこに AA 制度との合理

的な関連も見いだせないわけではない。そこで、本書では最後に、これらの国際準則の動向をふまえ、権利論的観点から見た AA 制度の可能性について検討してみたい。

第 2 節　既存の規定との関係で権利性を示唆しうる要因

1　AA の立法過程

　前章でも触れたとおり、たしかに AA の立法過程、特に少年の取調べに親が立会うことの趣旨については、親の立会権が明示されていた。しかし、他方で、立会い人の役割と機能については、それが虚偽自白の防止のためであることを前提としつつも、徹底して少年の側のエンパワメント、つまり、少年は「味方になってくれて、助言し、意思決定を助けてくれる誰かを必要としている」ことが指摘されていた。また、このような役割と機能は、知的障害等の精神的な問題を抱えた被疑者の場合にも基本的に共通であることが承認されている。そうだとすれば、このような援助は、要支援被疑者の側の権利として理解する余地をも残しているのではないか。
　仮にこのような理解に立ったとき、王立委員会が「少年にはこの権利の放棄を認めるべきではない」と述べたことの意味は、立会人の援助を受けること自体が、少年本人との関係では「放棄できない権利」として想定されていたと考えることも可能となろう。そして、このような理解が必ずしも不合理でないことが、PACE の規定からも伺い知ることができる。

2　PACE 57 条（児童・少年が逮捕された場合の必要的通知）の権利性

　本書・第 4 章でも触れたとおり、そもそも PACE 56 条では、逮捕された被疑者一般に対して、その請求により、その者の福祉に「関心 (interest)」がある者に逮捕されたことの通知を求める権利が保障されている。そのうえで、PACE 57 条は、児童又は少年が警察に逮捕・留置されたとき、その

者の福祉に責任を負う者を特定できる場合には、当該児童又は少年が逮捕されたこと、その理由、留置の場所について通知しなければならないと規定する。ここで注目されるのは、このような特別措置について、PACE 57条のタイトルは、児童・少年の「特別な権利（additional rights）」と呼んで保障している点である。

　これは、素直に読む限り、児童・少年に対して「放棄できない権利」を保障したものと理解するほかない。もちろん、放棄できない以上、本条は実質的には警察の「義務」について規定したものとの理解もできるであろう[4]。しかし、仮にそのように理解したとしても、少年本人との関係で「放棄できない権利」性があることまで否定されるわけではない。そして、このように理解できるとすれば、AA制度の根拠規定である運用規程の条文についても、同様の理解ができるように思われるのである[5]。

3　法哲学的観点からの補足

　もっとも、洋の東西を問わず、実定法上の権利規定は、基本的には権利主体の積極的な権利行使ないしはその意思表示を求めている場合が多いことから、このような「放棄できない権利」という構成には、やや違和感があるかもしれない。しかし、法哲学的観点から見た場合、必ずしも不合理ではないことを補足的に論じておく。

　法的権利の本質をどのように理解するかについては、伝統的に、法によって与えられた意思の力ないし支配とみる「意思説」と、法によって保護された利益と見る「利益説」の争いがあるとされる[6]。もっとも、いずれの立場にも一長一短があるうえ、現代の多様化し複雑化した利害状況を統一的に説明すること自体が困難ですらありうる。そうだとすると、いずれかの学説で一元的に説明し尽くそうとするよりも、両説を整合的に組み合わせて権利概念を構築していくというアプローチも十分成り立つ[7]。これを刑事手続法の領域で考えるなら、PACEも日本の刑訴法も、基本的には意思説のアプローチで各種の権利を規定していると考えられるが、そのような自律的な意思表示が難しい類型の者については、利益説のアプローチ

で補完していくという整理の仕方も十分ありうるはずである。そして、まさにAAによる援助は、そのような補完的な権利（利益）の一つとして観念しうるように思われる。さらに、このような補完的ないし特別の措置について、本書が、「パターナリズム」ではなく、あえて「権利性」を承認しようとすることの実益は、後述のように、それが侵害された場合の救済の範囲を広く観念しやすいという点に求められる。

　もっとも、AAに権利性が認められるといっても、それが法的概念としてどのような内容を持つものであるか。特に、AAによる援助には、法的援助（弁護権）の促進という意義だけでなく、取調べなど警察署で行われる捜査手続についての理解を助けるなど、黙秘権をはじめとする防御権全般の補完が予定されており、そのための援助の内容として、法的援助とは区別された心理的・福祉的援助が期待されていた。ただ、法的援助とは区別されているだけに、それを既存の権利類型との関係でどのように理解するかは、必ずしも一義的に明らかでない。

　他方で、第4章以下でも明らかにしたとおり、そもそもAAによる援助は、手続の公正さという、より高次の利益の実現に資するものであり、さらにこの「手続の公正さ」という概念は、近時のイギリスでは、ヨーロッパ人権条約（以下、単に人権条約ともいう）の国内法化やヨーロッパ人権裁判所（以下、単に人権裁判所ともいう）の判断を契機として、権利性の認識が高まっている。しかも、人権裁判所の裁判例からは、AAの役割や機能とも整合的な判断も示されてきている。そこで、この点からさらに、AA制度の権利性の内実を検討してみることにしたい。

第3節　ヨーロッパ人権条約6条「公正な裁判を受ける権利」とAA制度

1　人権条約6条の意義

　すでに第5章でもみたように、現在のイギリスでは、「1998年人権法（Human Rights Act 1998）[10]」によりヨーロッパ人権条約が国内法にも受容

されている。同条約及びそれを具体化する1998年人権法がイギリスにおいて憲法規範としての性格を持つことに鑑み[11]、同条約の規定に基づく（いわば演繹的な）権利救済（*uni ius, ibi remedium*：権利あるところ救済あり）が可能となったが、そのことは、従来プラグマティックな（いわば帰納的な）当事者の救済（*ubi remedium, ibi ius*：救済あるところ権利あり）を基本的なアプローチとしていたイギリスの法律家にも、大きな発想の転換を迫ったようである[12]。とりわけ刑事司法との関係では、人権条約6条の「公正な裁判を受ける権利（Right to a fair trial）」が及ぼした影響は大きかったといえよう。同条も「憲法上の権利」として理解されていることは言うまでもないが[13]、その文言は以下の通りである[14]。

第6条（公正な裁判を受ける権利）
1　何人も、自己の民事上の権利義務又は自己に対する刑事訴追（charge）について判断されるに際しては、法律によって設けられた独立の公平な裁判所により、合理的な期間内に、公正な公開の審理を受ける権利を有する。判決は公開で言い渡される。ただし、報道機関及び公衆に対しては、未成年者の利益若しくは当事者の私生活の保護など民主社会において道徳、公共の秩序若しくは国家の安全のため必要とされるとき、又は公開が司法の利益を害するなど、特別な状況下で裁判所がその必要性を厳格に判断する限りにおいて、審理の全部又は一部を公開しないことができる。
2　刑事訴追を受けた者は、法律に基づいて有罪とされるまでは、無罪と推定される。
3　刑事訴追を受けた者は、最低限以下の権利を保障される。
　(a)　速やかに、自己の理解しうる言語でかつ詳細に、自己に対する嫌疑（accusation）の内容を告げられること。
　(b)　自己の防御の準備にとって十分な時間と便益を与えられること。
　(c)　自己自身で又は自ら選任する弁護人を通じて防御すること、又は、司法の利益にとって必要なときは、弁護人の費用の支払い手段を有しない場合でも無料で弁護人を付されること。

(d)　自己に不利な証人を尋問し又はこれに対し尋問させること、並びに自己に不利益な証人と同じ条件で、自己のための証人の喚問及びこれに対する尋問を求めること。
　　　(e)　裁判において使用される言語を理解できないとき又は話すことができないときは、無料で通訳の援助を受けること。

　文理上、まず1項で民事・刑事共通に公正かつ公開の裁判を受ける権利が保障され、2項及び3項で刑事事件に固有の権利（ただし、3項は最低限［minimum rights］の要請）が規定されていることは明らかである。[15] そのうえで本条は、そのタイトルが示すとおり、全体として「公正な裁判を受ける権利（Right to a fair trial）」を保障しているという点にも留意しておく必要があろう。そこで、AA制度との関係で生ずる第一の疑問は、本条はその文理が示すとおり「裁判」手続に限られ、その前の手続段階（とりわけ捜査）との関係では問題にならないのかどうかという点である。以下、人権裁判所の裁判例に則して検討を進める。

2　人権条約6条の捜査段階への適用の可否

(1)　人権裁判所の解釈手法と自律的解釈の意義

　これまで人権裁判所は「人権及び基本的自由の実現」（条約前文）という目的を実効的に保障するため、目的論的解釈を基調とする各種の解釈手法によりその目的の実現に取り組んできた。[16] 換言すれば、人権の保障という目的論的観点から、条約の解釈・適用に際してもかなり柔軟な姿勢をとってきたと評価することもできる。そして、人権条約6条の捜査段階への適用についても、同様な観点から比較的広く認められてきたといってよいであろう。そのような解釈手法の中でも、6条の捜査段階への適用との関係で特に問題となるのが、自律的解釈である。

　「自律的解釈（autonomous interpretation）とは、ヨーロッパ人権条約の文言は、国内法上与えられている意味とは独立の自律的意味を有するという前提で行うものである」とされる。[17] ここでの問題との関係で敷衍する

と、司法手続のどの段階で、あるいはいかなる訴訟行為をもって「訴追」したものと理解するかは、実際には各国の法制度によって異なりうる。しかし、そのような観点を形式的に貫くならば、各締約国の具体的な法制度のありようによって6条をはじめとする人権条約の基本条項の適用も左右されることになり（つまり、制度設計するうえでの締約国の裁量で公正な裁判を行う義務を回避することすら可能になり）、人権条約の目的に合致しないことになってしまう。[18]

(2) 訴追（charge）の文言の解釈

そこで、人権裁判所の一連の裁判例は、「訴追」という文言についても人権条約の枠内で解釈されるべきものとし[19]、締約国の国内法に形式的に拘束されるのではなく、上記のような「自律的」な観点から、当該事案の事実関係をふまえて実質的に6条の適用の可否を判断すべきものとしてきた。[20] そして具体的には、次の二つの基準がほぼ同義に用いられている。すなわち、訴追とは、「個人に対し関係当局（competent authority）より犯罪を犯した旨公的に告知されること」、またはその時点ですでに「当該被疑者の状況に重要な影響が及んでいた（substantially affected）かどうか」という基準である。[21]

もっとも、これらの基準は、捜査や公判（特に上訴審）での手続の遅延により、6条1項所定の「合理的な期間内」に裁判をうける利益を得られなかったという点が争点化される場合に問題となることが多く（その場合、「訴追」があったといえるかどうかは、公判審理も含めた「合理的な期間」の起算点としての意味を持つ）、他方で、同条3項の弁護権が捜査段階でも保障されるかといった権利保障の有無が争点化される場合には必ずしも有用でない。また、捜査段階への本条の適用に可否に際しては、単にその時点での捜査等の起訴前手続の状況や被疑者の生活状況等への影響だけでなく、その後の公判審理との連続性・一体性など、公判における手続負担と同視しうるだけの状況に達していたかどうかという、いわば総合的な判断が求められている点に予め留意しておく必要があろう。

(3) 弁護権侵害が問題となった事例

実際、捜査段階における弁護権保障が問題となった事例において、人権裁判所は、人権条約6条がおよそ捜査手続（pre-trial proceedings）には適用されないとの立場を排斥したうえで、同条1項の「訴追（charge）」という文言は自律的、実質的意味において解釈されるべきことを示唆しつつ、同条3項所定の弁護権についても、それが同条1項所定の刑事手続における公正な裁判を保障するための一要素である以上[22]、捜査手続における弁護権侵害により公判の公正も大きく損なわれる可能性があるときは、捜査手続にも適用しうると判示したのである[23]。

そのうえで、6条が捜査段階に適用されるかどうかは、当該手続に固有の特徴（special features）と当該事案の事実関係に照らして判断すべきものとし、6条の目的（すなわち公正な裁判）が達成されたかを判断するには、国内法の手続全体に対して考慮が払われなければならないとした[24]。しかも、具体的な適用例としても、警察による取調べがその後の事件処理との関係で決定的（decisive）な場面であり、そうである限り6条による弁護権保障が基本的に及ぶことを確認した上で、当該事案における弁護人へのアクセスの制約には合理的な理由が認められないとして、6条違反（3項及び1項の違反）を認定した裁判例が集積しつつある点が注目される[25]。

3　一般条項としての6条1項と黙示的権利保障の法理

もともとヨーロッパ人権委員会及び人権裁判所は、人権条約6条1項と3項の関係が、いわゆる一般法と特別法の関係にあることを認めていた[26]。そこから、6条1項には、いわば一般条項としての役割が期待されるようになり、現在では、同条項の意義についても、「公正な審理」という文言を超え、およそ「手続の公正さ」を要請するものと理解されるようになってきている[27]。

しかも、6条3項柱書の文言からも明らかなように、3項所定の権利は「最低限」の保障にすぎず、これに尽きるものではない。そこで、必ずしも6条に明示的に規定されていない権利であっても、それが手続の公正さ

を担保する限りにおいて、1項によって（いわば黙示的に）保障されるとの解釈が導かれることになる。そして、6条所定の「明示的権利（express rights）」と、6条1項の解釈により保障される「黙示的権利（implied rights）」との違いは、前者の侵害が常に「不公正」と見なされ6条違反と判断されるのに対し、後者の侵害は直ちに6条違反を構成するわけではなく、手続全体における不公正さの程度を勘案して判断されるという点にあるとされる。

このように、黙示的権利保障の法理もまた、無制約に認められているわけではなく、手続全体への影響性という限界があることにも留意しておくべきであろう。上述の捜査段階における弁護権侵害の問題も、人権条約の文言を超えるという点で、このような黙示的権利の場合と同様の文脈において理解することができる。

4 人権条約6条において黙示的に保障される「参加の権利」

人権裁判所の判例上承認された黙示的権利の類型にもいくつかあるが、特に本書のテーマとの関係で見れば、6条との関係で「手続参加権」が承認されていることが注目される。

例えば、いわゆるブルガー事件に関する1999年判決は、「ヨーロッパ人権条約第6条は、全体として、被告人に自己の裁判に実効的に参加する権利を保障するものである」との先例をふまえたうえで、犯罪で訴追された子どもについては、年齢や成熟度、知的能力等に十分な考慮を払うことが非常に重要（essential）であるとし、手続においてもその理解と参加を促す措置がとられなければならないとした。そのうえで、本件において申立人（当時11歳）の裁判に関しても、その年齢を考慮して事前に裁判所を見学したり、審理時間を短縮する等の措置はとられたものの、そもそも刑事法院（Crown Court）という厳粛な場で陪審による公開の裁判を受けたことは、自己が置かれた状況を理解しうるようなものではなく、したがってまた、法廷の内外で弁護人と自由に協議できる状況にもなかったとして、同条約6条1項に違反する（公正な審理が否定された）と判示したの

である[34]。

　かかる判示は、基本的に弁護権侵害との関係で示されたものであったが[35]、さらに2004年の判決では、より被告人自身の積極的な参加状況が問題とされるに至った[36]。そこでは、上記の先例をふまえたうえで、知的障害のある少年（当時の実年齢は11歳だが、知的能力は6～8歳程度）が陪審裁判を受けたことが、やはり6条1項違反とされた。そして、手続参加権の内容について次のように敷衍した点が注目される。

　　…「実効的な参加」とは、被告人が公判審理の性格や、自己に対して科される可能性のある刑罰など、自己にとって重要な意味を持つ事柄を十分に理解していることを前提とする。それは、例えば必要に応じて通訳や、弁護人、ソーシャル・ワーカー、友人などの援助を得て、法廷で言われていることの主要な点について理解できていなければならないということである。被告人は、訴追側証人による証言の意味を理解できなければならないし、弁護人がいる場合には、事件について自分の意見を説明し、納得できない主張があれば指摘し、弁護に役立つ可能性のある事実を伝えることができなければならない（para.29）。

　これらのヨーロッパ人権裁判所の判示を受け、近時イギリスの裁判所では通達が発せられ、最優先事項（overriding principle）の一つとして、要支援被告人（vulnerable defendants）については、手続を理解し参加するのを支援するため最大限の支援措置がとられるべきことが周知されている[37]。そこでは、公判前の配慮としては、事前に法廷を見学しておくことや報道の規制、公判での配慮としては、近親者等の支援者の同席・援助や、裁判所等による手続の丁寧な説明、適度な休憩、法服等の制限、傍聴の制限など種々の配慮が要請されている。

　このように、ヨーロッパ人権裁判所は、6条自体には「自己の裁判に実効的に参加する権利」という明文はないものの、6条全体の解釈としてこれが黙示的に保障されているとし、結果的にその侵害は6条1項にあたるものとしている。換言すれば、手続の公正さという一般的な権利ないし利

益から、手続参加権が黙示的に導かれているということができよう。

5　参加の権利としてのAA制度の可能性

これまで人権裁判所において、被疑者取調べにおける保護者若しくは近親者など第三者の立会いの有無又はAA制度自体が人権条約6条との関係で直接の争点とされた事例は、管見の限り、見あたらない。しかし、2008年のパノヴィッツ対キプロス事件判決では、逮捕された少年が弁護人へのアクセスを制限された事例に関し、上記のような手続参加権の意義をふまえ、次のように判示した点が注目される。[38]

> 少年の被告人に対し刑事裁判に実効的に参加する権利が認められるならば、その人格的な特性（vulnerability）や能力に対する十分な配慮は、すでに刑事手続の初期の段階、特に警察による取調べにおいて認められる必要がある。関係当局は、少年の萎縮感や抑圧感を可能な限り取り除く措置を講じなければならないし、少年が捜査の性格や、自分に対して問題となっていることの意味―具体的には、自己の防御権（特に黙秘権）はもちろんのこと、将来科される可能性のある刑罰の意味についても―十分に理解できるよう保障しなければならない。それには、必要に応じて、例えば、通訳や、弁護人、ソーシャル・ワーカー、友人の援助を得た上で、逮捕にあたった捜査官から言われたことや取調官から言われたことの基本的な意味について、少年自身が理解できなければならない（para.67）。

もちろん、パノヴィッツ判決は、この判示を基本的に弁護権保障との関係で述べており、逮捕後、少年の父親が警察署に出頭した事実についても、父親の援助を積極的に要求したと言うよりも、むしろ弁護権の告知やその権利放棄の有効性が不十分であったことを認定するための一事実として位置づけているにとどまる。[39]

しかし、そもそも上記・パノヴィッツ判決の判示は、警察署において

AAが果たすべき役割（捜査、特に被疑者取調べにおいて自分の言われていることの意味を理解し、その権利行使を助ける）と基本的に整合している。いずれも少年の人格的特性ないし要支援性（vulnerability）への配慮という点で、基本的な趣旨は通底しているからである。このような配慮の必要性は、基本的には知的障害などの精神的な支援を要する被疑者（mentally vulnerable suspects）の場合にも同様に考えてよいであろう。[40] そして、かかる特別な配慮は、虚偽自白の防止という政策的な目的としてのみならず、要支援被疑者の人格の尊重という観点からも導き出せるのではなかろうか。この点については、次節において適正手続保障の実質化という観点からも触れる。

　もちろん、人権裁判所の裁判例がAA制度にも6条の権利性を承認する方向で推移していくかは、現時点では必ずしも明らかでない。例えば、仮に保護者取調べにおける保護者や近親者の援助の必要は認めつつあるとしても、さらに、援助の態様として取調べへの立会いをも権利として認めるかは、なお予断を許さない面もある。[41] また、イギリス国内においても、管見の限り、AA制度が人権条約6条に基づく要支援被疑者の権利であると明確に論じた裁判例や文献は、未だ存在していないようである。[42] しかし、近時、要支援者被告人（vulnerable defendants）への支援が人権条約6条の「公正な裁判を受ける権利」の一環として議論されるようになってきており、[43] このような動向に照らせば、今後AA制度に対しても同様の議論の高まりが期待できる余地は、なお十分にあるようにも思われる。そのための契機としても、人権裁判所の判例はもちろん、イギリス国内の裁判例及び学説の動向も、引き続き注目しつつ、検討を続けていく必要があろう。

第4節　権利論的アプローチの課題と展望

　本章で述べたような手続参加権の意義については、要支援被疑者の手続主体性（人格の尊重）という観点からは基本的に好ましい方向性を示して

いると筆者は考えているが、しかし、そこにはなお、解決の容易でない困難な課題もいくつか残されている。

1　日本法における手続参加権の位置づけ

まず、日本法において手続参加権を論ずる場合に、その法的根拠をどのように位置づけるかという問題がある。そもそも人権条約及びそれを具体化する1998年人権法が、イギリスにおいて憲法規範的な性格を持っていることに鑑みれば[44]、日本国憲法レベルで検討する必要があろう。

上述のように、人権裁判所の判例において手続参加権の根拠は、人権条約6条1項の「手続の公正さ」の保障に求められていた。そこで、人権条約6条1項の「公正な裁判（a fair hearing）」という文言に着目すると、憲法37条1項の「公平な裁判所（impartial tribunal）」との親和性を想起しうる。しかし、憲法37条1項に関しては一般に、「『公平な裁判所』による裁判を保障したものであり、『公平な裁判』を直接保障した規定ではないと解されている」[45]。同様に、憲法32条の「裁判を受ける権利（the right to access to the court）」も公正な裁判を受ける権利を保障したものと解されてはいるが[46]、その意義は、「刑事事件に関しては、裁判所以外の機関によって裁判を受け、刑罰に処せられることはないということを意味する」ものとされているから[47]、その限りでは、同条の射程は主に裁判所の構成や管轄に関するものであり、裁判内容や手続自体の公正までも直接保障したものかどうかについては、やはり消極的に解さざるをえない面が残る。

そこで、「公正さ」によって保障される内容を実質的に考えた場合、上述のように、人権条約6条1項には「手続の公正さ」の保障という一般条項的な位置づけが与えられ、しかもその内容的にも「いわゆるデュー・プロセスの法理を規定したもの」であると考えられていることに鑑みれば[48]、日本の場合にはやはり憲法31条の範疇に位置づけるのが、イギリスでの議論と最も整合的なのではあるまいか[49]。そうだとすると、日本法の場合には、憲法31条以下に明示的に規定されている刑事手続上の諸権利に加え、さらに要支援被疑者の場合には、その手続主体性を実質的に補完する

ものとして、「手続参加権」が憲法31条によって黙示的に保障されると考えることができるのではないだろうか。もっとも、このように考えた場合には、さらに被疑者の防御権保障との整合性という問題も生じうる。

2 手続参加権と防御権との関係

　いわゆる捜査の構造論に関しては、周知のように、糾問的捜査観に対して弾劾的捜査観が対置されてきた。具体的には、前者において捜査とは、「本来、捜査機関が、被疑者を取り調べるための手続き」と観念されるのに対し、後者において捜査とは、「捜査機関が単独で行う準備活動にすぎない。」したがって、「被疑者も、これと独立に準備を行う」ものと観念される。その論旨が、起訴前手続における実質的な当事者の対等（特に被疑者の側の地位の向上）を目指すものであったことは、言うまでもない。特に黙秘権保障は、被疑者の当事者としての主体性保障を象徴するものといえる。学説上も一般に、弾劾的捜査観が支持されてきたといえよう。

　このような弾劾的捜査観の下では、被疑者は捜査機関と対立する当事者として、基本的に捜査に協力する義務は生じないと考えられる。いわゆる取調べ受忍義務の問題は、このような構造論を象徴している。そうだとすると、基本的に捜査に協力する必要のないはずの被疑者に、むしろ積極的に捜査手続に「参加」する権利を承認することは、弾劾的捜査観と整合しうるのか、換言すれば、黙秘権や弁護権などの被疑者の防御権保障と矛盾しないのか、疑問も生じうる。

　この点については、そもそも自律的な意思決定能力ないし自己決定能力に欠け、そのために状況認識が十分でなく、また自己の言い分も自由に言えないという要支援被疑者の場合には、自分の置かれた状況の認識や、権利の意味など権利行使の前提が欠ける場合が多いという問題がある。もちろん、弁護人の援助は必要不可欠であるが、もともと日常生活においてすらコミュニケーション能力に不安を残す要支援被疑者（特に知的障害などの場合）には、会ったばかりの弁護人（その意味ではストレンジャー）に対してどこまで心を開いて話せるかは、やはり未知数と言わざるを得ない。

そこで、少なくとも身柄拘束された要支援被疑者の告知と聴聞を補完するとともに、その権利行使をも補完するには、むしろAAのように、少年にとって「信頼できる者」の援助を優先させるべきではないか。そのような援助者を提供することは、少なくともAAのような「支援型」の制度を前提とする限り、必ずしも捜査への協力と評価できるわけではないし、仮に自己の意見を自由に表明できるような環境を権利として主張できるとしても、そこで黙秘権や弁護権保障の意義を否定しているわけではない点にも注意すべきであろう[54]。それどころか、自分が信頼できる援助者を得ることで、その権利行使を貫徹しうる余地も広がることになるのではないか。手続参加権が適正手続保障から導かれることの意味は、実は要支援被疑者の防御権保障の実質化（換言すれば、実質的な手続主体性保障）を含意しうるものと思われる。近時の国際準則の展開も[55]、同様の方向性を示唆するものとして理解できるのではなかろうか。

3 証拠法上の位置づけ

最後に、AA制度の権利性をこのように手続参加権という観点から考えた場合、AAの立会いがないまま得られた自白の取り扱いをどのように扱うべきかという問題も生じうる。

前章でも触れたように、自白法則の実質的な根拠として、①虚偽排除説、②人権擁護説、③違法排除説の3説が主張されてきたところ、立会いをさせずに取調べを行ったという権利侵害（すなわち違法）を最もよく考慮しうるのは、③違法排除説ということになろう。そのことは、手続参加権が憲法31条に由来することとも整合的であるようにも思える。

しかしながら他方で、前章同様、ここでも二元説ないし総合説の立場を前提にすれば、他の理論構成も考えられないではない。例えば、②人権擁護説における「人権」とは基本的に黙秘権を意味し[56]、「黙秘権の本質は、個人の人格の尊厳に対する刑事訴訟の譲歩にある」以上、これを侵害して得られた自白については証拠として用いることが禁止されると説明される[57]。また、人権擁護説の他の論者によれば、「人権」の内容としては黙秘

権だけでなく、憲法31条以下の人権保障に関する諸規定も包含しうることが示唆されている。[58]そうだとすると、黙秘権侵害以外にも、個人の人格の尊厳ひいては人間の尊厳を侵害するような違法があった場合には、なお「人権」侵害説の範疇に位置づけることも可能なのではないか。[59]特に要支援被疑者に対して保障される手続参加権が、その人格の尊重ないし尊厳を保障し、黙秘権保障などとあいまって要支援被疑者の供述の自由を保障するものだとすれば、[60]手続参加権の侵害は人権擁護説を通じて救済されるべきと考えることのほうが、むしろ自然であるようにも思える。

もっとも、その点の詳細については、筆者の現在の研究の到達度では、なお解明に相当程度の時間を要するようである。そこで、上記の問題共々、今後も継続的に研究を深めていくことを期し、本書での検討については、その到達点と課題を明らかにするに留めておきたいと思う。

〈注〉

1 本書・第4章（94頁）。
2 本書・第5章（141頁）。
3 本書・第4章（94頁）。
4 Michael Zander, *The Police and Criminal Evidence Act 1984* (5th Ed., Sweet & Maxwell, 2005), para.5-29.
5 なお、PACEの場合と異なり、運用規程の個々の条文毎にタイトルが付されていないのは、まさにPACEの下位規範としての運用規程であることから来る制約であるのかもしれない。
6 田中成明『現代法理学』（有斐閣、2011年）221頁及び224頁以下。
7 田中・前掲注（6）『現代法理学』226頁は、そのような方向性を示唆する。
8 田中・前掲注（6）『現代法理学』219頁も、法的権利の重層構造として、実体的な権利義務を規律する関係ないし機能としての「第一次的権利」と、そのような第一次的な権利が侵害された場合に、その救済のために法的強制装置の発動を請求する権能として「回復的権利」を区別する。このような区別は、「権利」概念には国家機関等に働きかけてその救済を求める機能が含まれていることを示唆するものと言えよう。
9 Home Office, *Guide for Appropriate adults*, at 'Your role as an appropriate

adult' and 'Interviews', *available at:*
http://www.homeoffice.gov.uk/publications/police/operational-policing/appropriate-adults-guide

10 この法律の翻訳・解説として、例えば、田島裕『イギリス憲法典』(信山社、2001年)参照。

11 田島・前掲注(10)『イギリス憲法典』57頁。

12 P. Roberts & A. Zuckerman, *Criminal Evidence* (2nd Ed., Oxford Univ. Pr., 2010) at 35. そこでは、従前コモンローの影響のもとにあったイギリスの法律家が、実定法上(とりわけ憲法上の)権利概念から演繹的に考えていく発想に慣れていなかったことを示唆する。

13 *See, e.g.*, R.Clayton & H.Tomlinson, *Fair Trial Rights* (Oxford Univ. Pr., 2010), paras.11.210-11.211. *See also*, P. Roberts & A. Zuckerman, *supra* note (12), at 35.

14 翻訳にあたっては、基本的にF. スュードル(建石真公子訳)『ヨーロッパ人権条約』(有信堂、1997年)180頁に依拠したが、部分的にあらためた箇所がある。原文については、ヨーロッパ人権裁判所のホームページ等で適宜参照されたい。

15 このような構造は、市民的及び政治的権利に関する国際規約(いわゆるB規約)14条とも基本的に共通している。もちろん、B規約に比べて、人権条約6条では保障内容が乏しいようにも思えるが、そこで欠けている部分については、人権条約の第7議定書(Protocol No.7)によって実質的に補完されている。*See*, J.G.Merrills & A.H.Robertson, *Human Rights in Europe* (4th Ed., Manchester Uni. Pr., 2001), at 88. なお、この第7議定書についても、スュードル(建石訳)・前掲注(14)『ヨーロッパ人権条約』198頁に日本語訳がある。

16 江島晶子「ヨーロッパ人権裁判所の解釈の特徴」戸波江二ほか(編)『ヨーロッパ人権裁判所の判例』(信山社、2008年)28頁。目的論的解釈の国際法的根拠として、「条約法に関するウィーン条約」(1969年5月23日)31条1項も参照。なお、人権裁判所の解釈主張は、いずれも目的論的解釈を基調として有機的に結びついている点に注意しておく必要がある。

17 江島・前掲注(16)「ヨーロッパ人権裁判所の解釈の特徴」30頁。なお、自律的解釈の国際法的根拠として、「条約法に関するウィーン条約」(1969年5月23日)31条4項も参照。

18 *Engel and others v. Netherlands*, no.5100/71; 5101/71; 5102/71; 5354/72; 5370/72, ECHR 1976, para.81. ただしこの事案は、厳密には軍律違反に対する「懲罰手続(disciplinary proceedings)」が問題となった事例であり、人権条約6条1項にいう「刑事訴追(criminal charge)」が問題となったわけではない。しかし、人権裁判所は本文のような自律的解釈手法により、制裁としての重大さ等を考慮してこれを肯定した。なお、この判決の日本での紹介として、戸波ほか・前掲注(16)『ヨーロッパ人権裁判所の判例』143頁〔坂元茂樹〕がある。

また、ヨーロッパ人権裁判所の裁判例は、そのホームページ内からも入手可能である。*Available at:* http://www.echr.coe.int/ECHR/Homepage_EN

19 *Neumeister v. Austria*, no.1936/63, ECHR 1968, p.37, para.18; *Deweer v. Belgium*, no.6903/75, ECHR 1980, para.42.
20 *Adolf v. Austria*, no.8269/78, ECHR 1982, para.30.
21 *Eckle v. Germany*, no.8130/78, ECHR 1982, para.73; *Deweer v. Belgium*, para.46.
22 *Imbrioscia v. Switzerland*, no.13972/88, ECHR 1993,; *Salduz v. Turkey*, no. 36391/02, ECHR 2008, para.50. 後者ではさらに、実効的な弁護権を受ける権利は、公正な裁判の保障にとって不可欠な特徴（fundamental features）の一つであるとする（para.51）。
23 *Imbrioscia v. Switzerland*, para.36; *John Murray v.U.K.*, no.18731/91, ECHR 1996, para.62; *Magee v. U.K.*, no.28135/95, ECHR 2000, para.41; *Brennan v. U.K.*, no.39846/98, ECHR 2001, para.45; *Panovits v. Cyprus*, no.4268/04, ECHR 2008, para.64 and 66; *Salduz v. Turkey*, para.50. なお、後二者を含めた関連裁判例の紹介・検討として、葛野尋之『未決拘禁法と人権』〔現代人文社、2012 年〕187 頁以下がある。また、1996 年のジョン・マーレィ判決については、戸波ほか・前掲注（16）『ヨーロッパ人権裁判所の判例』232 頁〔北村泰三〕に紹介がある。
24 *Imbrioscia v. Switzerland*, para.38; *John Murray v.U.K.*, para.62; *Magee v. U.K.*, para.41; *Brennan v. U.K.*, para.45; *Panovits v. Cyprus, para.64; *Salduz v. Turkey*, para.52.
25 *John Murray v.U.K.*, paras.63-70; *Magee v. U.K.*, paras.42-46; *Panovits v. Cyprus*, paras.75-77; *Salduz v. Turkey*, paras.52-63. なお、弁護人（solicitor）との初回接見に警察官が立ち会ったことが 6 条 3 項及び 1 項に違反すると判示したものとして、*Brennan v. U.K.*, paras.58-63 参照。
26 *Jespers against Belgium*, no.8403/78, ECommHR 1981, para.54. *See also, Deweer v. Belgium*, para.56; *Artico v. Italy*, no.6694/74, ECHR 1980, para.32.
27 R.Clayton & H.Tomlinson, *supra* note（13）, para.11.19.
28 B.Emmerson et.al., *Human Rights and Criminal Justice*（3rd Ed., Sweet & Maxwell, 2012）, at 101 ff. なお、捜査段階における弁護権侵害が問題となる際、人権条約 6 条 3 項とともに同条 1 項もあわせて摘示されるのは、このような目的論的な解釈（厳密には類推解釈というべきか）が背景にあるからであろう。
29 R.Clayton & H.Tomlinson, *supra* note（13）, para.11.322.
30 *Ibid*.
31 この事件のルポルタージュとして、例えば、D.J. スミス（北野訳）『子どもを殺す子どもたち』（翔泳社、1997 年）参照。
32 *T. v. U.K.*, no.24724/94, ECHR 1999. なお、この判決を紹介した邦語文献として、葛野尋之『少年司法における参加と修復』（日本評論社、2009 年）212 頁以下がある。

33　*Stanford v. U.K.*, no.16757/90, ECHR 1994, para.26（被告人自身には証人の供述が十分聞き取れなかったが、そのこと自体は当該事案の事実関係の下では6条違反にはあたらないとされた事例）.

34　*T. v. U.K.*, paras.83-89.

35　*Ibid*, para.88. そこでは、上記・スタンフォード（Stanford）判決との違いも、弁護人とのコミュニケーション状況の違いにあったとされている。

36　*S.C. v. U.K.*, no. 60958/00, ECHR 2004. この判決についても、葛野・前掲注（32）『少年司法における参加と修復』222頁以下で詳細に紹介されている。

37　*Practical Direction*（Criminal Proceedings: Further Directions）, [2007] 1 WLR 1790, at Schedule 1.

38　*Panovits v. Cyprus, supra* note（23）.

39　*Ibid*, paras.70-73.

40　なお、被疑者に軽度の知的障害が疑われた事例として、*Brennan v. U.K., supra* note（23）もあるが、前掲注（25）で触れたように、そこでは初回接見に警察官が立ち会ったことが6条違反とされたものの、被疑者自身の精神的な要支援性（vulnerability）に対しては、証拠法上の評価とも関わり、必ずしも積極的な考慮はなされていない（para.53）。

41　例えば、比較的明文の根拠を見いだしやすい弁護人の立会いについてすら、人権裁判所は当該事案の事実関係の下で消極的な判断を示したこともある。*See, e.g., Brennan v. U.K., supra* note（23）, para.53; *Magee v. U.K.*, no.28135/95, ECHR 2000, para.33（いずれも人権条約6条との関係での判示）。

42　なお、「合理的な期間」の起算点としての「訴追（charge）」の解釈に関し、イギリスの貴族院は、人権裁判所の一連の裁判例を前提にしてもなお、下記のようなイギリスの訴追決定の枠組みに照らせば、取調べ開始時点をもって直ちに訴追と解釈することには、消極的な態度を示している。*See, Attorney General's Reference*（*No.2 of 2001*）, [2004] 2 AC 72, para.28（by Lord Bingham）.

　「訴追（charge）」の開始時点に関するイギリスの国内法の状況を確認しておくと、そもそも訴追（charge）するかどうかについて最初の判断を行うのは、警察官たる留置管理官である（PACE 37条）。その判断には、「訴追するに足りる十分な証拠（sufficient evidence to charge）」の有無が基準となるが、「訴追するに足りるか」どうかの判断を実質的に担保するのは、被疑者取調べにあたった捜査官の判断である。つまり、取調官が、「有罪判決の現実的な見込み（realistic prospect of conviction）が十分に得られる証拠があると判断」すれば、遅滞なく留置管理官に告げられるべきものとされているからである（COP C 16.1）。この点を論じた最近の論文として、石田倫識「基礎基準の再検討——いつ捜査は終結するのか？」法律時報84巻13号（2012年）348頁参照。

43　*See, e.g.,* Jenny Talbot, *Fair Access to Justice*（Prison Reform Trust, 2012）, *available at:* http://www.prisonreformtrust.org.uk/Publications. その論旨は、

条約 6 条の「公正な裁判を受ける権利」に照らし、要支援「証人」(vulnerable and intimidated witnesses)との関係で保障される特別措置を、要支援「被告人」にも同様に保障すべきと論ずる点にある。直接の検討対象でないものの、AA 制度にも言及がある。

なお、要支援証人のための特別措置に関しては、「1999 年少年司法・刑事証拠法（Youth Justice and Crimimnal Evidence Act 1999）」特に第 2 部［Part 2］参照。この法律の解説と邦訳として、横山潔「イギリス『1999 年少年司法及び刑事証拠法』解説」外国の立法 206 号（2001 年）1 頁以下がある。その他、日本での紹介として、葛野・前掲注（32）『少年司法における参加と修復』229 頁以下参照。

44 Roberts & Zuckerman, *supra*, note (12), at 35 及び田島・前掲注（10）57 頁。
45 野中俊彦ほか『憲法Ⅰ〔第 5 版〕』〔有斐閣、2012 年〕439 頁〔高橋和之〕、最大判昭 23・5・5 刑集 2 巻 5 号 447 頁、最大判昭 23・5・26 刑集 2 巻 5 号 511 頁ほか参照。ただし、反対説も有力である。例えば、浦田賢治ほか『新・判例コンメンタール日本国憲法 2』〔三省堂、1994 年〕331 頁〔上田勝美〕、鴨良弼『刑事訴訟法の基本理念』〔九州大学出版会、1985 年〕211 頁以下参照。とくに後者では、「公平」概念が英語の fairness に相当するものであることが明言され、「公平な裁判」理念が憲法 31 条以下とも密接に関連していることが示唆されている（221 頁以下）。
46 例えば、野中ほか・前掲注（45）同前 438〔高橋〕頁及び 548 頁以下〔野中〕参照。
47 浦田ほか・前掲注（45）255 頁〔野上修市〕。
48 田島・前掲注（10）70 頁（注 15）。なお、*Panovits v. Cyprus, supra* note (23) も、人権条約 6 条 3 項及び 1 項の侵害（防御権の侵害）について、「デュー・プロセス違反」(para.75) または「デュープロセスの権利の侵害」(para.86) であると判示している。
49 田宮裕『刑事訴訟とデュー・プロセス』（有斐閣、1972 年）202 頁も、「手続の公正の要求をデュー・プロセス（適正手続）という」として、手続の公正とデュー・プロセスとの同義性を承認する。
50 例えば、葛野尋之『少年司法の再構築』（日本評論社、2003 年）446 頁も、人権裁判所の判決をふまえたうえで、「…実効的手続参加権は、憲法 31 条の適正手続保障の本質的要素として、すなわち適正手続に内在する権利として保障されていると理解することもできるであろう」と述べる。
51 平野龍一『刑事訴訟法』（有斐閣、1958 年）83 頁以下ほか参照。
52 その詳細については、例えば、平野龍一「捜査の構造」同『捜査と人権』（有斐閣、1981 年）67 頁参照。
53 平野龍一「黙秘権」同・前掲注（52）『捜査と人権』67 頁（特に 94-95 頁）参照。
54 なお、手続参加権の意義をこのように理解すると、いわゆる訴訟的捜査構造論に関する井戸田説との親和性も問題となりうる（例えば、井戸田侃『刑事訴訟

法要説』〔有斐閣、1993年〕87頁参照)。井戸田説には、なお傾聴に値する点が少なくないものの、やはり現行法の文理からは、証拠方法としての被疑者の位置づけを否定することは難しいように思われる。
55 国連・子どもの権利条約12条(この点の詳細については、本書・第1章〔35頁以下〕も参照)、国連・障害者権利条約13条（司法へのアクセス）等参照。
56 例えば、後藤昭・白取祐司（編）『新・コンメンタール刑事訴訟法』（日本評論社、2010年）834頁（後藤昭）参照。
57 平野・前掲注（53）「黙秘権」94-95頁。
58 江家義男『刑事証拠法の基礎理論』（有斐閣、1952年）33頁。
59 例えば、平場安治『刑事訴訟法（入門法学全集16)』（日本評論社、1979年）173-174頁は、「人間の尊厳を軽視」した取調べ方法で自白を得た場合には、人権擁護説の下では任意性が否定される可能性を示唆する。
60 本書・第1章は、そのような観点からの理論的試みである。敷衍して言えば、AAのような支援者を立会わせずに要支援被疑者を捜査機関の取調べにさらすこと自体が、その人格の尊重ないしは人間の尊厳を侵害しうる危険を常に孕むということになろう。

初出一覧

序　章　「傷つきやすい (vulnerable) 被疑者の取調べ」法律時報 83 巻 2 号（2011 年）29 頁

第 1 章　「少年の取調べへの再構築」一橋論叢 135 巻 1 号（2006 年）48 頁

第 2 章　「捜査権と調査権——2007 年改正少年法の批判的検討」福田雅章先生古稀祝賀論文集『刑事法における人権の諸相』（成文堂、2010 年）209 頁

第 3 章　「判批（被告人のアスペルガー障害を認定したうえで、その自白の信用性等を否定し無罪を言い渡した事例）」法セミ増刊・新判例解説 vol. 10 新・判例解説 Watch【2012 年 4 月】155 頁

第 4 章　「イギリスの適切な大人 (Appropriate Adult) について〜取調べを中心に」龍谷大学矯正・保護研究センター研究年報 3 号（2006 年）79 頁

第 5 章　「被疑者取調べにおける精神障害者等の供述の自由（1）及び（2・完）」香川法学 28 巻 2 号（2008 年）106 頁及び同 28 巻 3・4 号（2009 年）160 頁

第 6 章　「イギリスにおける自白の証拠排除の基本構造——『適切な大人 (Appropriate Adult)』制度を契機として」村井敏邦先生古稀祝賀論文集『人権の刑事法学』（日本評論社、2011 年）617 頁、及び「『適切な大人 (Appropriate Adult)』の立会いなしに得られた自白の証拠能力」香川法学 30 巻 3・4 号（2011 年）98 頁

第 7 章　書き下ろし

第 8 章　書き下ろし

【著者略歴】

京　　明（きょう・あきら）

1972 年　　秋田県生まれ
1994 年　　福島大学行政社会学部卒業
1996 年　　新潟大学大学院法学研究科（修士課程）修了
2004 年　　一橋大学大学院法学研究科（博士後期課程）修了
2005 年　　龍谷大学矯正・保護研究センター博士研究員
2008 年　　香川大学大学院連合法務研究科准教授
現　　在　　関西学院大学大学院司法研究科准教授

関西学院大学研究叢書　第 159 編

要支援被疑者（vulnerable suspects）の供述の自由

2013 年 3 月 31 日初版第一刷発行

著　者　京　　明

発行者　田中きく代
発行所　関西学院大学出版会
所在地　〒662-0891
　　　　兵庫県西宮市上ケ原一番町 1-155
電　話　0798-53-7002

印　刷　株式会社クイックス

©2013 AKIRA KYO
Printed in Japan by Kwansei Gakuin University Press
ISBN 978-4-86283-134-7
乱丁・落丁本はお取り替えいたします。
本書の全部または一部を無断で複写・複製することを禁じます。
http://www.kwansei.ac.jp/press